KB144316

시간으로의 여행

크로아티아,
발칸을 걷다

시간으로의 여행

크로아티아, 발칸을 걷다

정병호 지음

BM (주)성안당

이 책을 쓰면서 어떻게 하면 독자들이 쉽고 편안하게 읽을 수 있는 글이 될 수 있을까 하고 고심하였다. 출판사 담당자가 처음 원고를 보고 여행과 역사의 결합을 시도한 참신한 형식이라고 한 말이 지금도 기억이 난다.

발칸 반도와 역사를 이해할 수 있는 보다 좋은 방법은 무엇일까? 그리고 발칸 반도의 지정학적 위치와 그 역사는 어떤 관계를 가지고 있는가? 이 책을 처음부터 끝까지 읽어 나간다면 발칸 반도의 역사와 문화, 또 그 풍광의 아름다움을 이해하고 아는데 조금이나마 도움이 될 것이다.

먼저 발칸 반도 하면 떠오르는 것들은 무엇일까?

내전, 민족주의, 슬라브족, 합스부르크, 오스만 투르크, 로마, 베네치아, 그리고 다양한 종교와 민족 등이 아닐까 한다.

그들의 문화와 역사 속에 존재하는 이러한 낱말들은 우리가 발칸 반도를 이해하는 열쇳말(키워드) 구실을 할 수 있을 것이다. 이러한 열쇳말들을 통해 그들의 문화와 역사가 어떻게 형성되고 전개되었는지 누구나 쉽게 이해할 수 있는 글을 쓰고자 하였다.

두 번째, 역사를 이해할 수 있는 가장 좋은 방법은 무엇일까?

바로 현장을 직접 가서 보는 것이다. 예를 들면 로마에 가서 그들

의 영광과 몰락을, 그리고 피렌체에 가서 르네상스의 의미를, 발칸 반도에 가서 그들의 복합적인 문화와 역사를 통해 지금 발칸의 현실을 이해할 수 있을 것이다. 그리고 기타 여러 지역에서도 무엇인가를 볼 수 있다면 역사를 이해하는 방법으로 더할 나위 없을 것이다. 하지만 어느 곳이든 방문하기 전에 그곳에 대해 좀 더 알고 간다면 보다 많은 것들을 여행을 통해 얻을 수 있지 않을까 생각한다.

그리고 발칸 반도의 지정학적 위치는 역사에서 어떤 의미가 있을까?

발칸 반도는 유럽과 아시아 대륙을 연결하는 중요한 통로라는 지정학적 특징을 지니고 있다.

"아시아와 유럽을 연결하는 중요한 통로", 이 말에는 아주 많은 것이 함축되어 있다. 즉 이 지역은 고대 이래로 여러 민족들의 전략적 요충지였다. 유럽, 러시아, 소아시아 등 열강들의 각축장이었던 것이다. 역사를 보면 이 지역은 고대 그리스와 페르시아 간 각축전을 시작으로 로마시대 이래 비잔틴제국인 동로마와 이슬람제국 간, 합스부르크제국과 오스만제국 간, 러시아와 오스만 간, 오스트리아-헝가리제국과 러시아 간 이외에도 발칸 토착 세력들 간의 영토 싸움이 치열하게 이어져 왔던 곳이다. 이렇게 본다면 역사와 지리라는 것은 서로 뗄 수 없는 관계를 갖고 있다고 할 수 있을 것이다.

발칸 반도는 395년에 로마제국이 동로마와 서로마로 분리된 이래 15세기 전까지 약 천 년의 세월 동안 문화적으로 동양과 서양 문화가 혼재되는 특징을 보여 왔다. 이후 15세기를 전후로 소아시아로부터 유럽으로 진출하기 시작한 오스만 투르크의 발칸 지배가 본격화하는데 이것은 발칸 반도가 유럽의 다른 지역보다 문화적으로나 경제적으로 정체되는 원인 중 하나로 꼽히기도 한다.

종교적으로는 가톨릭과 정교가 혼재하였으며, 여기에 오스만 투르크의 침략과 지배를 계기로 기존의 크리스트교 외에도 이슬람교가 흘러들어오고 이런 것이 현재 발칸 지역에 가톨릭, 정교, 이슬람교가 혼재하는 배경을 형성한 것이다. 나라별로 종교를 구분하여 보면 크로아티아와 슬로베니아는 가톨릭 문화권에 속한다. 그리고 정교 문화권에는 세르비아, 몬테네그로, 루마니아, 불가리아가 있으며 이슬람 문화권에는 알바니아가 속하고 정교와 이슬람 혼재 문화권은 마케도니아, 그리고 가톨릭과 정교, 이슬람 혼재 문화권으로는 보스니아 헤르체고비나를 들 수 있다.

이렇게 복합적이고 다양한 문화를 가지고 있는 지역을 독자들에게 좀 더 쉽게 이해시키기 위해 쓴 책이 바로 이 책 "시간으로의 여

행 그뢰아티아, 발칸을 걷다"이다. 나의 첫 번째 책 "시간으로의 여행, 유럽을 걷다"처럼 이번 책도 독자들이 보다 쉽게 여행지를 이해하고 다가가는 데 도움이 되었으면 하는 바람이다.

발칸 반도를 여행하면서 그들의 지역과 종교 등의 문제는 비단 그들만의 문제는 아니라는 생각이 들었다. 그것은 우리의 현재와 미래의 문제가 될 수도 있는 것이다.

이 책을 읽는 많은 분들이 발칸 반도를 좀 더 쉽게 이해하는 데 도움이 되었으면 한다.

저자 정병호

"시간으로의 여행 크로아티아, 발칸을 걷다"는 "시간으로의 여행, 유럽을 걷다"에 이어 저자가 두 번째로 출판한 책이라고 합니다.

저자의 첫 번째 책이 유럽에 관한 배경 지식을 아주 쉽게 설명하였듯이 두 번째 책도 마찬가지로 발칸에 관한 사실들을 쉬운 대화체를 통해 알려 주고 있습니다.

발칸 반도는 고대부터 유럽과 아시아 대륙을 연결하는 중요한 통로라는 지정학적 특징을 지니고 있습니다. 그래서인지 발칸이라는 지역은 다른 지역에 비해 문화와 역사가 복합적인 성격을 갖고 있는 곳입니다.

고대사 이야기가 있는 곳, 아름다운 자연이 펼쳐져 있는 곳, 시간이 멈추어 버린 곳, 전쟁의 아픔을 지닌 곳으로 아주 복합적이고 다양한 문화가 공존하는 흥미로운 지역입니다.

요즘 매체를 통해 크로아티아를 비롯한 발칸 국가들이 한국에 알려지기 시작하면서 많은 여행 상품이 나오고 있지만 사실 이곳에 관한 배경 지식을 쉽게 설명해 놓은 책은 많지 않습니다. 그래서 이 책은 발칸 반도 여행을 준비하거나 발칸의 역사나 문화에 대하여 제대로 이해하고자 하는 분들에게 매우 유용하리라 생각합니다.

여행지에 도착하여 여러 곳을 가거나 발칸에 관한 자료를 보았을

때 발칸 반도에 관한 배경 지식이 전무한 상태라면 복합적인 문화를 가지고 있는 이곳을 이해하기는 더욱 어려울 것입니다.

책에서 저자는 자동차를 타고 여행을 하다가 한 여인을 만나게 되고, 그녀와 함께 여행하면서 발칸의 역사와 문화에 관한 여러 이야기를 나눕니다. 딱딱한 문어체 문장에서 벗어나 독자의 이해를 돕기 위한 대화체 문장으로 쓰여 있어 읽어 나가는데 큰 부담이 없습니다.

이 책을 읽다 보면 왜 발칸 반도에 오스만 제국이, 오스트리아의 합스부르크 제국이, 해상 도시국가 베네치아가, 로마제국이 관련이 있는지를 자연스럽게 알게 될 것입니다. 이들이 관련되면서 발칸 국가들이 어떠한 역사를 갖게 되었고 현재 어떤 모습인가를 이해하게 될 것입니다. 그래서 아는 것만큼 보이는 유럽 여행에 많은 도움이 될 것이라 생각합니다. 또한 지식 습득을 위해서도 권장하고픈 도서입니다.

김정인
(하나투어 동유럽 발칸팀장)

항공사에 근무하게 되면 해외를 여행하는 꿈을 꾸고 시간이 지나면서 많은 곳을 여행하게 됩니다. 그곳에는 그곳의 환경에서 만들어지는 역사와 문화가 있습니다. 아무 준비 없이 여행을 간 우리는 그곳의 역사와 문화를 어떻게 얼마만큼 이해할 수 있을까요?

수학이나 영어 공부에 튼튼한 기초가 필요하듯이 다른 곳의 역사나 문화를 이해하는 데도 기초 지식이 필요하다는 생각이 듭니다.

눈에 보이는 현상만으로는 어느 나라의 역사나 문화를 이해하기에 턱없이 부족하다는 생각이 듭니다. 그래서 그 지역의 역사적 배경이나 상황을 이해해야만 그들의 역사와 문화를 조금이나마 더 사실에 가깝게 이해할 수 있을 것입니다.

저자의 첫 번째 책인 "시간으로의 여행, 유럽을 걷다"도 유럽에 관한 전반적인 배경 지식을 쉽게 풀이하였지만 두 번째 책인 "시간으로의 여행 크로아티아, 발칸을 걷다"도 이러한 맥락에서 글을 써나간 흔적이 보입니다.

발칸 반도는 4세기 후반에 로마제국이 콘스탄티노플을 중심으로 한 동로마와 로마를 중심으로 한 서로마로 분리된 이후 15세기 전까지 약 천 년의 세월 동안 문화적으로 동양과 서양 문화가 혼재되는 특징을 보여 왔습니다.

　종교적으로는 기톨릭과 정교회가 또한 혼재되는 모습을 보여 왔고, 이후 15세기를 전후로 유럽으로 진출하기 시작한 오스만 투르크 제국의 발칸 지배가 본격화하기 시작합니다. 이때부터 발칸 반도에 이슬람교가 들어오게 됩니다. 그리고 이러한 오스만 투르크 제국의 약 500년 가까운 발칸 반도 지배는 이 지역이 유럽의 다른 지역보다 문화적으로나 경제적으로 정체되는 원인 중 하나로 꼽히기도 합니다.

　이러한 복합적인 문화를 가지고 있는 발칸 반도를 이해하기 위한 도서로는 이 책이 아주 적합하지 않은가 하는 생각이 듭니다. 발칸 반도를 전반적으로 이해하기 위한 책으로 권장하는 바입니다.

이찬호

(아시아나 항공 매니저)

Contents

저자가 추천하는 발칸 여행 코스

발칸 반도 여행 (12박 13일)

1일차 오스트리아 그라츠 도착

2일차 그라츠 투어 및 헝가리 부다페스트 이동

3일차 세르비아 베오그라드 이동 및 투어

4일차 세르비아 베오그라드 투어 및 마케도니아 스코페 이동

5일차 마케도니아 스코페, 오흐리드 투어

6일차 알바니아 티라나 이동 및 투어

7일차 몬테네그로 코트르, 부드바 투어 및 크로아티아 드브로브니크 이동

8일차 크로아티아 드브로브니크 투어

9일차 스플리트, 트로기르 이동 및 투어, 국립공원 플리트비체 이동

10일차 플리트비체 국립공원, 모스타르, 사라예보 투어

11일차 크로아티아 자그레브, 슬로베니아 류블랴나, 블레드 투어

12일차 슬로베니아 포스토이나 투어 및 비엔나 이동

지중해

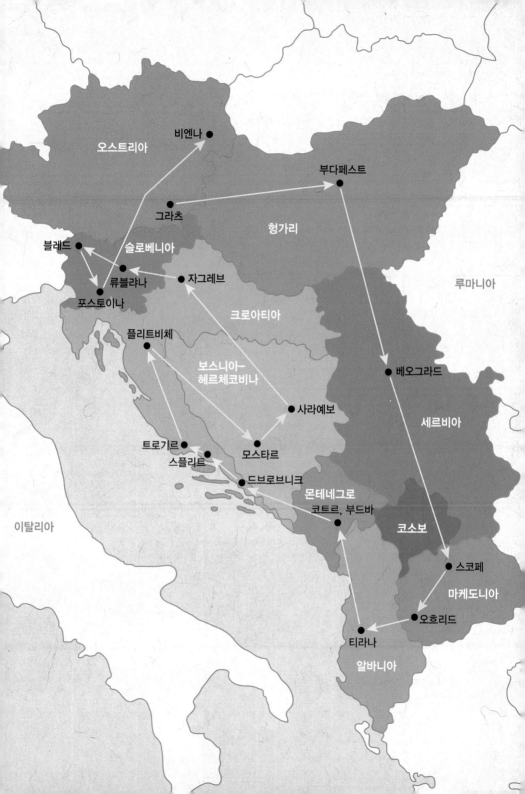

오스트리아

비엔나

부다페스트

그라츠

헝가리

블레드

슬로베니아

류블랴나

자그레브

루마니아

포스토이나

크로아티아

플리트비체

보스니아-
헤르체코비나

베오그라드

트로기르

사라예보

세르비아

스플리트

모스타르

드브로브니크

몬테네그로

코트르, 부드바

코소보

이탈리아

스코페

마케도니아

오흐리드

티라나

알바니아

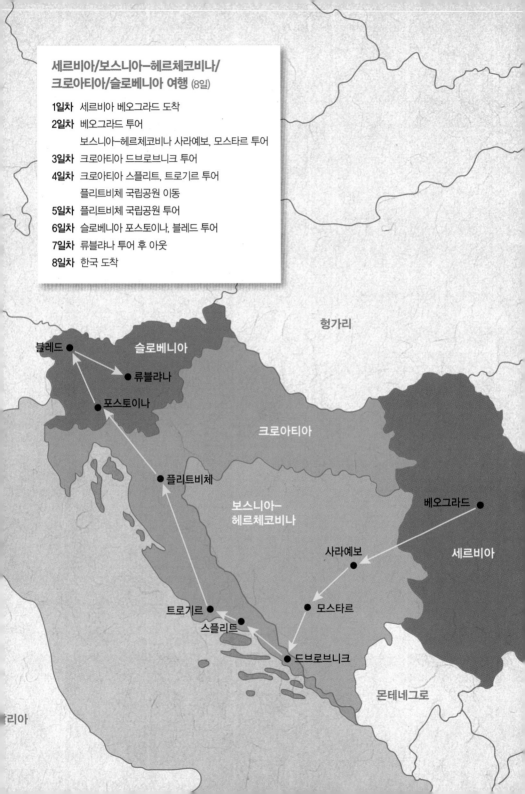

세르비아/보스니아–헤르체코비나/
크로아티아/슬로베니아 여행 (8일)

1일차 세르비아 베오그라드 도착
2일차 베오그라드 투어
　　　　보스니아–헤르체코비나 사라예보, 모스타르 투어
3일차 크로아티아 드브로브니크 투어
4일차 크로아티아 스플리트, 트로기르 투어
　　　　플리트비체 국립공원 이동
5일차 플리트비체 국립공원 투어
6일차 슬로베니아 포스토이나, 블레드 투어
7일차 류블랴나 투어 후 아웃
8일차 한국 도착

헝가리

블레드

슬로베니아

류블랴나

포스토이나

크로아티아

플리트비체

보스니아–
헤르체코비나

베오그라드

사라예보

세르비아

트로기르

스플리트

모스타르

드브로브니크

몬테네그로

리아

크로아티아 여행 (5일)

1일차 크로아티아 드브로브니크 도착
2일차 스플리트/트로기르 투어
      플리트비체 이동
3일차 플리트비체 투어
4일차 자그레브 투어 및 공항 이동
5일차 한국 도착

오스트리아

슬로베니아

헝가리

자그레브

크로아티아

플리트비체

보스니아-
헤르체코비나

트로기르

스플리트

드브로브니크

탈리아

몬테네그로

Balkan

01
전략적 요충지,
발칸 반도

"발칸"이라는 지명은 발칸
반도 북동부 세르비아와 불
가리아에 걸쳐 있는 발칸 산
맥에서 유래한다. 중세 터키
어로 '산맥'이라는 의미를 가
지고 있으며 '산이 많아 푸르
다'는 뜻도 가지고 있다. 오
스만 제국 이래 산맥의 이름
으로 사용되다가 19세기 이
후 발칸 반도 전체를 지칭하
는 이름이 되었다.

블루모스크

술탄 아흐메드 모스크(Sultan Ahmed
Mosque)는 터키를 대표하는 사원이
며, 사원의 내부가 파란색과 녹색의 타
일로 장식되어 있기 때문에 '블루 모스
크'라는 이름으로 더 잘 알려져있다.

오스만 투르크의 발칸지배는 러시아-오스만 투르
크 전쟁 이후 맺어진 산스테파노 조약과 베를린
조약에 의해 이 지역 민족들이 독립하기 이전까지
지속된다. 이 기간 동안 발칸 반도에서는 오스만
투르크에 의해 동양적인 요소가 빠르게 확산된다.

어떤 지역을 여행하기 위해서는 그곳에 대한 이해가 필요하다. 복합
적인 문화를 가지고 있는 발칸 반도는 다른 지역보다 더 그러하다.

발칸 반도는 아직까지 한국 여행자들에게는 다른 지역에 비해 조
금은 낯선 곳이다. 유럽을 크게 나누어 볼 때 서유럽, 동유럽, 북유
럽으로 구분하지만 발칸 지역만은 발칸 반도로 또 다르게 구분하는
것은 다른 지역과 달리 정체된 느낌이 있어서 그런 것 같다. 유럽에
있지만 유럽이 아닌 것 같은 땅, 그래서 조금은 색다른 느낌을 주는
곳이다.

'발칸'이라는 지명은 발칸 반도 북동부 세르비아와 불가리아에
걸쳐 있는 '발칸 산맥'의 이름에서 유래한 것이다. 중세 터키어로
'산맥'이라는 의미를 가지고 있다. 또한 발칸이라는 말은 '산이 많
아 푸르다'라는 또 다른 뜻을 가지고 있다고 한다. 그러면 발칸 반
도라는 이름은 어디서 유래하였을까? 오스만 투르크제국의 지배 이
후 산맥의 이름으로 사용되다가 19세기 이래 발칸 반도 전체를 지

칭하는 이름으로 확대되었다. 발칸을 지리적으로 보면 발칸 산맥의 북쪽은 완만한 경사로 이루어져 있다. 그 경사는 도나우 강의 저지대까지 이어지고 남쪽은 복잡한 모양을 이루는 여러 개의 산줄기가 그리스까지 뻗어 있다. 반면에 발칸 반도의 북서부는 율리안 알프스 산맥의 연장으로 아드리아 해를 따라 그 산맥의 지류가 펼쳐져 있다. 이곳은 산세가 험하고 해안 지방과 내륙 지방을 나누면서 멀리 남쪽의 크레타 섬까지 이어진다. 발칸 반도의 크기를 보면 총 길이는 동서로 1,300km, 남북으로 1,000km 이며, 북쪽으로는 도나우 강 하류와 사바 강[1], 동쪽으로는 흑해, 남동쪽으로는 에게 해, 남쪽으로는 지중해, 남서쪽으로는 이오니아 해, 서쪽으로는 아드리아 해와 경계를 이루고 있다.

발칸 유럽의 나라를 보자면 슬로베니아, 크로아티아, 보스니아 헤르체고비나, 세르비아, 몬테네그로, 마케도니아, 루마니아, 불가리아, 알바니아가 중심이 된다. 면적은 633,046km^2, 인구는 현재 약 6,000여만 명에 이르고 있다. 영토의 크기를 숫자로 이야기하니 크기의 감이 안 잡히는데 발칸 반도의 크기는 프랑스보다 조금 작다고 생각하면 된다. 참고로 프랑스의 면적은 643,801km^2 이다.

발칸 반도에는 지중해성 기후와 대륙성 기후가 같이 나타난다. 아드리아 해와 흑해를 중심으로 한 해안 지역은 지중해성 기후에 속하며, 나머지 대부분 지역은 산악 지대가 많아 대륙성 기후에 속하기 때문이다.

그러면 지정학적 특징은 이곳에 역사적으로 어떤 영향을 주었을까?

발칸 반도, 이곳은 유럽과 아시아 대륙을 연결하는 중요한 통로라는 지정학적 특징을 지니고 있다. 따라서 이 지역은 고대 이래로 여러 민족들의 전략적 요충지였다. 말하자면 유럽, 러시아, 소아시아 등 열강들의 각축장이 되었던 것이다. 역사적으로 이 지역은 고대 그리스와 페르시아 간 각축전을 시작으로 로마시대 이래 비잔틴 제국인 동로마와 이슬람제국 간, 합스부르크제국과 오스만제국 간, 러시아와 오스만 간, 오스트리아-헝가리제국과 러시아 간 이외에도 발칸 토착 세력들 간의 영토 싸움이 치열하게 이어져 왔던 곳이다.

발칸 반도는 395년에 로마제국이 동로마와 서로마로 분리된 이후 15세기 전까지 약 천년의 세월 동안 문화적으로 동양과 서양 문화가 혼재되는 특징을 보여 왔으며 종교적으로는 가톨릭과 정교회가 혼재되는 모습을 보여 왔다. 이후 15세기를 전후로 소아시아로부터 유럽으로 진출하기 시작한 오스만 투르크의 발칸 지배가 본격화하기 시작하였는데 이것은 발칸이 유럽의 다른 지역보다 문화적으로나 경제적으로 정체되는 원인 중 하나로 꼽히기도 한다.

발칸 반도에서의 오스만 투르크의 지배는 언제까지 지속되었을까?

오스만 투르크의 발칸 지배는 러시아-오스만 투르크 전쟁 이후 맺어진 1878년 3월 산스테파노 조약과 6월의 베를린 조약에 의해 이 지역 민족들이 독립하기 전까지 지속된다. 이 기간 동안 발칸 유럽에는 오스만 투르크에 의해 동양적 문화 요소가 급속도로 확산

되었다. 그리고 종교적으로도 복잡한 양상을 띠게 된다. 기존의 크리스트교 외에도 이슬람교가 유입되고 이러한 것이 현재 발칸 유럽 지역에 가톨릭, 정교, 이슬람교가 서로 혼재되어 나타나는 배경을 형성하게 된다. 이러한 종교를 나라별로 구분하여 보면 크로아티아와 슬로베니아는 가톨릭 문화권에 속하며 정교 문화권으로는 세르비아, 몬테네그로, 루마니아, 불가리아가 있다. 이슬람 문화권으로는 알바니아, 정교와 이슬람 혼재 문화권으로는 마케도니아, 그리고 가톨릭과 정교, 이슬람 혼재 문화권으로는 보스니아 헤르체고비나를 들 수 있다. 아주 오래전으로 돌아가 이야기하면 발칸 반도는 기존의 토착민과 알렉산더 대왕의 원정이 있었고 기원전 165년을 시작으로 로마의 속주가 되었으며, 동로마제국인 비잔틴의 영향을 받았다. 그리고 6~7세기에는 슬라브족이 남하하여 정착하였다. 현재 발칸 반도의 나라를 보면 크게 오스만 투르크와 합스부르크 왕가, 그리고 베네치아의 지배를 받은 경험이 있으며, 그중 슬로베니아와 크로아티아는 오스만 투르크의 지배를 받지 않고 오스트리아 합스부르크가의 지배와 베네치아의 영향을 받았다. 또한 지리적으로 가까워 로마 가톨릭의 영향을 받았으며 이로 인해 현재까지도 가톨릭의 세력이 강하다. 그리고 티토가 국가의 롤 모델로 삼았다는 보스니아는 동서 로마에 의해 나누어진 가톨릭과 정교가 혼합된 양식을 가지고 있다.

발칸 지역을 이해하는 데 아주 중요한 오스만 투르크의 발칸 반도 진출은 언제부터일까? 그것은 오스만 투르크가 1354년에 갈리

폴리[2]를 점령한 이후라고 할 수 있다.

그럼 발칸 역사에 있어서 가장 중요한 해는 언제일까?

그 연도는 1389년이다. 왜냐하면 각 나라의 민족주의가 대두하기 시작한 연도이기 때문이며, 이때 일어난 전투가 바로 슬라브 민족과 오스만 투르크족의 코소보Kosovo 전투였다.

코소보 전투는 세르비아어로 '지빠귀들의 들판'이라는 뜻의 코소보 폴레에서 세르비아의 왕자 라자르 공의 군대와 오스만제국의 술탄 무라드 1세(1360~89재위)의 오스만 투르크 군대 사이에 벌어진 전투이다. 결과적으로 보면 오스만제국이 승리함으로써 세르비아는 무너지게 된다. 그 당시 상황을 보면 비잔틴제국은 오스만 투르크

보스포루스해협
마르마라와 흑해를 연결하는 해협으로 아시아와 유럽의 경계를 이룬다.

군에게 완전히 포위된 상태였고, 콘스탄티노플 근처의 견고한 요새들을 많이 점령한 무라드는 비잔틴과 슬라브 여러 나라의 내부 불안을 이용해 발칸 반도에서 오스만 투르크제국의 점령지를 넓히려는 시도를 하게 되며 세르비아를 침범해 코소보까지 진격, 그곳에서 라자르의 군대와 맞붙게 된다. 씨움의 초기에 세르비아 귀족 밀로슈 오빌리크가 무라드를 살해하는데 그때만 해도 세르비아가 승리하는 듯하였다. 밀로슈는 탈영병으로 위장해 투르크 군 진영에 잠입한 후 술탄의 막사로 치고 들어가 독이 묻은 단검으로 술탄을 찔러 그를 살해하였다. 그러나 무라드의 아들 바예지드는 술탄이 죽은 후 벌어진 혼란을 재빨리 수습하고 세르비아 군을 포위해 그들에게 치명적인 타격을 가하였으며 결국 라자르는 포로로 잡혀 처형되었다. 이후 세르비아는 오스만 투르크제국에 공물을 바치고 또한 술탄의 군대에서 군역을 지게 되었다. 코소보 전투는 세르비아가 이슬람과의 전투에서 패배함으로써 400~500년간 이슬람의 지배를 받게 되는 결정적인 사건이었던 것이다.

발칸 반도는 18세기 말에 와서는 크게 세 개의 세력에 의혜 분할되었다. 첫 번째는 세력권이 가장 큰 오스만 투르크이다. 이들은 발칸 반도의 대부분을 지배하였다. 두 번째는 베네치아 공화국이다. 그들은 세력을 달마티아 내부에까지 확대, 지배하였다. 그리고 세 번째인 오스트리아제국은 슬로베니아를 계속 영유하였다. 하지만 여기에 큰 변화를 가져다주는 계기가 생기는데 그것은 바로 나폴레옹의 정복 활동이다. 이로 인해 베네치아 공화국은 1797년에, 라구사 공화국은 1808년에 발칸 반도의 지배권을 상실했으며 오스트리아제국 역시 발칸 반도의 영토를 잃게 되었다. 하지만 나폴레옹의 몰락 이후 성립된 빈체제에서 오스트리아는 나폴레옹에게 빼앗겼던 영토를 되찾았다. 여기에 그들은 베네치아 공화국이 지배하였던 영역과 라구사 등을 새로이 장악하였으니 시르미아, 크로아티아, 슬라보니아 등이 그것들이다.

그 후 발칸 국가들이 독립하게 되는 때는 언제일까?

1877년에서 1878년 러시아와 오스만 투르크 사이에 전쟁이 일어난다. 그 전쟁에서 러시아가 승리한 후 발칸 국가들은 독립하기 시작하였다.

알바니아에서 발칸 지역 최초의 반 오스만 반란이 일어나며 뒤이어 세르비아, 불가리아, 보스니아에서 역시 오스만 투르크제국에 대한 반란이 일어났고 세르비아, 불가리아, 그리스와 몬테네그로가 오스만 투르크제국에 대항하여 발칸 동맹을 맺었다. 이러한 상황의 배후에는 슬라브 민족주의를 주창하는 러시아가 있었는데 러시아의 발칸 진출을 우려한 오스트리아가 개입하면서 이것은 다시 유럽 열강 사이의 문제가 되었다. 발칸 반도의 전쟁사를 보면서 1차, 2차 발칸 전쟁을 이야기하지 않을 수 없다. 이 두 전쟁으로 인해 발칸 반도 내 많은 변화가 일어나는데, 1912년 400년 이상 오스만 투르크의 지배를 받았던 세르비아, 불가리아, 그리스, 몬테네그로의 연합군이 발칸에 남아있던 오스만 투르크의 세력을 몰아내게 된다. 이것이 1차 발칸 전쟁이다. 이 전쟁은 몬테네그로의 선전 포고로 시작되어 10일 후 동맹국이 참전하는데 결과는 발칸 국가들의 승리였다. 이 1차 발칸 전쟁의 결과, 1913년 5월 30일 런던서 체결된 조약으로 오스만 투르크제국은 유럽 내의 영토를 거의 모두 상실하게 되고, 이때 알바니아의 독립이 원칙적으로 합의되었으며 나머지 영토는 발칸 국가들이 분할하여 차지하게 된다. 하지만 1차 발칸 전쟁의 조약 사인이 채 마르기도 전인 1913년 6월 29일에 시작된 제2차 발칸 전쟁에서는 마케도니아 정복지를 두고 세르비아, 그리스, 루마니아 3국이 불가리아를 상대로 싸우게 된다. 불가리아가 자국이 소유권을 가지고 있다고 생각한 마케도니아 지방이 런던 조약으로 그리스와 세르비아에 합병된 것에 대해 불만을 가지게 된 게 전쟁의 원인이었다. 하지만 결정적인 실수는 불가리아가 여기서 그치지 않고 한때 동맹 국가였던 나라를 어리석게도 공격하였다는 것이다. 이틈을 이용해 오스만 투르크는 발칸 반도 끝자락인 트라키아[3] 지역을 회복하였다. 결국 2차 발칸 전쟁에서 불가리아는 패전하고 1913년 8월 10일 부쿠레슈티에서 강화조약이 체결되었는데 불가리아는 1차 발칸 전쟁에서 획득한 모든 영토를 상실하였고 약 $7,500km^2$에 달하는 영토를 루마니아에 빼앗기고 마케도니아 지역의 대부분은 그리스와 세르비아에 분할되었다. 한편 1, 2차 발칸 전쟁을 통해 발칸 반도에 강력한 국가가 등장하였으니, 그 나라가 바로 세르비아이다. 세르비아가 발칸 지역에서 강력한 국가로 등장하면서 오스트리아-헝가리 제국과의 충돌은 불가피하게 된다. 이 두 전쟁의 결과로 발칸 지역의 민족주의가 전성기를 맞게 되고 반면 과거 이 지역을 지배했던 오스만 투르크제국과 오스트리아의 힘은 눈에 띄게 줄어들었다. 특히 이 전쟁을 통해 오스만제국의 발칸 지배가 실질적으로 종식된 이후 발칸 국가들의 다음 목표가 된 것은 오스트리아제국의 축출이었다. 어찌 보면 당연한 순서가 아닌가 생각되기도 한다.

제1차 세계 대전은 우리가 잘 아는 전쟁이다. 그런데 이것의 발발 원인 또한 발칸 반도였다. 1914년 6월, 1차 세계 대전의 결정적인 계기가 된 사건이 일어나는데 당시 오스트리아는 인근의 보스니아

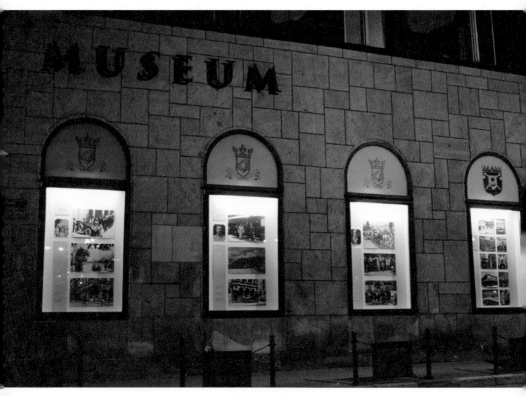

오스트리아 황태자를 암살한 청년 프린치프가 거사 전 있었던 라틴 다리 앞의 카페.
지금은 박물관으로 변해있다.

헤르체고비나를 1908년에 합병한 상태였다. 여기에 슬라브인들의 반감은 아주 컸다. 단순히 보스니아 민족주의자들에 한정된 것이 아니라 발칸 지역 슬라브주의의 본거지인 세르비아를 중심으로 오스트리아에 대한 적개심이 증대하고 이것은 러시아와 독일로 대변되는 범슬라브주의 대 범게르만주의의 대결 양상을 띠게 되었다. 시실 당시 세르비아도 보스니아 헤르체고비나를 차지하려고 오스트리아와 대립하고 있었다고 볼 수 있다. 이러한 제국주의 국가들 사이의 대립이 지속되었고 그러는 가운데 6월 28일 오스트리아 페르디난트 황태자 부부는 보스니아의 수도 사라예보를 방문한다. 그런데 황태자 부부가 차를 타고 시내 거리를 행진하던 중 세르비아 청년이 쏜 총에 맞아 사망하는 사건이 발생하였고, 한 달 후인 7월 28일 오스트리아는 세르비아에 전쟁을 선포하였다. 이때 오스트리아를 지원하던 독일과 세르비아를 지원하던 러시아가 개입하면서 전쟁이 확대되었으며, 그 후 오스트리아-헝가리 제국이 패배하자 이 지역의 슬라브 민족이 결집해 보스니아, 세르비아, 슬로베니아, 크로아티아는 '유고슬라비아 왕국'이라는 이름으로 한 나라를 이루었으나 1941년 4월 독일의 침공으로 사라지게 된다. '유고슬라비아'라는 이름은 '남 슬라브족의 땅'이라는 의미를 가지고 있다.

유고슬라비아의 변천을 보면, 먼저 제2차 세계 대전 중이었던 1945년 티토가 이끄는 파르티잔, 즉 빨치산의 유격 활동으로 해방을 맞이한다. 그리고 1945년 11월 티토를 수반으로 하는 유고슬라비아 연방 인민공화국이 수립하였으며 1963년 신 헌법에 따라 유고슬라비아 사회주의 연방공화국으로 개칭하였다. 그리고 이후 발칸 반도에서는 또 다른 역사적인 변화가 일어나기 시작하였으니 그것은 1980년 티토 사망 후 민족주의가 대두하기 시작한 것이다. 1987년 슬로보단 밀로셰비치가 코소보에서 행한 강력한 세르비아 민족주의 연설이 바로 그것이다.

그때의 배경 상황을 보자면 당시 코소보에서는 소수 민족이면서도 경제와 정치의 주도권을 행사하고 있던 세르비아인들과 다수 민족이지만 열악한 환경 속에 살고 있던 알바니아인들 사이에 갈등과 충돌이 끊이지 않고 있었는데 인종 비율을 보면 세르비아인 10퍼센트, 알바니아인 90퍼센트 정도였다. 1989년 세르비아 대통령으로 당선된 밀로셰비치는 코소보 독립을 주장하며 시위와 무장 투쟁을 벌이고 있던 알바니아 반군들에 대한 대대적인 소탕과 함께 코소보에 대한 세르비아의 영향력을 확대하여 가기 시작하였다. 하지만 이러한 세르비아의 의도는 79일 동안 지속된 나토NATO 군과의 코소보 전쟁으로 실패로 돌아가게 된다. 이것의 여파는 2000년 10월 세르비아의 시민 혁명과 밀로셰비치의 헤이그 전범 재판소 소환을 불러온다. 하지만 4년을 끌어오던 밀로셰비치의 전범 재판에 관한 논쟁은 결론이 나지 못했다. 왜냐면 외세의 공격으로부터 세르비아와 민족을 지켜내려 했다는 국가안보 수호자로서의 시각과 인종 청소와 소수 민족 학살의 주범이라는 시각이 서로 충돌하였기 때문이었다. 이런 가운데 밀로셰비치는 2006년 4월 헤이그 교도소에서 심장마비로 죽음을 맞이하게 된다.

자, 그럼 코소보에 알바니아인이 많은 이유는 무엇일까?

코소보에 알바니아인이 많은 이유는 역사적으로 거슬러 올라가면 오스만 투르크에 의해 이슬람으로 개종한 사람이 많았기 때문이다. 세금 면제 등 각종 해택을 받게 되면서 인구가 늘어나고 그로 인해 가톨릭과 징교는 밀리게 되었던 깃이다.

그럼 왜 세르비아가 코소보에 대해 인종 청소를 시작했을까?

코소보는 세르비아의 입장에서 보면 세르비아 민족주의의 성지

모스타르 다리

이다. 오스만 투르크가 쳐들어왔을 때 코소보 폴례에서 10만 명의 세르비아 군은 마지막 한 명이 남을 때까지 그들과 전쟁을 하였던 것은 성지인 코소보에 미국과 서유럽이 끼어들어 분리를 주장하였기 때문이다.

유고슬라비아연방의 해체는 언제부터일까?

유고슬라비아연방은 1989년 동유럽을 휩쓴 공산정권 붕괴의 소용돌이 속에서 연방을 이루었던 여섯 개 공화국 중 크로아티아(1991. 6. 25), 슬로베니아(1991. 6. 25), 마케도니아(1991. 11. 7), 보스니아 헤르체고비나(1992. 3. 2)가 차례로 독립하면서 사실상 해체되게 된다. 그리고 1992년 4월 27일 세르비아와 몬테네그로가 신 유고슬라비아 연방공화국을 수립하였다. 2003년 두 공화국은 유고슬라비아란 이름을 버리고 세르비아 몬테네그로라는 이름을 채택하였지만, 2006년 세르비아 몬테네그로도 몬테네그로가 독립을 선언함으로써 완전히 해체되었으며 현재에 이르고 있다.

그럼 몬테네그로의 독립 추진의 계기와 그 의미는 무엇일까?

1992년 4월 세르비아 공화국과 함께 신 유고슬라비아 연방을 구성하였던 몬테네그로 공화국은 보스니아 내전의 주 원흉으로 같은 연방에 속한 세르비아가 지목되고, 이후 같은 연방에 소속되어 있다는 이유로 수년 동안 국제 사회로부터 가혹한 경제 제재를 받게 되었다. 그리고 세르비아인과 알바니아인의 민족 갈등을 계기로 1999년 3월 일어난 코소보 전쟁에서 미국을 위시한 나토NATO 군의 무차별적인 군사 공격과 국제 사회에서의 고립을 겪게 되며, 그 이

후 몬테네그로는 세르비아와의 연방을 파기하고 독립의 길을 선택하기로 결정하여 2006년 5월 21일 분리 투표를 하게 된다. 독립은 55.4퍼센트의 찬성으로 확정되었고 6월 4일 공식적으로 독립을 선언하였다.

Venice

02

달마티아의 공작, 베네치아와 지중해

베네치아는 지리적인 위치로 인해 각 지역에 거점 요새 및 해상 고속도로를 건설함으로써 지중해를 장악, 교역을 독점하여 부를 얻게 되었다. 4차 십자군 전쟁에도 참여하여 부를 획득하였으며 최고의 전성기를 누렸다.

투칼레 궁전

14세기~15세기 베네치아의 고딕 양식의 대표적 건축물

**달마티아의 공작
베네치아와 지중해**

Vencie

지중해는 고대부터 근대까지 여러 민족들이 물자와 문화를 주고받는 곳이었다. 이러한 것을 기반으로 서 유럽은 11세기 후반에 들어와 도시와 상공업의 발달에 토대를 둔 경제적 발전을 하게 되었다. 그것의 전형적인 예가 바로 베네치아이다.

지중해를 배경으로 발칸에 많은 영향을 주었던 나라는 베네치아이다. 베네치아를 이해하면 발칸 반도의 역사를 파악하는 데 도움이 되며 베네치아를 이해하기 위해서는 지중해에 대하여 잘 아는 것이 중요하다.

지중해라는 말의 어원은 라틴어 '메디테라네우스Mediterraneus'이다. 이것은 지구의 한가운데를 의미한다. 여러 바다 중에서 지중해 바다는 염분 농도가 가장 높은데 평균 염분 농도는 38퍼센트라고 한다. 그리고 지중해는 바다 대부분이 거의 땅으로 둘러싸여 있으며 대서양에 속한 바다로 볼 수 있다. 북쪽과 서쪽은 유럽과 인접해 있고 남쪽은 아프리카, 동쪽은 레반트4와 접하고 있다. 그리고 중요한 것은 동 지중해에 접해 있는 거의 모든 나라가 그 성쇠를 지중해와 같이하였다는 것이다. 그러한 나라를 보면 이집트, 튀니지 등 북부 아프리카와 이탈리아, 그리고 발칸 반도 해안 지역인 아드리아 해에 면한 나라인 슬로베니아, 크로아티아, 알바니아, 보스니아 헤르체고

S자 대운하

비나, 세르비아, 몬테네그로, 그리스 등과 터키, 키프로스, 시리아, 요르단, 현재 이스라엘과 레바논 지역인 팔레스타인 지역이다. 이들 나라들의 번영이 지중해를 빼놓고는 있을 수 없었던 것은 고대부터 동 지중해가 중요한 교역로로 이용되어 왔다는 사실 때문이다. 고대부터 근대까지 메소포타미아, 카르타고, 그리스, 레반트, 로마, 무어인, 이집트, 페니키아, 베네치아, 투르크 등 여러 민족들이 물자와 다양한 문화를 지중해를 통해 주고받았는데 오리엔트나 고대 로

S자 대운하 서쪽의 한 부분을 연결하는 리알토 다리는 베네치아의 중심이 된다.

마는 중국에서 온 물품을 가져다가 유럽에 팔면서 부를 축적하였다. 말하자면 고대의 주요 교역로는 오리엔트에서 동 지중해에 이르는 길이었고 이러한 교역로를 거쳐 물품이 유럽대륙으로 가는 것이었다. 다시 말하면 이 교역로를 장악한 국가가 부를 얻게 되고 강성하였던 것이다. 베네치아는 일찍이 지리적인 위치로 인해 각 지역에 거점 요새를 구축하였으며, 해상 도시 국가답게 최초로 해상 고속도로를 건설하였다. 그래서 동 지중해를 장악, 교역을 독점함으로써 부를 얻게 되었던 것이다.

하지만 11세기 중엽에 동 지중해 지역의 기존 질서가 깨지게 된다. 그 이유는 무엇이었을까? 그것은 바로 이슬람 세력의 대두이다. 이들의 급속한 성장으로 비잔틴제국 즉 동로마제국이 위기에 빠지게 되고 비잔틴은 기독교의 이름 아래 서유럽의 모든 국가들에게 군사 개입을 호소하게 되었다. 즉 신의 이름으로 군대가 결성되는데 그것이 바로 십자군이다. 십자군은 11세기 말부터 13세기 말까지 1차에서 8차까지 대규모 군사원정에 나선다. 서유럽 국가들은 예루살렘을 회복한다는 명분과 함께 군사원정에 대부분 참여하였다. 그들이 참여할 수 있었던 것은 정치적, 사회적인 안정과 종교적 열정, 그리고 지도력이 있었기 때문이다.

서유럽은 11세기 후반에 들어서면서부터 도시와 상공업의 발달에 토대를 둔 경제적 발전을 하게 되었다. 그것의 전형적인 예가 바로 베네치아 상인들이다. 그런데 이들 베네치아 상인은 십자군 전쟁의 목적 달성보다 자신들의 경제적 이득을 우선시한 대표적인 경우이다. 1096년에 교황 우르반 2세는 성지회복을 위한 십자군 전쟁을 주장하는데, 이렇게 십자군 전쟁을 주장한 이유는 기독교 순례자들에 대한 박해와 정치 종교적인 문제 때문이었다. 그래서 유럽 각지의 군주, 영주, 기사들이 무리를 지어 예루살렘을 정복하기 위해 모이게 되었다. 이때 전쟁에 필요한 모든 물자의 조달을 위해 동서 교역이 급격히 증가하게 되었고 이러한 시대적 분위기에서 베네치아가 십자군 원정을 기회로 자신들의 세력을 확고히 하려고 하였던 것이다. 그런데 이 당시 전비 확보는 쉬운 것이 아니었다. 그러면 십자군은 어떻게 전비를 확보하게 되었을까?

여러 국가의 지원과 상인세력의 십자군 참여가 바로 그 답이었다. 이렇게 일단 재정 문제가 해결되었다. 하지만 전쟁을 수행하기 위한 비용이 높아질수록 자본은 상인들에게 다시 재분배되는 결과를 낳게 되었다. 그리고 이때부터 교황청에서는 면죄부를 발행하는데 바로 십자군을 후원하기 위해서였던 것이다. 그런데 베네치아 상인들은 그 당시 종교적으로 금기시하던 이슬람인과의 교역을 하며 이득을 얻고 있었다. 그러다가 십자군 전쟁이 일어나자 십자군 원정에 적극적으로 참여하였던 것이다. 십자군 전쟁은 우리가 알고 있듯이 1차에서 8차까지 일어나지만 실질적으로 성공했다고 보는 것은 1차 밖에 없다. 그리고 농민 십자군과 소년 십자군이 있었는데 농민 십자군은 양민을 약탈하였으며 베네치아 상인들은 성지 탈환을 내세워 소년 십자군을 모집, 소년들을 노예로 팔았다. 이것은 기독교 역사에서 인정하기 싫은 사실일 것이다.

베네치아 상인들은 자신들이 보유하고 있는 선박과 자금을 십자
군에 지원하였다. 4차 십자군 전쟁 때에 베네치아 상인들은 그들이
제공한 선박과 기타 원정 자금의 대금을 받지 못하게 되었으며, 그
것을 이유로 제4차 십자군을 이용해 같은 기독교 지역을 쳤으니 기
독교 도시 중 하나였던 자다르Zadar를 공격하였던 것이다.

자다르는 달마티아 연안에 있으며 이탈리아어로는 '자라'라고 불
리는, 당시 베네치아가 차지하고 있던 무역항이었다. 하지만 이곳은

베네치아 귀족들이 타고 다녔던 곤돌라

헝가리에 의해 점령당한 상태였다. 자다르는 방어가 잘되어 있었기 때문에 그곳을 함락하려는 베네치아의 노력은 매번 실패로 끝나게 되었다. 그러자 베네치아는 제4차 십자군에게 자다르를 탈환하는 것을 도와준다면 대금 지불을 무기한 연기해 주기로 제안하였고, 십자군은 이에 동의를 하고 자다르를 공격, 함락시켰다. 하지만 여기서 이들에게 가장 문제가 된 것은 바로 십자군이 공격한 자다르가 기독교 도시였다는 것이다. 이러한 상황을 로마 교황청에서 알게 되었고 교황은 십자군과 베네치아 상인들을 파문한다. 회개하고 후회하는 십자군들에게는 사면을 해주었으나 베네치아 상인들은 자다르의 점령이 정당하다고 주장하였다. 이에 교황은 베네치아 상인들

베네치아의 풍경

에게는 공식적인 파문을 내렸다. 자다르를 점령하였으나 십자군은 여전히 대금을 갚을 능력이 되지 않았고, 십자군이 기독교 도시를 공격했다는 것 때문에 십자군 내부에서도 분열이 일어났다. 그러면 서 십자군은 자다르에서 한 해를 보내게 되었는데, 이때 비잔틴 황제의 이들 알렉시우스가 십지군에게 거절하기 힘든 제안을 하였다. 자신이 콘스탄티노플에 돌아가 황제의 자리에 오르는 것을 도와주면 군자금과 군사를 제공하겠다는 제안이었다. 십자군 내부에서는 반대 의견이 있었지만 알렉시우스의 제안은 받아들여 졌다. 그리고 제4차 십자군은 결국 콘스탄티노플로 향하게 되는데, 처음에는 십자군이 알렉시우스가 왔다고 알리면서 평화적으로 해결하기를 원하였지만 비잔틴은 십자군을 먼저 공격하였고 싸움이 승산이 없자 알렉시우스의 아버지를 석방함으로써 십자군의 공격 구실을 없앴다. 하지만 그 후 알렉시우스 4세는 무르추플라스에게 제위를 찬탈당하였으며 십자군은 약속했던 대금을 받을 수 없게 되었다. 이에 십자군은 베네치아 상인들과 함께 콘스탄티노플을 공략하여 함락시켰는데, 이 사건은 쇠퇴해가는 비잔틴제국에 큰 타격을 입혔다. 또한 십자군 역사상 가장 잔인한 약탈이 자행되었다. 제4차 십자군 전쟁은 성지인 예루살렘을 탈환하고, 기독교 세력 확대를 꿈꾸었지만 그들에게 커다란 실망만을 안겨주고 오로지 베네치아 상인들만이 이익을 얻게 되는 결과를 낳았을 뿐이었다. 즉 베네치아인들은 자다르라는 도시를 점령함으로써 중요한 무역로를 확보하게 되었으며, 나아가 콘스탄티노플을 함락, 그들이 가지고 있던 해상 무역

권마저 차지하게 되었던 것이다. 이로 인해 베네치아는 항해의 안전을 보장받고 지중해에서의 자유로운 통행권을 획득했다. 그리고 베네치아인들은 이후 부와 막강한 해군력을 바탕으로 크레타 섬을 비롯한 에게 해의 많은 섬들과 달마티아 해안을 완전히 장악하게 된다. 이때부터 베네치아는 '달마티아의 공작'이라는 명칭을 갖게 되었다.

유럽에서 가면 축제를 제일 처음 시작한 베네치아의 가면

베네치아 가면 축제

발칸은 복합적인 역사와 문화를 가진 곳이다. 그래서 오스만 투르크, 베네치아, 합스부르크 그리고 슬라브에 관한 이야기를 알고 간다면 발칸을 이해하는데 도움이 될 것이다.

Slav

03

유럽 최대의 민족, 슬라브족

슬라브족은 크게 동 슬라브, 서 슬라브 그리고 남 슬라브로 구분할 수 있으며 인도 유럽어족에 속하는 말을 쓴다. 우선 동 슬라브족은 러시아, 우크라이나, 벨라루스인이다. 서 슬라브족은 폴란드, 체크, 슬로바키아, 벤드인 그리고 소르비아인이다. 그리고 남 슬라브족은 발칸 반도의 슬라브인이다.

성 바실리 성당
이반 대제가 몽고군에게 승리한 것을 기념하기 위해 만든 정교회 성당

**유럽 최대의 민족
슬라브족**

Slav

슬라브족은 선사시대 아시아에서 출발하였다. 기원 후 5세기~6세기 게르만족이 서쪽으로 대이동하게 되는데, 이를 따라 슬라브족도 이동하게 되었다.

동유럽도 마찬가지지만 이곳 발칸 반도의 많은 영역을 차지하는 민족은 슬라브족이다. 그러면 슬라브족은 어디에 분포해 살고 있을까?

슬라브족은 유럽의 동부와 동남부에 살고 있고, 조금 더 멀리 보면 북 아시아 태평양 연안에까지 퍼져 살고 있는 민족이다. 슬라브족은 크게 세 가지로 구분할 수 있다.

동 슬라브족, 서 슬라브족 그리고 남 슬라브족. 이들은 인도유럽어족에 속하는 말을 쓴다. 동 슬라브족은 러시아인, 우크라이나인, 벨라루스인이다. 그리고 서 슬라브족은 폴란드, 체코, 슬로바키아, 벤드인, 소르비아인으로 구분할 수 있다. 발칸 지역의 슬라브인은 남 슬라브족으로 통칭하며 세르비아인, 크로아티아아인, 슬로베니아인, 불가리아인, 마케도니아인으로 나누어진다. 이를 종교로 구분해 보면 러시아인, 대부분의 우크라이나인, 벨라루스인, 세르비아인, 불가리아인 및 마케도니아인 다수는 동방 정교를 믿고 키릴 문

자를 사용한다. 그리고 라틴어 알파벳을 사용하면서 로마 가톨릭을
믿는 슬라브인들은 폴란드인, 체코인, 슬로바키아인, 크로아티아인,
슬로베니아인 및 우크라이나인 일부이다. 그밖에 이슬람교, 개신교,
유대교를 믿는 소수집단도 있다.

　슬라브족은 어디에서 기원하고 어떻게 현재의 땅에 징착하게 되
었을까?

　슬라브족은 선사시대에 아시아에서 출발하였다. 기원후 5세기~6

슬로베니아인들의 민속춤

세기 게르만족이 서쪽으로 대이동하는데 이를 뒤따라 슬라브족도 이동하였다. 하지만 이들 중 러시아를 비롯한 동 슬라브인들은 대이동 시에 이동하지 않고 정착을 하였던 민족이고, 서 슬라브족은 오늘날의 동유럽에 정착한 슬라브인이며, 남쪽에 정착한 민족은 남 슬라브인으로 구분한다.

그러면 슬라브족들은 어디까지 이동하여 그들 영역의 경계로 삼았을까?

슬라브족은 서쪽으로 오데르와 엘베, 잘레를 경계로 하였고 남쪽으로 보헤미아, 모라비아, 헝가리, 발칸 반도까지, 북쪽으로는 드네프르 상류 지역까지를 경계로 삼았다.

아울러 그들의 국가 형성체가 나타나기 시작한 것은 언제부터일까?

대이동이 끝날 무렵이다. 이때 이들 슬라브족 내부에서는 재력과 군사력을 갖춘 군주들이 나타나게 된다. 이때부터 국가의 기초적인 형태들이 나타나고 계급적인 구별이 생기기 시작하였다. 그 뒤 수 세기 동안은 여러 슬라브족들 사이에 통일체가 형성되지 못하였다.

이러한 슬라브인들 중 발칸 반도의 슬라브인들은 다른 유럽의 나라와 문화의 차이가 있는데, 왜 그럴까?

슬라브인들에 관하여 지역별로 나누어 이야기하면 먼저 서 슬라브인들은 다른 유럽의 나라를 통해 보다 많은 것을 경험하게 된다. 즉 유럽의 정치, 경제, 사회, 문화, 예술, 철학 등을 접한다. 시대의 주류였던 봉건제도, 인문주의, 르네상스, 종교개혁 및 프랑스혁명과 산업혁명 등을 더 빨리 경험하고 알게 되었다. 하지만 남 슬라브인들의 발칸은 외세의 침략과 지배를 받게 된다. 몽골족과 투르크족의 침입으로 인해 수 세기 동안 유럽 사회와 교류를 하지 못하고 고립되어 있었다. 이로 인해 이들은 다른 유럽의 국가보다 문화적으로 뒤떨어지게 된 것이다. 또한 이러한 영향으로 이들에게는 관료주의적 전제 정치 및 군사주의가 발달하였으며, 오랫동안 농노제도가 존속함으로써 도시 중간계급의 발달이 지체되었던 것이다.

19세기에 들어서는 지식인들 사이에서 범슬라브주의가 일어났지만 이러한 민족주의는 현실 정치에는 큰 영향을 미치지 못하였다. 하지만 지금 유럽에서 슬라브족의 발전은 아주 빠르게 나타나고 있다.

 Tip

발칸 반도 여행 시 여권을 분실하였을 때

• **슬로베니아**
슬로베니아의 수도 류블랴나에는 한국 대사관이 없는 관계로 여권 분실 시 빈에서 여권을 발급받아야 한다. 24시간 당직 영사가 근무한다.

• **크로아티아**
자그레브에 한국 대사관이 있다.

• **보스니아 헤르체고비나**
한국 대사관이 없어 크로아티아 한국 대사관에서 업무를 대행하며, 사라예보에 김성룡 님이 한국 명예영사 업무를 맡고 있다. 사진 한 장과 경찰 리포트를 작성한 다음 연락하여 전달하면, 인편으로 자그레브에 가서 만들어 가지고 온다. 별도의 수고료를 지급해야 한다.

Aus

발칸의 시작
오스트리아 그라츠

9세기에 건설한 도시로 슬라브어로 '작은 요새'라는 뜻을 가진 그라츠는 오스트리아 슈타이어마르크(Steiermark)주의 주도이며, 헝가리와 슬로베니아로 통하는 교통의 요지이다. 1240년 무렵 자치권을 얻었고, 중세 시대에는 슈타이어마르크지방의 중심지가 되었다.

비엔나 ●

그라츠 ●

그라츠 시계탑
그라츠의 상징으로 슐로스베르크의 정상에 위치

빈(Wien)에 이어 오스트리아에서 두 번째로 큰 도시로 구시가지는 1999년에 유네스코 지정 세계 문화 유산으로 등록되었다. 지멘스(Siemens)나 다임러(Daimler) 등 유명한 기업들의 본사와 지사들이 있다.

아직까지는 많은 한국 여행객들에게 조금 멀리 떨어진 곳으로 여겨지는 곳 발칸.

나는 태양의 나라 스페인의 동북쪽 바르셀로나에 살고 있는 그녀를 생각하면서 이 글을 써나가고자 한다.

그녀를 알게 된 것은 여행을 시작하는 첫 도시인 그라츠를 들렀을 때다. 오스만 투르크의 방어 기지로 세워졌던, 오스트리아에서 두 번째로 큰 도시 그라츠에서 나는 1미터 65센티미터 정도로 보이는 키에 날씬한 몸매 그리고 둥근 챙 모자를 눌러쓴 모습의 그녀를 처음 보았던 것이다. 동양인의 외모였지만 서구적인 느낌을 주는 그런 모습이었다. 그녀를 만난 곳은 그라츠 시내의 커피 한잔을 마시려고 들어갔던 카페였는데 좁은 입구를 지나 안으로 들어가면 구시가지 건물의 정원 같은 인상을 주는 카페였다. 자리는 기억하기에는 여섯 테이블 정도 되어 보였다. 나는 더블 에스프레소를 시켰다.

커피가 나왔고 바로 그때 한 아가씨가 들어왔는데 두리번거리는 것이 자리를 찾는 것 같았다.

자리가 다 차 있는 것을 보더니 이내 나에게 눈길을 주었다. 눈이 마주치자 그녀는 앉아도 되느냐는 제스처를 하였고 나는 물론 앉아도 된다 하였다. 그녀도 커피를 시켰다. 왠지 어색한 느낌이 들어 말을 걸었다. 동양인이기는 하지만 그녀가 어느 나라 사람인지는 알 수 없었기 때문에 영어로 물어보았다.

그녀가 나를 보면서 말하였다.

"한국 분 아니세요?"

"네." 하고 대답하였지만 쑥스럽기 짝이 없는 일이었다.

우연히 알게 된 그녀와 몇 마디 인사를 나누었다. 나는 이곳부터 시작해서 발칸 지역인 동남부 유럽 여행을 한다고 하였다.

그녀는 이것도 인연인데 이름이나 알자고 하였다. 웃는 모습에 시원스럽게 이야기하는 모습이 좋았다. 그녀는 현재 스페인에 살고 있고 이름은 '엘레나'라고 하였다.

"엘레나 씨는 무슨 일로 이곳에 왔어요?"

그녀는 여행 중이라고 하였다.

많은 사람이 그리스를 지중해로 구분하지만 그리스 또한 발칸이라면서 그리스를 여행하고, 어제 이곳 오스트리아 그라츠에 도착하였다고 얘기했다.

그녀와 커피를 마시고 함께 카페 밖으로 나왔다.

오스트리아의 두 번째 도시이기는 하지만 그라츠의 구시가지는 그리 크지 않았다.

우리 둘은 잠시 머뭇거리다 구시가지를 같이 돌아보기로 하였다. 우리가 있던 카페는 슐로스베르크 근처여서 구시가지 중심으로 들어가기 위해서는 아래로 내려가야 했으나 나는 그곳에서 강을 따라 내려가며 쿤스트 하우스와 무어 강의 인공 섬을 보자는 심산으로 그녀에게 무어 강 쪽으로 올라가자고 제안했다.

날씨는 무척이나 화창하였고 무어 강의 폭은 그리 크지 않았다. 처음 만난 것은 인공 섬이었는데 검은 빛을 내고 있는 무어 강 위에 현대적인 모습으로 떠있었다.

"혹시 저 인공 섬을 누가 만들었는지 아세요?" 하고 그녀에게 물어보았다.

그녀가 나를 보고 미소를 지으며 되물었다.

"혹시 안양 공공 예술 재단에서 안양 유원지에 만든 주차 시설을 설계한 사람이 누구인지 아세요?"

나는 모르겠다는 표정을 지었다.

"인공 섬을 만든 사람은 알겠는데…" 하면서 나는 말을 흐렸다.

그녀가 웃으면서 말하였다.

"비토 아콘치라는 뉴욕의 미술가이자 건축가가 인공 섬과 안양 유원지의 주차 시설을 설계한 사람입니다."

그녀는 계속 이 인공 섬에 대해서도 이야기해 주었다.

"이 인공 섬은 그라츠가 2003년 유럽의 문화 수도로 지정되면서 건설한 시설중의 하나죠."

우리는 이것저것 이야기하며 무어 강변을 따라 걸어 내려갔다.

인공 섬과 쿤스트 하우스

100미터 남짓 내려갔을 때 커다란 문어 같은 푸른색의 현대식 건물이 보였다.

바로 '쿤스트 하우스'였다.

"저 건물에 대해서는 제가 설명해 볼게요. 그냥 들어봐 주실래요?"

내가 이렇게 말하자 그녀는 나를 보고 입가에 미소를 지었다.

"강변을 따라 걷다보면 그라츠 시를 관통해서 흐르는 무어 강 양쪽에는 전혀 다른 두 개의 풍경이 흐릅니다.

강의 동쪽은 유네스코 세계문화유산으로 지정된 바로크, 르네상스 양식 등 다양한 건축물로 이루어진 곳입니다. 이곳은 부유층들이

사는 거주지이기도 합니다. 그리고 강 건너편 서쪽은 가난한 동유럽 사람들이 거주하는 곳이죠.

이런데서 도시의 불균형이 드러나는 것이죠. 그래서 이러한 불균형을 해소하기 위해 서쪽 강변에 예술센터인 쿤스트 하우스를 건립하였다고 합니다."

그녀는 고개를 끄덕였다. 그리고 나는 신이 나서 계속 이야기하였다.

"2004년 9월에 영국의 건축가인 피터 쿡과 콜린 파우니어가 설계한 현대식 4층 건물이죠.

이 건물은 처음에는 그라츠 시민들의 반대가 심했지만 영화관, 재즈 바, 쇼핑센터 등이 들어서고 치안도 좋아지면서 그라츠의 명물이 되었다고 합니다."

"어찌 되었든 이 건물 쿤스트 하우스는 계층 간의 거리를 조금은 좁혀준 것이 아닐까 생각 되네요. 꼭 억지로 가져다 붙이는 느낌도 있지만요."

그녀와 나는 강을 따라 걸었다. 중간에 사진도 두어 컷 찍으며 이내 구시가지로 들어섰다.

그녀와 걸어간 곳은 구시가지 중심에 있는 란트하우스와 무기고였다.

나는 웃으며 그녀에게 말하였다.

"란트하우스는 슐로스베르크 요새를 지었던 이탈리아의 건축가 도메니코 댈랄리오가 1565년에 지은 르네상스식 건물이고 현재는 슈타이어마르크 주 청사로 사용하고 있지만 예전에는 슈타이어마르크 주의 주 의회가 있던 곳이기도 합니다."

"그렇지 않아도 물어보고 싶었어요. 언덕 위에 있는 슐로스베르크에 대해서 이야기해 주실 수 있는지요?"

"저기를 한번 보세요." 하고 나는 손으로 가리켰다.

"저곳의 높이는 해발 475미터입니다. 그라츠 시내보다는 120미터 더 높은 곳에 자리 잡고 있죠. 9세기~16세기에 걸쳐 세워진 곳입니다. 지금은 16세기에 세운 시계탑과 종탑이 있고요.

1839년에는 공원으로 조성되었죠. 그러다가 세 차례나 나폴레옹의 침공을 받습니다. 1797년, 1805년, 1809년. 1809년에는 쇤부른 강화조약에 의해 헐리는 수모까지도 당했습니다. 그리고 위에 올라가면 있는 시계탑은 1561년에 만들어졌지요. 시침을 먼저 만들고 분침을 나중에 만들었는데 일반 시계와는 달리 시침이 더 길죠. 이곳은 한때 화재 감시탑으로도 사용되었답니다. 그리고 지금은 연인들이 첫 키스를 나누는 장소로 유명하다고 하는군요."

나는 이렇게 설명을 하였다. 누군가에게 설명을 한다는 것이 쉬운 것은 아닌 듯했다.

그녀가 무기 박물관 정문의 장식된 동상을 바라보며 나에게 물었다.

"혹시 여기 있는 이 조각상이 누군지 아세요?"

나는 웃으며 그녀에게 설명하였다.

"그리스 신화, 멀리까지 왔네요. 전쟁의 신 마르스와 전쟁의 여신이며 지혜, 공예, 작업 등을 주관하는 여신 아테네죠."

그녀는 "맞아요." 하면서 나를 쳐다보았다.

"이 건물은 1642년에 지어진 건물입니다. 발칸에 많은 영향을 주었던 오스만 투르크족의 위협이 18세기 초에 사라지자 무기들을 모아서 빈에 비치하고 다른 곳에 있는 무기들은 없애기로 하였다고 합니다. 하지만 이러한 소식을 접한 그라츠 시는 빈 시당국에 이곳의 시민군들이 벌인 전쟁의 생생한 물증인 무기를 보존해달라고

르네상스 양식의 신 시청사

청원했고 이것이 받아들여져 만들어졌다고 합니다.”

그녀는 나에게 이렇게 말하고 광장 쪽으로 고개를 돌렸다. 시청광
장의 분수대를 바라보는 것 같았다. 광장에는 르네상스 양식의 신
시청사가 있었다.

내가 그녀에게 말을 걸었다.

“혹시 어젯밤에 이곳에 나와 보셨는지요?”

“저는 호텔이 가까워 밤에 잠깐 나왔었어요. 야경이 무척 운치 있
더라고요. 쿤스트 하우스의 불 들어온 모습, 고깔모자 모양의 시계
탑이 있는 슐로스베르크에서 바라보는 시내 야경도 아름답고 예쁘
던데요. 물론 오래 있지는 못했죠.”

그녀는 나를 보며 이야기하였다.

“저도 어젯밤에 나왔는데 시간이 늦어 구시가지 시내만 돌아봤
어요. 커피 한 잔 마시고 들어갔습니다.” 하고 나는 그녀에게 말하
였다.

“비슷한 시간에 같은 공간에 있었네요. 어제 알았으면 좋았을 텐
데.”

그녀와 나는 무슨 약속이라도 한 듯이 한 방향으로 걷고 있었다.
커피를 마시던 카페 앞까지 와서 우리는 인사를 한 뒤 헤어졌다.

그녀는 그녀의 여행을 시작하기 위해서, 나는 나의 여행을 시작하
기 위해서 말이다. 나는 차를 주차해 놓은 곳으로 가고 그녀는 쿤스
트 하우스 방향으로 갔다.

나는 차로 돌아오는 길에 그녀에게 다음 행선지가 어디냐고, 연락

처를 물어볼 걸 하는 아쉬움으로 '그래 언젠가 인연이 되면 한번은 마주치겠지' 하고 중얼거렸다.

그녀의 모습은 헤어져 주차해 둔 곳으로 돌아오는 길에도 내내 머릿속에 각인되었다.

자가용 여행시 거리 및 시간 알아보기

www.viamichelin.com

Serbia

05

세르비아의 하얀성,
베오그라드

베오는 흰색, 그라드는 도시를 뜻한다. 이곳은 선사시대 유럽 문화인 빈카 문화가 있었으며 키릴 문자와 라틴 문자를 사용한다. 칼레메그단의 요새에서 바라본 베오그라드의 신시가지 모습으로, 이곳에서 사바 강과 도나우 강이 만나 흑해까지 흘러간다.

● 베오그라드

칼레메그단에서 바라본 풍경

베오그라드는 칼레메그단이라고 부르는 성채(城砦)가 있는 석회암대지를 중심으로 펼쳐져 있다. 시(市)가 창건된 BC 4세기부터 오늘에 이르는 기간까지도 수 많은 침략으로 인해 고대·중세의 유적은 별로 남아 있지 않다.

헝가리에서 묵었던 숙소는 도나우 강[5]이 바로 앞에 내려다보이는 호텔이었다. 거의 다섯 시간을 달려와 묵은 이곳은 생각보다 주위 풍경이나 모든 것이 좋았다.

오전에 아침 식사를 하고 조금 일찍 출발하였다. 부다페스트를 벗어나 세르비아 국경에 도착했을 때는 11시가 조금 넘은 시간이었다. 헝가리를 벗어나 세르비아 입국 심사를 받았다. 국경을 지나자마자 바로 있는 휴게소에 들른 다음 톨게이트를 지나 옆으로 흐르는 도나우 강을 끼고 달렸다.

얼마나 달렸을까? 베오그라드에 도착하니 오후 3시가 다 되었다.

베오그라드로 들어가면 다리를 건너게 된다.

다리를 건널 때 오른쪽이 사바 강, 왼쪽이 도나우 강이다.

우선은 호텔로 이동하였다. 호텔은 중앙역 근처에 있었다. 차를 호텔에 주차시켜놓고 밖으로 나갔다. 어디로 방향을 잡을까 생각하다가 가까운 중앙역 근처로 가보기로 하였다.

역 주변을 천천히 돌아보았다. 다른 서유럽의 여러 역사 같은 화려함은 없었지만 그 나름대로의 분위기를 가지고 있는 역이다. 천천히 거닐다 역 앞 광장에 있는 철로 된 줄에 걸터앉았다. 약간 흔들리는 그네처럼 앞뒤로 흔들거리며 앉아있었다.

그때였다. 고개를 숙이고 있다가 다시 들었을 때 믿지 못할 장면이 나타났다.

그라츠에서 보았던 그 여자 "엘레나"였다. 둥근 모자를 쓰고 한 손에는 짐 가방을 끌고 다른 한 손으로는 메는 가방을 어깨에 멘 채 그 손잡이를 잡고 앞으로 나오고 있었다.

아주 가까운 거리도 아니고 먼 거리도 아닌 곳에서의 모습은 분명 엘레나였다.

나는 일어나 아주 잘 아는 사람처럼 그녀에게 다가갔다. 내가 다가가자 그녀도 인기척을 느꼈는지 내 쪽을 바라보았다.

우리 둘의 눈이 마주쳤다. 둘은 동시에 반갑다는 듯한 표정을 지었다.

나는 그녀의 가방을 하나 받아 들었다.

그리고 그녀에게 호텔이 어디냐고 물어보았다. 그녀는 호텔 예약을 하지 않고 왔다고 하였다.

나는 내가 묵고 있는 호텔이 얼마 멀지 않은 곳인데 가보자고 하였다. 다행히 방이 있어 체크인을 하고 좀 쉬었다가 호텔 바에서 맥주 한잔하자고 약속했다.

왠지 모르겠지만 방으로 돌아와 있으려니 자꾸 시계만 보게 되었다. 7시가 되기도 전에 바로 내려가 자리를 잡고 기다렸다.

조금 후 그녀가 내려왔다. 둘은 마주보고 앉아 맥주를 시켰다. '무슨 말을 해야 할까?' 하는 어색함이 잠시 흘렀다.

맥주를 한 모금 마시자 말이 나오기 시작하였다.

"어떻게 오셨어요?" 하고 묻자 그녀는 열차를 갈아타고 왔다고 했다.

바로 그녀가 나에게 반문했다.

"비행기 타고 오셨나요?"

나는 웃으면서 손을 저어 아니라고 하였다. 차를 가지고 왔다고 하였다.

"이전에 동서유럽을 차를 가지고 다닌 경험도 있고 내비게이션이 있으니 그리 어렵지 않네요." 하고 대답하였다.

그녀는 "아, 네." 하고 짧게 대답하였다.

내가 그녀에게 물어보았다.

"어떻게 발칸을 여행하실 생각을 하셨는지요? 이곳 발칸에는 한국과 국교가 없는 나라도 여러 곳 있는데, 지금 계신 이 세르비아도 마찬가지구요."

그녀는 "글쎄요, 저도 잘은 모르겠어요. 하지만 유럽을 여행하면서 꼭 한번은 마지막 지역으로 발칸 국가를 여행하고 싶었어요." 하고 대답하였다.

"그건 저도 마찬가지입니다. 어쨌건 중요한 건 아무 탈 없이 여행을 마치는 겁니다. 특히 수교가 없는 곳에서는 말이죠."

"한잔 마시죠." 하고 둘은 맥주를 한 모금 마셨다.

그녀가 나에게 물어보았다.

"혹시 베오그라드가 무슨 뜻인지 아세요?"

나는 "네." 하고 대답하였다. "베오는 흰색, 그라드는 도시라는 뜻이죠."

"그리고 이곳은 선사시대 유럽 문화인 빈카 Vinca 문화[6]가 있었던 곳으로 알려져 있죠. 강물이 넘쳐 홍수가 많이 일어난다는 신기두눔 Singidunum 이라는 곳에서 발생했다고 합니다."

"그 외에 더 아시는 것은?"

"글쎄요." 하고 나는 웃었다.

"이 도시는 2000년의 세월 동안 많은 분쟁을 겪은 도시입니다."

"유고슬라비아와 신 유고슬라비아연방[7]의 수도였고 현재는 아시겠지만 세르비아 제1의 도시죠. 인구는 200만 명 정도입니다."

내가 그녀에게 이야기하였다.

"세르비아는 인구가 700만 명이 조금 넘습니다. 1인당 국민 소득도 만 달러가 조금 넘지요."

이렇게 말하고 나는 그녀를 바라보았다. 그녀는 계속 이야기해 보라는 제스처를 하였다.

"화폐는 디나르 RSD 를 사용하는데 대략 1유로 대 110디나르 정도됩니다. 또 여러 인종으로 이루어져 있지요."

"어떤 인종이죠?" 하고 그녀가 나에게 물었다.

"세르비아인이 가장 많은 83퍼센트 정도, 보스니아와 집시가 3퍼센트를 조금 넘고 헝가리인이 약 4퍼센트 정도 차지한답니다."

"종교도 정교회의 비율이 85퍼센트로 가장 높죠. 가톨릭이 5.5퍼센트, 이슬람이 3.2퍼센트, 개신교 1.1퍼센트 정도 됩니다. 이곳의 글자는 로마자와 키릴 문자[8] 다 사용합니다. 하지만 키릴 문자가 더 보편적이고 언어는 세르비아어를 사용합니다."

그녀는 맥주 한 모금을 마시더니 말하였다.

"그럼 오늘의 마지막 설명은 제가 장식하기로 하죠."

나는 고개를 끄덕이며 그녀에게 이야기 해보라고 하였다.

그녀는 "세르비아는 2006년 6월 5일 세르비아 몬테네그로에서 분리되었습니다."라고 말하였다. 그녀는 정말로 유쾌한 여자였다.

내가 말하였다.

"오늘은 좀 피곤하실 겁니다. 저도 장거리를 운전하고 와서요. 올라가서 쉬시고 내일 베오그라드를 함께 보시면 어떨까요?"

그녀가 흔쾌히 받아들였다. 나는 내일 아침 9시에 로비에서 만나자고 하였다.

한국을 떠난 지 얼마 안 된 탓인지 시차 때문에 뒤척이다 아침을 맞이하였다. 일어나 샤워를 하고 식사를 한 다음 나갈 준비를 하였다. 호텔에서 환전을 해주었다.

로비에 9시가 조금 안되어 나왔다. 의자에 앉아 그녀가 내려오기를 기다리는데 이윽고 엘리베이터가 열리더니 그녀가 나타났다.

그녀는 반갑게 눈인사를 하였다.

"어디를 먼저 갈까요?" 하고 나는 그녀에게 물어보았다.

그녀는 "칼레메그단으로 먼저 가죠. 그리고 그곳에서 다음 장소를 생각하죠." 하고 말하였다.

우리는 첫 장소까지는 택시를 이용하기로 하였다.

우리 둘은 칼레메그단 입구 도로에서 내렸다. 칼레메그단은 원래 요새였으나 현재는 공원으로 조성되어 있었다. 그녀와 나는 안으로 걸어 들어갔다.

차에서 내려 천천히 안으로 걸어 들어갔다.

"엘레나" 하고 나는 그녀의 이름을 불렀다. 그녀는 고개를 돌리면서 "네" 하고 나를 쳐다보았다.

"혹시 '칼레메그단'이 무슨 말인지 아세요?"

그녀는 "아뇨, 하지만 동로마 시대에 건축한 요새라는 것 정도만 알고 있어요." 하고 대답하였다.

"칼레는 요새라는 의미를 가지고 있어요. 메그단은 전쟁터라는 뜻이고."

우리는 천천히 요새의 정문 쪽으로 걸어갔다.

나는 정문으로 들어가는 길에 그녀에게 성에 관하여 설명해 주었다.

조금 떨어져 보이는 성으로 들어가는 입구는 이곳이 정말 요새라는 느낌을 주었다.

내가 말하였다.

"이 성의 입구에 있는 높은 성문은 스탐블 게이트Stamble Gate로 1750년 오스만 투르크가 만들었다고 합니다."

"저곳을 한번 보세요. 유럽에 있는 성의 특징을 가지고 있죠. 해자입니다."

성 입구로 들어가기 전의 1차 방어선인 해자는 다른 어느 곳의 해자보다도 크다는 느낌이 들었다.

"우리가 지금 이곳에서 보는 것은 오스만 투르크에 의해 18세기에 재건된 모습입니다. 이곳을 점령하고 있던 오스트리아가 전세가 바뀌어 본국으로 귀환하면서 오스만 투르크에 유리한 기반 시설을

칼레메그단의 스탐블 게이트

파괴하였고 이것을 다시 오스만 투르크 군이 복원한 것입니다. 그러니까 현재 우리가 보고 있는 것은 오스만 투르크 군이 만든 것입니다."

"이곳에는 아주 오래전 약 2세기경 켈트족이 처음으로 성을 세우기 시작했습니다. 150회의 전쟁을 겪으면서 주인이 40번이나 바뀐 곳이니 얼마나 전쟁이 치열했는지 알 수 있겠죠."

안으로 들어가 강의 전망이 보이는 곳으로 갔다. 요새 끝자락이었다. 요새 아래로는 사바 강과 도나우 강이 하나로 합쳐지는 풍경을 볼 수 있었다. 그곳에는 베오그라드의 상징인 승리의 기념탑이 있었는데 시가지를 내려다보면서 강을 굽어보고 있었다.

"이곳에서 아주 오랜 옛날에 수많은 전쟁이 있었겠죠. 아마도 저기 아래로 흐르고 있는 두 강은 그런 역사를 잘 기억하고 있을 겁니다."

"이곳 칼레메그단은 아까 이야기하였듯이 켈트족을 시작으로 535년경 동로마 제국 유스티니아누스 1세 시대에 건설된 요새입니다. 공원으로 조성된 것은 1868년도이니 그것조차도 오래되었네요. 현재는 지금 우리가 보았듯이 군사용 성채, 망루, 성벽만이 남아있습니다. 공원에 현대식 무기들이 놓여있는 것을 보면 현재까지도 군사적 의미를 가지고 있기는 하나봅니다."

엘레나와 나는 벤치에 앉았다. 조용한 오전 공원의 모습은 한적하고 좋았다. 공원 안에 있는 끼오스끄는 이제 문을 여는 듯하였다.

"세르비아 사람들은 세 손가락을 펴서 서로 인사한다는 것을 아시는지요?"

하고 나는 그녀에게 물어보았다.

그녀는 "아뇨, 모르는데요." 하고 대답했다.

"이것을 스르비아라고 합니다. 엄지, 검지, 중지를 펴고 서로 인사하는 것이죠."

"스르비아" 하고 그녀가 반복해서 말하였다.

얼마쯤 있었을까? 나는 엘레나에게 일어나서 나가자고 하였다. 천천히 다시 택시에서 내렸던 곳으로 걸어 나갔다. 공원 입구로 가는 길에는 오른쪽으로 예술가들의 흉상이 들어서 있었다. 조금 더 걸어 나갔다.

엘레나가 앞쪽에 있는 조각을 보면서 나에게 물어보았다.

"혹시 저 앞에 있는 조각에 대해서 아세요?"

조각은 풍만한 여인의 모습이었다. 가슴을 앞으로 내밀고 두 손은 뒤로 쭉 뻗은 자세를 취하고 있었다. 이 조각은 네모난 돌로 되어있는 받침대 위에 있었다.

나는 엘레나를 보면서 설명했다.

"1차 세계대전 당시 전쟁고아들을 프랑스 여인들이 돌봐 주었던 것에 대해 감사함을 잊지 않겠다는 의미로 만들어진 것입니다. 그래서인지 이곳 주위의 화단은 프랑스식 정원 양식으로 만들어졌다고 합니다."

나는 이렇게 말하고 엘레나를 쳐다보았다. 그녀는 나의 이야기를 들었는지 못 들었는지 조각상 주위를 천천히 돌고 있었다. 잠시 후 엘레나는 나에게 이리 와보라고 손짓을 하였다.

그녀는 조각 받침대 뒤편에 세르비아어로 쓰여 있는 글을 보고 물었다.

"혹시 이게 무슨 뜻인지 아세요?"

"글은 모르지만 뜻은 알지요. 이 글은 '1914년~1918년 사이 프랑스가 우리를 사랑한 것처럼 우리는 프랑스를 사랑합니다.'라는 의미를 가지고 있습니다."

엘레나는 고개를 끄덕거렸다. 우리는 천천히 걸어 나갔다.

그녀가 걸어 나가면서 나에게 물었다.

"혹시 노비사드 가보셨는지요?"

프랑스 기념비

"노비사드? 아, 어제 이곳으로 올 때 점심 식사를 했어요. 그때 잠시 들러서 왔지요."

"이곳 세르비아의 제2의 도시라고는 하는데 보기에는 그렇지도 않던데요. 하지만 생활 수준이 높은 곳이라고 합니다. 철도, 도로, 운하 등 교통 시설이 잘 발달되어 있는 곳이라고 하더군요"

그녀는 아쉽다는 듯 "실은 그곳에 가보고 싶었어요. 하지만 동선상 갈 수가 없었습니다."라고 하였다.

"무슨 다른 이유가 있나요?" 하고 나는 그녀에게 물어보았다.

"특별히 다른 이유는 없어요. 그런데 그 도시는 조그만 어촌에서 시작하였다고 하는군요. 또한 역사적으로 오스만 투르크와 오스트리아의 경계 지점에 있어 군사적으로 중요하게 되면서 발전한 도시랍니다. 19세기에 오스만 투르크 치하에서 세르비아 사람들이 도나우 강을 건너면서 정착하기 시작한 곳이고요. 오스트리아-헝가리 이중제국 시절 세르비아인의 중심지가 되었답니다. 현재는 세르비아의 공업 중심지이기도 하고요."

나는 고개를 끄덕거렸다.

"제가 본 곳은 페트로바라딘 요새인데 그 곳은 헝가리의 시토회 수사들에 의해서 13세기에 만들어졌어요. 주변 국가들의 침략을 막기 위해 만들어졌으나 오스만 투르크에 함락되었던 적도 있습니다. 다시 오스트리아-헝가리 제국이 탈환하여 재건하였다고 합니다. 요새 아래로는 도나우 강이 흐르고 있습니다. 2차 대전과 유고슬라비아 내전 시 두 번이나 부서지는 시련을 겪기도 하였죠. 그 요새에는 큰 바늘이 시침, 작은 바늘이 분침인 상징적인 시계탑이 있습니다. 요새 위에서 내려다보면 도시 전체와 유유히 흐르고 있는 도나우 강이 보인답니다."

엘레나와 나는 이렇게 이야기하면서 스템블 게이트를 통해 안으로 들어갔다. 들어가면 왼편으로는 군사 박물관으로 가는 계단이 있고 아래에는 탱크가 전시되어 있었다.

나는 엘레나에게 말하였다.

"저기 군사 박물관은 두 개의 층으로 나누어 전시하고 있어요. 0층, 한국식으로는 1층이죠. 여기에는 15세기부터 18세기까지의 무기들이 전시되어 있고 1층에는 18세기부터 19세기까지의 것들이 전시되어 있습니다. 그리고 이곳은 이전에는 군사들의 병영 숙소였고 오스만 투르크 군인의 흡연 장소였기도 합니다."

엘레나는 나를 쳐다보더니 물었다.

"저기 아래 보이는 탱크는 왜 흰색이죠?"

나는 엘레나를 보면서 이야기하였다.

"탱크가 하얀 이유는 사막용 탱크이기 때문입니다."

그녀는 고개를 끄덕이더니 걸어서 안으로 들어갔다. 성벽 끝 안으로 걸어 들어갔다. 그곳에서는 베오그라드의 신도시가 보였다.

두 개의 강줄기가 하나로 합쳐서 흘렀다. 엘레나는 나에게 물어보았다.

"저 두 개의 강줄기는 무슨 강이죠?"

"저 강은 사바 강과 도나우 강입니다. 흑해까지 흘러갑니다." 엘레나와 나는 한동안 강을 쳐다보았다. 그리고 아무 말도 없었다. 나는 엘레나에게 말하였다.

"자, 이제 밖으로 나가죠."

"혹시 부렉^{BUREX}이라는 빵을 아시는지요?" 하고 나는 물어보았다.

"부렉요?" 하고 엘레나가 나를 보며 말하였다.

"이것은 세르비아 특제품인데 일종의 치즈 파이입니다. 이 파이는 비트나 버섯을 함께 넣어 만들기도 합니다. 우리가 아까 택시에

크네즈 미하일로바 거리에 있는 이정표

서 내린 곳 바로 건너편에 이곳에서 유명한 빵집이 있어요. 한번 맛보시지 않을래요?" 하고 나는 그녀에게 물어 보았다.

"좋아요, 그 나라 특산 음식을 먹어 보는 것도 여행의 즐거움 중 하나니까요."

우리는 걸어 나가 빵집으로 갔다. 어차피 우리의 다음 목적지로 가는 방향이었다. 빵집은 조그마했다. 우리는 빵을 샀다. 빵은 안에 들어가는 것에 따라 고기 부렉, 양파 부렉, 치즈 부렉 등 다양하게 있었다. 우리는 치즈 부렉을 사가지고 목적지로 향하였다.

우리는 칼레메그단을 시작으로 프린스 마이클 거리라 불리는 크네즈 미하일로바 거리로 들어섰다. 이곳은 80년대부터 차량 통행이 금지되었다고 한다. 한국의 인사동, 대학로 같은 곳이었다. 직선으로 길게 뻗은 거리는 고전적인 느낌이 들었다.

내가 먼저 엘레나에게 설명하였다.

"이곳이 바로 프린스 마이클 거리 즉 미하일로바 거리죠."

그녀는 나의 말이 끝나자,

"이곳은 신기두눔 시대에는 주도로로 사용됐다고 하던데요. 당시에는 수레, 말 등이 다녔다고 합니다."

"책에 보면 첫 번째 거리라고 하던데 킹 피터 거리."

"아 여기요, 이 거리가 킹 피터 거리인데 한때는 이곳 베오그라드에서 가장 유명한 거리 중 하나였죠. 특히 18세기에는 많은 멋쟁이들이 사바 강에서 도나우 강, 도나우 강에서 사바 강으로 걸어 다녔다고 합니다. 여기서 도나우 강까지 1.5킬로미터, 사바 강까지는 약

1 킬로미터 정도인데 지금 있는 이곳이 중간 정도 된다고 합니다.”

"엘레나" 하고 나는 그녀를 불렀다. 자주 부르지 않은 이름이라서 그런지 조금은 어색하였다.

내가 그녀에게 물었다.

"혹시 ?(물음표)카페 아세요?"

그녀는 관광 책자에서 보았다고 말하였다.

"우리 그곳을 한번 찾아볼까요? 아마 이 근처가 아닐까 하는 생각이 드는데.”

그녀는 좋다고 하였다.

"베오그라드에는 카페를 비롯해서 레스토랑 등 좋은 곳이 많다고 합니다. 그중에서도 이곳은 인기가 좋은 곳이라고 합니다. 이전에는 약국 등 다른 용도로 쓰였지만 마지막 주인이 카페로 1823년에 만들었다고 합니다. 세르비아 정교회 근처에 있는 것으로 알고 있어요.”

나는 이정표를 보고 방향을 잡아 아래로 걸어 내려갔다. 크랄랴 페트라 거리였다. 세르비아 국립은행이 보이고 조금 더 아래로 내려가니 ?(물음표)카페가 보였다.

하얀 조그만 간판에 ?(물음표)가 적혀 있었다. 카페 안을 보니 사람들이 많이 앉아 있었다. 특징이 있다면 테이블이 아주 작다는 것이었다. 들어가서 커피를 마시기로 하였다.

커피를 시켰는데 조그만 구리 접시에 견과류 같은 것이 나왔다. 식사용 테이블은 조금 더 컸다.

엘레나가 물었다.

"왜 이곳이 유명할까요?"

"이곳 분위기가 전통을 중요시하는 유럽인의 취향에 어울리는 전형적인 19세기 카페이고 그리고 이곳이 카페로 유명해진 것은 도나우 강을 이용해 들어오는 리버 크루즈 때문이 아닐까요? 독일에서 시작해 오스트리아, 헝가리, 크로아티아, 세르비아를 거쳐 흑해로 가는 유람선이 들어오기 때문이라고 생각합니다. 그들은 독일, 프랑스, 영국, 미국인들이 많다고 하네요. 이것은 믿거나 말거나 이야기

물음표 카페

입니다."

이렇게 수다를 떨고 있을 때 커피가 나왔다.

커피 맛은 무엇이라 이야기하기 뭐하지만 분위기로 마시는 것 같다는 생각이 들었다.

견과류와 커피, 무엇인가 맞지 않는 느낌이었지만 단맛의 견과류와 쓴맛의 커피가 조화를 잘 이루는 느낌도 들었다.

커피숍 안에는 한 시대를 풍미하였던 인물들의 사진들이 걸려 있었다.

"이곳에는 재미있는 이야기가 있는데 아시는지요?" 하고 나는 그녀에게 물어보았다.

"모르겠는데요? 어떤 이야기죠?" 하고 엘레나는 궁금하다는 듯한 표정으로 말했다.

"원래 이곳에는 또 다른 이름이 있었다고 합니다. 이 카페의 이름을 '성당 옆의 카페'로 바꾸었는데 성당에서 이러한 이름이 맘에 안 들었는지 카페 주인을 고소했다고 합니다. 그래서 지금의 카페 이름인 물음표(?)로 바꾸었다는군요."

그녀는 재미있다는 듯 웃었다.

밖으로 나가 가까이 있는 세르비아 정교회로 갔다.

카페에서 바라보는 방향은 정교회의 측면이었다. 정교회를 중심으로 왼편에 있는 건물은 세르비아 정교회 박물관이었다.

"저기 보세요. 저건 세르비아 정교회 박물관입니다. 세계 1, 2차 대전 때 건립되었어요. 안에 세르비아 정교회 총 대주교의 집무실이 있습니다." 하고 나는 그녀에게 말하였다.

엘레나가 도로를 건너 정교회 정문으로 향하면서 말하였다.

"세르비아 정교회를 '사보르나'라고 말하기도 합니다. 세르비아 정교회는 총 300여개 정도 되는데 이 정교회는 베오그라드에 있는 총 다섯 개 교회 중 하나라는군요. 그리고 이 건물은 1845년에 지어졌다고 합니다. 건물을 건립하는데 참 우여곡절이 많았답니다. 낭시 이곳에는 오스만 투르크의 세력이 아주 강했는데, 그래서 정교회

세르비아 정교회

의 건물을 건립하는 것을 용납하지 않았다고 합니다. 그러다가 그 당시 왕자였던 밀로쉬 왕자와의 합의하에 이 교회의 건립만 허용했고요. 그래서인지 이 정교회는 이곳 사람들에게 좀 특별한 의미를 갖고 있다고 합니다."

정교회의 건물 안으로 들어가니 정원에는 벤치가 나란히 두 개가 있었다. 정원이라고 하기에는 좀 그렇지만 그곳을 지나 안으로 들어갔다.

들어가는데 헌금 목적인지 아니면 많은 관광객이 와서 그런지 1유로를 요구하였다.

안으로 들어가 둘러보았다. 안은 외부에서 보는 것보다 작은 듯 느껴졌다. 여러 나라의 정교회 모습과 별반 다른 느낌은 받지 못했다.

밖으로 나오자 그녀가 나에게 물었다.

"이제 어디로 갈까요?"

"리퍼블릭 광장과 스카달리야 거리로 가죠. 여기서 좀 걸으면 됩니다."

"아, 리퍼블릭 광장과 스카달리야!" 하고 엘레나가 말하였다.

"스카달리야 거리는 베오그라드의 몽마르트 거리로 불린답니다. 많은 예술가들이 함께하는 곳이죠. 아침에는 창가에 꽃이 많이 놓여 있어 사진 찍으면 예쁘다고 합니다. 밤은 더 재미있다고 하고요."

우리는 걸었다. 천천히, 아니 어떻게 생각하면 빠르지도 않고 느리지도 않은 그러한 걸음으로 걸었다. 우선 리퍼블릭 광장을 지나

스카달리야로 가기로 하였다. 그러기 위해 우리는 내려왔던 길을 다시 올라가 프린스 마이클 거리로 향하였다. 이곳은 카페와 정원이 있고 거리의 악사들이 많아서인지 관광객이나 현지인들에게 인기가 좋았다. 우리는 이 길을 따라 리퍼블릭 광장을 지나 스카달리야로 가기로 하였다.

우리가 지나가는 메인 도로에는 양쪽으로 슈핑센터가 있었다.

분수대가 보였다. 내가 엘레나에게 말하였다.

"세르비아가 빈부차가 많이 나고 경제가 뒤떨어진 나라라는 것은 아시죠. 많은 개발도상국들이 그렇기는 하지만. 한 예로 천연 자원이 많지만 자본이 없어 인프라를 만들지 못한다고 합니다.

평균 임금이 400~500유로 밖에 안 된다고 하니 유럽에서도 발칸이 오지라고 하는 게 임금 수준을 보면 이해가 되기는 합니다. 휘트니스센터라든가 클럽, 그 외에도 거의 모든 것이 회원제라 일반 서민들은 사용하기가 힘들다고 합니다."

우리 둘은 이러저러한 이야기를 하면서 어느덧 리퍼블릭 광장에 도착하였다.

광장에는 미하일마이클 왕자의 동상이 있고 그 뒤로 자태를 뽐내고 서 있는 국립극장이 보였다.

"국립극장은 베오그라드가 오스만 투르크로부터 해방된 지 2년 후인 1869년에 미하일 왕자의 지시로 건립되었습니다. 그 당시의 인구는 지금과는 엄청난 차이를 보이고 있었습니다. 지금은 200만이지만 그 당시에는 25,000명에 불과했다고 합니다. 이 극장에서는 연극, 발레, 오페라 등을 공연합니다. 여기가 베오그라드의 중심이랄 수 있죠. 모두 다 그렇게 이야기하겠지만 이곳 사람들 다른 나라 사람들 못지않게 예술을 사랑한다는군요.”

“엘레나, 이전에 한 선배가 있었어요. 그 선배는 러시아어를 전공하고 대학 교수가 되었죠. 그 선배가 러시아가 개방되고 나서 일 때문에 러시아에 출장을 갔다고 합니다. 그때만 해도 사회주의라는 관념이 무척 강하게 남아있을 땐데, 그런데 러시아 사람들이 얼마나 예술을 사랑하는지를 그때 비로소 알았다고 합니다. 청소하는 등의 허드렛일 하는 사람이 일 년 동안 돈을 모아 깨끗한 신발을 하나 사고 일 년에 한 번 발레를 보러 간다고 합니다. 제가 말씀드리고자 하는 것은 그러한 문화에 대한 이해도나 관심이 대중적이라는 것입니다. 어느 한 계층에만 특화되어 있는 게 아니라…. 우리도 그러하면 좋겠지요.”

우리는 길을 건너 스카달리야로 갔다. 길이는 300미터 정도에 불과하였다. 이 거리는 도나우 강으로 뻗어나 있고 끝에는 시장이 있다.

“이 거리는 19세기에 지어진 단층 건물이 대부분이죠. 그리고 약 20개의 레스토랑이 모여 있습니다.” 하고 나는 말하였다.

스카달리야 거리를 우리는 함께 천천히 걸어갔다.

“이곳 스카달리야 거리가 예술가들이 활동하였던 거리라는 것을 아세요?” 하고 엘레나가 나에게 물었다.

나는 그녀를 바라보면서 말하였다.

"물론이죠. 이곳은 19세기 중반에 작가, 화가, 음악가 등 많은 예술가들의 활동 무대였습니다. 그래서 그런 전통이 지금도 남아 있죠, 아직도 많은 예술가들이 이곳을 찾는다고 합니다."

그렇게 이야기하면서 우리 둘은 천천히 길의 끝으로 걸어갔다.

이러한 분위기가 있어서인지 악사들이 연주를 하고 있었다. 천천히 거리의 끝자락에 도착하였다. 그곳에는 재래시장이 있었는데 식품, 견과류, 생선, 고기 등을 팔고 있었다.

나는 그곳을 빠져 나오면서 엘레나에게 물었다.

"어디로 갈까요?"

시계를 보니 4시가 넘었다.

"어디 가서 사슴 맥주 한잔하죠?"

"사슴 맥주요?" 하고 반문하자 그녀는 재미있다는 듯 웃었다.

"이곳에서는 '엘렌 피보'라는 맥주가 유명하다는데요. 엘렌이 사슴이라는 뜻이라네요."

나는 그제야 의미를 알고 웃었다.

Tip

여행을 가기 위해서는 많은 준비물이 필요하다. 상비약과 비닐 봉투를 여러 개 준비하면 아주 유용하게 쓰일 것이다. 그리고 배낭여행은 둘 이상의 인원이 함께하는 것이 좋다. 왜냐하면 외국이다 보니 언제, 어디서 무슨 일이 일어날지 모르기 때문이다.

Balkan

06

열강들의 분쟁,
크림전쟁과 발칸전쟁

러시아는 18세기 이래 계속해서 영토 확장을 하다가 오스만 제국의 세력이 약해진 틈을 타 1853년 오스만 제국의 통치하에서 그리스 정교도가 박해받는 것을 구실로 오스만 제국을 침입하였다. 여기에 맞선 오스만 제국을 비롯한 영국, 프랑스, 사르데냐 왕국의 연합국과 러시아의 전쟁이 크림 전쟁이다. 한편 발칸 전쟁은 1912년부터 1913년까지 2회에 걸쳐 발칸 반도에서 일어난 전쟁이다.

발칸전쟁때 사용되었던 대포

**열강들의 분쟁,
크림전쟁과 발칸전쟁**
Crimean War
Balkan Wars

500년 가까이 오스만 투르크의 지배를 받았던 세르비아, 불가리아, 그리스, 몬테네그로의 연합군이 발칸 반도에 남아 있던 오스만 투르크의 세력을 몰아내는데 이것이 1차 발칸 전쟁이고, 2차 발칸 전쟁은 발칸 국가들 사이의 전쟁이다.

우리는 스카달리야 거리에 있는 레스토랑 안으로 들어갔다. 이곳에서 유명하다는 '엘렌 피보'라는 맥주를 맛보기 위해서였다. 레스토랑 안은 산뜻한 느낌이 들었다. 흰색 톤으로 되어 있는 내부는 한쪽으로 깔끔한 바가 자리 잡고 있었고 마주 보이는 곳과 입구 건너편에 좌석이 있었다.

우리는 바 앞쪽의 창가에 자리를 잡았다.

엘렌 피보를 주문하였다. 맥주가 나오고 잔을 부딪치고 한 모금 마셨다.

내가 먼저 입을 열었다.

"다음 행선지는 어디에요?"

그녀가 나를 바라보며 대답하였다.

"사실 코스를 확실하게 짜고 여행하는 것은 아니에요. 마음 흐르는 데로 다니고 있어요. 많이 보기 위한 것도 아니고요."

나는 솔직히 그녀에게 말하였다.

"실은 그라츠에서 보고 헤어져 올 때 어디로 갈 건지 물어보지 않고 온 것을 후회했어요. 그러다가 이곳 베오그라드에서 엘레나 씨를 만난 겁니다."

그녀는 나를 보더니 웃었다. 그리고 나에게 물었다.

"다음은 어디로 가시는데요?"

"스컬 타워Skull Tower가 있는 니시를 거쳐 마케도니아로 가려고요. 엘레나 씨는 어디로 갈 예정인가요?"

"글쎄요, 하루 더 이곳에서 머물까, 아니면 다른 곳으로 이동할까 생각 중이에요."

나는 엘레나에게 제안하였다.

"결정되지 않았다면 저랑 같이 여행하면 어떨까요?"

"마케도니아, 알바니아, 보스니아 헤르체고비나 등은 한국과 국교도 없고 혼자 여행하는 게 쉽지는 않을 거예요. 저는 차를 가지고 움직이니까 이동하기도 쉽고요."

그녀는 아무 말도 하지 않았다. 그리고 잔을 들어 맥주를 한 모금 마셨다. 맥주잔을 놓더니 나에게 말하였다.

"내일 몇 시에 출발하시나요?"

나는 엘레나를 쳐다보았다.

"내일 8시에 떠날 예정입니다."

그녀는 "그래요. 그럼 함께 여행길에 올라보죠" 하고 말하면서 웃었다.

그녀의 미소 짓는 웃음이 아주 예쁘게 느껴졌다.

나는 맥주를 한 모금하고 다시 물어보았다.

"혹시 발칸 반도의 일반적인 개념을 좀 이해하고 있으신지요?"

"발칸 반도, 그냥 한 번 정도 읽어 보았고 관심 있는 부분은…. 관심이 있으니 이곳으로 여행을 왔겠죠?" 하고 그녀는 맥주잔에서 입을 떼면서 말하였다.

"'발칸'이라는 말의 의미에 대해 아시는지요?" 하고 또 물었다.

"중세 터키어로 '산맥'이라는 의미 아닌가요?"

"맞아요, 전반적으로 발칸 반도는 산이 많지요. 그래서 '산이 많아 푸르다'라는 의미도 있습니다."

그녀는 고개를 끄덕였다.

나는 계속해서 그녀에게 이야기하였다.

"지리적으로 보자면 발칸 반도의 주산맥은 발칸 산맥입니다. 이 산맥은 북쪽에서 완만한 경사로 도나우 강 저지대까지 이어져 있죠. 남쪽으로 내려와서는 여러 개의 산줄기가 그리스까지 뻗어 있습니다. 북서부는 율리안 알프스 산맥이 연장되어 아드리아 해를 따라 펼쳐집니다. 산세가 아주 험해요. 그래서 해안 지방과 내륙 지방을 분리하면서 그리스 남쪽의 크레타 섬까지 이어지고 있습니다. 크레타 섬은 아시다시피 유럽 문명의 모태 문명이 시작되었던 곳입니다."

이어서 엘레나가 나에게 말했다.

"발칸 반도의 총길이는 동서로 1,300킬로미터, 남북으로는 1,000킬로미터 정도 됩니다. 이 발칸 반도는 물이 많은 곳이에요.

북쪽은 도나우 강 하류와 사바 강, 동쪽으로는 흑해, 남동쪽으로는 에게 해, 남쪽으로는 지중해, 남서쪽으로는 이오니아 해, 서쪽으로는 아드리아 해와 경계를 이루고 있지요. 그래서인지 물이 어느 곳보다 풍부하다는 느낌입니다."

나는 그녀에게 또 물어보았다.

"발칸 반도의 크기가 어느 징도 되는지 아시는지요?"

"글쎄요, 수치로 표현하면 잘 모르겠는데 프랑스의 크기에서 남한의 크기를 빼면 발칸 반도 전체의 크기 정도라고 알고 있어요. 인구는 약 6,000만 명 정도?" 하고 그녀가 말하였다.

"맞아요. 아마 그 정도 크기가 될 겁니다. 또 이곳은 종교로 인한 문제, 영토 문제로 많은 사람들이 죽어갔던 곳이기도 하죠. 발칸 반도는 산악 지대가 많아 대륙성 기후, 그리고 아드리아 해와 흑해를 중심으로는 지중해성 기후가 함께 나타나기도 합니다."

나는 왠지 이런 이야기만 하는 것이 쑥스러웠다. 그렇다고 개인적인 이야기를 물어보기도 참 그렇다는 생각이 들었다.

엘레나에게 신상에 관해 물어보았다.

"스페인에 사신 지는 얼마나 되었나요?"

그녀는 살짝 웃더니 대답하였다.

"10년 정도 되었어요. 여행 갔다가 끌려 그곳에서 공부하기로 마음먹었었는데…. 그러다 보니 강산도 변한다는 10년이라는 세월이 흘렀지요."

나는 다시 조심스럽게 물어보았다.

"혼자 여행하시는 것 보니 미혼이신 것 같기도 하고 나이를 보면 결혼하셨을 것 같다는 생각도 들고요. 결혼하셨는지요?"

그녀는 웃으면서 나에게 대답하였다.

"어떤 것 같은데요?"

"안 하신 것 같은데요, 하셨나요?"

그녀가 웃으면서 말하였다.

"아뇨, 안 했어요."

왠지 모르게 나는 입가에 미소가 흘렀다.

"엘레나 씨, 지정학적으로 발칸 반도는 유럽과 아시아를 연결하는 중요한 지점이라는 특징을 가지고 있어요. 그래서인지 고대 이래 여러 민족들의 전략적 요충지였답니다. 따라서 유럽, 러시아, 소아시아 등의 각축장이 되어 버린 것이고요."

엘레나는 나의 이야기가 끝나자마자 말을 이었다.

"이 지역을 이야기하자면 아주 오래전 고대까지 올라가죠. 고대 그리스와 페르시아 간의 각축전, 로마시대, 비잔틴제국이라 불리었던 동로마와 이슬람 간의 각축전, 합스부르크제국과 오스만제국, 러시아와 오스만제국, 오스트리아-헝가리제국과 러시아, 그리고 발칸 토착 세력들 간의 영토 싸움이 치열했던 곳이죠."

"발칸 반도 국가들을 종교적으로 구분한다면 어떻게 나눌 수 있죠?" 하고 엘레나가 나에게 물었다.

"가톨릭 문화권으로는 크로아티아, 슬로베니아. 정교 문화권으로는 세르비아, 몬테네그로, 루마니아, 불가리아. 이슬람 문화권으로는 알바니아. 정교, 가톨릭, 이슬람 문화권으로는 보스니아 헤르체고비나 그리고 정교와 이슬람 혼재 문화권으로는 마케도니아 정도로 구분할 수 있지요."

"그러면 문화도 굉장히 다양한 모습으로 남아있겠네요?" 하고 엘레나는 말했다.

"그렇지요. 종교가 생활에 파고드는 힘은 엄청나니까요."

"395년 발칸 반도는 테오도시우스 황제에 의해 로마제국이 동·서 로마로 분리된 이후 15세기까지 약 천 년 동안 문화적으로 동서양 문화가, 그리고 종교적으로는 가톨릭과 정교가 혼재되는 양상을 보여 왔지요."

이번엔 내가 엘레나에게 물어보았다.

"그러면 이 발칸 반도에 언제부터 이슬람 문화가 들어오게 되었는지 아시는지요?"

그녀가 웃으면서 대답했다.

"15세기 전후라고 이야기할 수 있죠. 오스만 투르크의 발칸 지배가 본격화하기 시작하면서부터라고 알고 있어요. 그리고 1878년 러시아-오스만 투르크 전쟁 이후 맺어진 산스테파노 조약[9]과 베를린 조약에 의해 이 지역 민족들이 독립할 때까지죠.

이때부터 세 가지 종교, 즉 가톨릭, 정교, 이슬람이 혼재하는 양상을 보이게 되는 겁니다."

"네, 맞아요. 오스만 투르크가 들어오면서부터죠."

"베를린 조약은 의미가 매우 크죠. 왜 그런 줄 아세요?"

하고 나는 엘레나에게 다시 물었다.

"글쎄요."

"산스테파노 조약으로 러시아의 남하 정책이 비약적인 성공을 거두었답니다. 여기에 불만을 가진 영국과 오스트리아가 이 조약을 재검토할 필요가 있다고 주장하였고요. 그러자 이 두 나라와 러시아의 관계가 안 좋아지고 비스마르크의 중재로 열강[10]들이 모여 산스테파노 조약을 폐기하고 베를린 조약을 성립시켰죠. 이때 발칸 반도의 국가들인 루마니아, 세르비아, 몬테네그로가 독립하였습니다."

나는 다시 엘레나에게 물어보았다.

"발칸 반도에서 민족주의가 일어난 해를 언제로 보는지요?"

"아마도 14세기 후반이 아닐까요? 슬라브와 오스만 투르크와의 전쟁이 일어났던 때."

"맞아요. 정확히 말하자면 1389년도죠. 바로 코소보 Kosovo 전투가 있었던 해죠."

하고 나는 그녀에게 말하였다.

"코소보 전투에 관해 좀 이야기해 주시겠어요?"

"그러죠." 하고 나는 신이 나서 그녀에게 말하였다. 우선 맥주를 한 모금 마셨다. 시원한 맛은 이미 사라지고 맥주 맛이 그대로 느껴졌다.

"코소보 전투는 세르비아와 오스만 투르크 군과의 전쟁이라는 것은 아실 겁니다. 이 전쟁은 세르비아의 '지빠귀들의 들판'이라는 코소보 폴례에서 일어납니다. 그 당시 세르비아의 왕자였던 라자르 공의 군대와 오스만 제국의 술탄 무라드 1세(1360~1389 재위)의 투르크 군 사이에 일어난 전투죠. 이때가 언제냐 하면 1389년 6월 15일입니다."

엘레나는 고개를 끄덕거렸다. 그리고 나에게 물었다.

"그러면 이 전투가 어떻게 진행되어 오스만 투르크가 승리하게 되있나요?"

"우선 결론적으로 오스만 투르크가 승리하였다는 것은 아실 겁니다. 이 전쟁의 패배로 세르비아는 무너지게 되고 비슷한 시기에 비잔틴제국은 투르크 군에게 완전히 포위되어 콘스탄티노플 근처의 견고한 요새들을 많이 점령당하게 되었답니다.

그리고 그 당시 정세를 보면 비잔틴제국과 슬라브 여러 나라의 내부가 매우 불안정했던 시기이기도 합니다. 이러한 상황을 이용해 오스만 투르크는 발칸 반도 내에서 오스만제국의 점령지를 넓히려는 시도를 하게 됩니다.

오스만 투르크는 전쟁을 시작하였고 세르비아를 침범해 코소보까지 진격합니다. 그곳에서 세르비아의 왕자 라자르 공과 전투를 하게 되는 것이죠."

엘레나가 말하였다.

"그 당시 비잔틴제국이나 슬라브 제국은 내부 분열과 힘의 분산이 있었는데 오스만 투르크가 이것을 이용하여 그들의 제국을 넓히려는 시도를 시작하였다는 것이네요?"

"맞아요. 참 재미있는 것은 초기의 전투 상황은 세르비아에 유리

했다는 것입니다. 초기에 세르비아의 귀족 출신인 밀로슈 오빌리크가 무라드를 살해했을 때만 하더라도 세르비아가 승리하는 듯하였죠."

나는 이렇게 이야기하고 잔의 바닥이 보이는 맥주를 마저 마셨다. 그녀도 잔을 들어 마셨다.

"엘레나 씨, 이제 코소보 전투가 어떻게 진행되었는지 다시 이야기해 보도록 하죠."

"자, 이제 다시 전쟁으로 돌아가 보면, 밀로슈 오빌리크는 탈영병으로 위장을 하여 오스만 투르크 군 진영으로 잠입하게 됩니다. 그리고 술탄의 막사로 들어가 독이 묻은 칼로 술탄을 살해합니다."

그녀의 두 눈이 나를 응시하였다. 무엇인가 다음 이야기를 기다리는 듯하였다. 나도 그녀와 눈이 마주쳤다. 왠지 어색한 느낌이 들었다. 그래서 바로 이야기를 계속해 나갔다.

"어떤 사건에나 반전이 있듯이 이 전쟁에서도 반전이 있었죠. 그 반전은 이러한 오스만 투르크의 혼란을 아주 빠르게 수습한 사람에 의해 일어났습니다. 그게 바로 무라드의 아들 바예지드였습니다. 수습 후 그는 세르비아 군을 포위해 아주 치명적인 타격을 가하고 그의 아버지를 죽인 라자르를 잡아 처형합니다. 이후 세르비아는 오스만 투르크에 공물을 바치게 되었고 그들의 군대에서 군역을 지게 됩니다. 이 전쟁에서 패함으로써 약 500년 가까이 지배를 받게 되는 것이죠. 이제 이해가 좀 가실 겁니다. 어떻게 발칸 반도에 이슬람교가 전파되기 시작했는지."

엘레나가 나를 보더니 말하였다.

"발칸 반도를 이해하는데 크림 전쟁과 러시아-오스만 투르크 전쟁, 그리고 1, 2차 발칸 전쟁을 잘 알아야 한다고 보는데 어떻게 생각하시나요?"

"물론 아주 중요한 부분이죠. 전체적인 맥락을 놓고 보면 그렇습니다."

"제가 크림 전쟁과 러시아-오스만 투르크 전쟁에 관해 이야기해 볼게요."

엘레나는 이렇게 말하고 맥주를 한 모금 마셨다.

바닥이 보이도록 맥주를 들이켠 다음 이야기를 시작하였다.

"19세기 중반인 1853년부터 1856년까지 일어난 크림 전쟁은 크림 반도와 흑해를 둘러싸고 벌인 전쟁이죠. 이것은 중동을 둘러싼 열강들의 분쟁에서 시작되었죠. 러시아가 오스만 투르크제국 내 정교도들에 대한 보호권을 주장한 것이 직접적인 원인이 되었습니다. 팔레스타인의 성지에 대한 러시아 정교회와 로마 가톨릭의 권리를 놓고 러시아와 프랑스 사이에 벌어진 분쟁이 또 한 원인이 되기도 하였습니다. 러시아와 영국, 프랑스, 프로이센, 오스만 투르크, 사르데냐 연합국이 싸운 전쟁입니다. 이때 플로렌스 나이팅게일이 야전병원에서 활약하며 간호학의 발전을 가져오기도 하였습니다."

나는 엘레나의 얼굴을 바라보며 그녀의 이야기를 듣고 있었다.

"사실 러시아의 존재는 그 이전에는 미약했습니다. 아시겠지만 1500년대까지만 해도 몽골의 지배를 받았죠. 그때까지만 하더라도 열강들은 러시아의 존재에 대해 거의 신경 쓰지 않았습니다. 그러다가 러시아는 1600년대, 1700년대를 지나면서 급부상하는데 흑해를 삼키고 지중해까지도 넘보게 됩니다."

엘레나는 나를 보며 이야기를 계속하였다.

"그렇게 러시아는 부상하기 시작합니다. 1876년부터 1877년까지 일 년 동안 2차 크림전쟁, 즉 러시아-오스만 투르크 전쟁이 벌어지는데 이것은 러시아의 남하 정책이 원인입니다. 오스만 제국이 쇠퇴하면서 러시아는 유럽에서는 흑해와 프루트 강까지, 아시아에서는 카프카스코카서스산맥 너머로 국경을 확장했고 그로인해 오스만의 영토에서 러시아의 영향력이 증대하게 되죠. 이 전쟁에서 러시아가 승리한 후 발칸 국가들은 오스만 투르크의 오랜 지배에서 독립하기 시작하였습니다. 1878년 전쟁이 끝나면서부터 발칸 국가들이 독립하는데 그 나라들이 세르비아와 루마니아입니다."

"자 이제 그럼 발칸 전쟁에 관해서는 제가 이야기해 보도록 할게요."

하고 내가 엘레나에게 말하였다.

"발칸 전쟁은 1, 2차로 나눠 볼 수 있습니다. 1912년, 500년 가까이 오스만 투르크의 지배를 받았던 세르비아, 불가리아, 그리스, 몬테네그로의 연합군이 그때까지 발칸 반도에 남아있던 오스만 투르크의 세력을 몰아내는데 이것이 제1차 발칸 전쟁입니다. 1차 발칸 전쟁은 몬테네그로의 선전 포고로 시작되고 동맹국들은 그로부터 10일 후 참전합니다. 승리는 물론 발칸 동맹국에게 돌아갔죠. 이

전쟁의 결과 오스만 제국은 1913년 5월 30일 런던 조약으로 유럽의 거의 모든 영토를 상실하게 됩니다. 이때 알바니아의 독립이 원칙적으로 합의되었고 나머지 영토는 발칸 국가들이 분할, 차지하였습니다.”

이번에는 엘레나가 이야기했다.

“1차 발칸 전쟁에서 알바니아가 독립할 수 있었던 것은 오스드리아-헝가리 제국이 세르비아가 아드리아 해로 세력을 넓히는 것을 견제하기 위해 알바니아의 독립을 지지했기 때문이죠.”

나는 엘레나에게 물어보았다.

“혹시 2차 발칸 전쟁이 왜 일어나게 되었는지 아시는지요?”

엘레나는 나를 보고 빙그레 웃더니 이어서 이야기하기 시작하였다.

“2차 발칸 전쟁은 1913년 7월에 시작됩니다. 이것은 오스만 투르크와의 전쟁이 아니라 발칸 국가들 사이의 전쟁입니다. 마케도니아 정복지를 두고 그리스, 세르비아, 루마니아 3국이 불가리아를 상대로 전쟁을 한 것입니다. 전쟁의 발단은 불가리아 왕국이 마케도니아 지방에서 세르비아 왕국보다 훨씬 많은 영토를 차지하고자 한 것에 있었죠. 외교력과 군사력에서 밀린 불가리아는 알바니아를 제외한 모든 발칸 국가들과 전쟁을 벌였지만 결국 항복을 하게 됩니다. 동년 7월 30일 루마니아 왕국의 수도 부쿠레슈티에서 강화회의가 개최되고 여기서 체결된 조약으로 불가리아는 도브루자를 루마니아에게, 마케도니아 대부분을 세르비아와 그리스에게, 동부 트라키아를 오스만 투르크에게 양도하게 됩니다."

듣고 있던 나는 엘레나에게

"발칸 전쟁의 결과는 제가 간단히 말씀드리고 이제 정리하도록 하죠. 시간가는 줄 몰랐네요."라고 말했다.

엘레나는 빙그레 웃으며 고개를 끄덕였다.

"간단히 요약해 보자면 불가리아는 2차 발칸 전쟁으로 인해 1차 발칸 전쟁에서 얻은 영토를 대부분 상실하게 됩니다. 그래서 세르비아와 관계가 소원해지죠. 불가리아는 결국 이 전쟁의 결과로 인해 1차 세계대전에서 독일제국과 오스트리아-헝가리제국 편에 서게 됩니다. 그리고 1차 세계대전에는 전쟁 역사에 있어 참으로 새로운 양상들이 나타나게 됩니다. 우선 이 전쟁은 인류 역사상 가장 많은 나라가 참전한 전쟁이라는 것입니다. 그리고 모든 것을 쏟아 부은 총력전이었습니다. 또한 새로운 대량 살상 무기가 개발되어 그 어떤 전쟁보다도 엄청난 인명 피해를 불러일으켰습니다. 화학무기, 탱크, 기관총과 같은 새로운 무기를 개발하여 전쟁에 사용하였고 또한 비행기가 등장하였습니다. 비행기는 처음에는 적진의 후방에서 일어나는 상황을 정찰하기 위한 정찰기로 사용되었으나 점차 직접 전투를 수행하였습니다. 이러한 전쟁은 곧 끝날 것이라 생각하였지만 막대한 피해를 발생시키며 4년 동안 이어졌습니다."

나는 잠시 말을 멈추고 엘레나의 얼굴을 보면서

"결과는 이 정도면 되지 않을까라고 생각됩니다. 맥주 한 잔 더하실래요?"

하고 물어보았다.

"아뇨, 시간도 되었는데 이제 호텔로 돌아가죠."

밖으로 나왔다. 아직까지 태양은 높이 떠 있지만 시간은 저녁이었다. 택시를 타고 호텔로 돌아왔다. 택시에서 내려 호텔로 들어가면서 나는 그녀에게

"내일 8시에 출발합니다. 내일 뵐게요. 내일부터는 좀 더 재미난 여행이 될 겁니다."

하고 웃으면서 말하였다.

공항이나 국경에서 사진 찍는 것

어느 지역이나 마찬가지이지만 국경이나 공항에서 사진 찍는 것을 금지하는 경우가 많다. 특히 발칸 반도는 유럽의 오지로 아직까지 이러한 경향이 강하다. 그래서 공항이나 국경에서는 사진 찍는 것을 자제하는 것이 좋다.

Serbia

07

세르비아 니시 그리고
마케도니아 스코페

니시는 모라바강(江)과 그 지류인 니샤바강이 만나는 부근에 위치한다. 로마시대부터 나이수스(Naissus)라는 옛 이름으로 불렸으며, 콘스탄티누스 대제(大帝)의 출생지로 알려져 있다.

스코페는 마케노니아에서 세일 큰 도시로 정치, 문화, 경제 및 학문의 중심지이다. 도시명칭은 1912년 우스쿠브(Uskub)에서 스코플리에(Skoplie)로 변경되었고, 1950년대 이후 스코페(Skopje)로 불리었다.

● 스코페

● 오흐리드

알렉산더 대왕 동상
기원전 4세기 마케도니아의 왕으로 그리스, 페르시아, 인도에 이르는 대제국을 건설

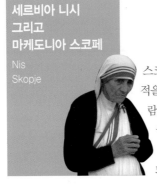

스코페는 칼레(Kale) 요새에서 발견된 석기시대 유적을 통해서 알 수 있듯이 기원전 3500년경부터 사람들이 거주해왔다. 비잔틴제국, 오스만투르크제국의 통치를 받아 왔으며, 1991년 유고슬라비아 공화국에서 독립하면서 마케도니아의 수도가 되었다.

차에 짐 정리를 하고 호텔 로비에서 그녀를 기다렸다. 10분 전 8시이다. 리셉션을 마주 보고 있는 로비의 소파에 앉아 그녀를 기다렸다.

5분쯤 흘렀을까, 엘레나가 짐을 가지고 내려왔다. 짐을 트렁크와 뒷좌석에 실었다. 자동차에 그녀와 나란히 앉아 간다는 것이 왠지 어색한 느낌이 들었다. 나는 엘레나에게 안전벨트를 매라고 하였다. 그런 다음 아직은 서먹한 가운데 함께 출발하였다.

한 시간 정도 지났을 때 맥도날드 휴게소가 보였다.

"커피 한잔 어때요?" 내가 말했다.

"좋아요."

휴게소에 차를 멈추고 커피 두 잔을 시켰다.

"아메리카노!"

나는 개인적으로 진한 아메리카노나 에스프레소를 좋아한다. 진한 맛의 커피는 가끔 나를 각성시켜 주기 때문이다. 커피를 가지고 차에 탄 다음 다시 여행길에 올랐다.

휴게소에서 목적지인 니시[11]에 도착한 것은 약 한 시간 반 정도 지난 후였다.

이곳으로 오는 동안 나는 엘레나에 관하여 이것저것 물어보았다. 여행을 같이하게 돼서 오는 호기심만은 아니었다. 개인적인 관심이었다.

'무엇을 하는 사람일까?', '왜 이곳으로 여행을 왔을까?', '보다 여행하기 좋은 데도 많은데' 하는 여러 생각이 들었다.

엘레나의 성격을 말하자면 아주 명랑한 여자였다. 독일 남부의 여자 같은 명랑함을 지닌 느낌이었다.

엘레나에게 말했다.

"니시는 세르비아 남부의 중심지입니다. 현재 베오그라드, 노비사드 다음가는 제3의 도시입니다. 인구는 약 30만 명 정도 되고요."

엘레나가 말하였다.

"이곳에서 콘스탄티누스 대제가 태어났다는 거 아세요?"

나는 핸들을 꺾으면서 엘레나의 물음에 답하였다.

"알죠. 그는 로마제국의 몇 안 되는 발칸 출신 황제 중 한 명이죠. 그리고 더욱 중요한 것은 밀라노 칙령으로 기독교를 공인한 황제라는 겁니다."

"니시는 여러 나라의 지배를 받았던 도시이죠."

"맞습니다. 이민족의 침입으로 파괴된 적도 있고 불가리아령이었던 때도 있었습니다. 그 후 헝가리와 비잔틴제국의 세력권에 있다가 12세기에는 세르비아, 그다음에는 거의 500년간 오스만 투르크가 지배합니다."

엘레나는 고개를 끄덕였다.

거리는 비가 와서 그런지 촉촉한 느낌이 들었다. 내가 말했다.

"배 안 고프세요?"

"좀 출출하긴 하네요."

"그렇죠?"

"식당이 있나 한번 보죠."

도시로 들어가는 입구에 레스토랑이 하나 보였다. 차를 레스토랑 앞에 세우고 내렸다. 레스토랑의 입구에는 개가 핫도그를 물고 있는 사진이 크게 걸려 있었는데, 말 그대로 '핫도그'였다.

레스토랑 안으로 들어가서 직원이 안내해 주는 자리에 앉았다. 메뉴판을 가져다주었는데 음식이 무엇인지 알 수가 없었다. 우선 음료를 시키기로 하였다. 나는 운전을 하니 콜라를 시켰고 엘레나는 로컬 세르비아 레드 와인을 시켰다. 음료가 나오고 주위를 둘러보았다. 나는 다른 테이블에서 식사를 하고 있는 사람을 가리켰다. 그러자 종업원이 말했다.

"플레스 카비차."

나도 '플레스 카비차' 하고 중얼거렸다. 나는 그것으로 주문하였고 엘레나는 피자를 시켰다.

음식이 나왔다. 음식은 완두콩, 당근, 감자, 옥수수, 그리고 고기가 접시에 놓여있는 것이었다. 오스만 투르크의 지배를 오랫동안 받아서인지 약간의 향내가 있다.

밖에는 비가 내리고 있었다.

식사를 하고 스컬타워라 불리는 해골 탑을 보러 갈 예정이었다.

약간은 어두운 듯한 간접 조명의 레스토랑 안, 그리고 밖에는 비. 모든 것이 운치 있었다.

식사를 하고 차를 운전해서 스컬타워로 갔다. 스컬타워는 주차장에 내리자 바로 앞에 있었다. 우리는 티켓을 산 다음 인으로 들이갔다.

해골 탑은 스컬타워 Skull tower 라 부르며 세르비아어로는 쿨라라고 한다.

해골을 기반으로 세워진 첨탑이라는 것이 왠지 묘한 느낌을 불러 일으켰다. 천천히 한 바퀴 돌면서 보았다.

엘레나가 물었다.

"혹시 이 해골 탑이 어떻게 세워지게 된 건지 아세요?"

나는 그녀 쪽으로 고개를 돌리고

"그냥, 조금요. 세르비아의 해방 봉기에서 발단되었다는 것 정도요. 그리고 죽기 전에 가봐야 될 장소를 순위로 매기면 천 번째가 조금 넘는다는 것 정도?" 하면서 웃었다.

그러자 그녀도 역시 웃으면서 말하였다.

"이 탑에 얽힌 이야기에는 '스테반 신젤리치'라는 이름이 나옵니다."

나는 "스테반 신젤리치" 하고 중얼거렸다.

"그리고 세르비아 봉기와 연관이 있습니다. 제1차 세르비아 봉기가 1804년에 일어나는데 이 봉기는 1813년에 진압당하죠. 아시다시피 세르비아는 15세기 이후 거의 500년 동안 오스만 투르크의 지배를 받았죠. 우리나라의 역사적 경험과 연관하여 본다면 이해가 쉽게 갈 거라 생각됩니다. 그러다가 1차 진압 2년 후인 1815년 2차 봉기가 일어나는데, 이 2차 봉기는 성공을 하게 됩니다. 그리고 독립은 1829년에 하게 되죠."

엘레나에게 물어보았다.

"그럼 이 해골 탑, 스컬타워는 언제 만들어진 것이죠?"

"결론부터 이야기하면 이것은 1차 봉기의 유물입니다. 그것도 오스만 투르크에 의해 만들어진 것이죠."

"그래요? 그럼 그 부분에 대해 이야기해 주실 수 있는지요?"

그녀는 미소를 지으며 이야기를 계속하였다.

"이 스컬타워는 오스만제국이 1809년 니시에서 일어난 세르비아 반군을 성공적으로 진압한 것을 기념하기 위해 세운 기념비입니다. 앞서 이야기하였듯이 '스테반 신젤리치'라는 지방 영주는 초기에는 오스만제국과의 전쟁에서 승리를 거두었습니다. 하지만 후반으로 갈수록 지휘관들의 의견 분열과 수적 열세로 점점 수세에 몰리게 됐죠. 결국 절망적인 상황이 되자 그는 탄약고를 폭발시켰습니다. 그렇게 해서 오스만 투르크 군과 세르비아 군대는 같이 전멸하게 됩니다. 전투가 끝나고 오스만의 사령관 파샤 후르시드는 세르비아 군의 시신에서 그 목을 베어 머리를 건축용 블록으로 사용해 기념비를 지으라고 명령합니다. 이렇게 해서 만들어진 것이 스컬타워, 해골 탑입니다."

나는 엘레나에게 다시 물어보았다.

"그러면 그 해골의 수가 얼마나 되나요?"

"스컬타워의 높이는 3미터인데 해골의 수가 약 952개라고 합니다. 하지만 지금은 줄어들어 50~60개 정도 된다고 합니다. 타워 꼭대기에는 신젤리치의 머리가 있다죠. 이 타워는 승리를 거둔 점령세력이 세르비아인들에게 경고하는 의미로 세웠습니다. 하시만 이타워는 아주 비극적이었지만 영웅적이었던 세르비아 해방을 위한 전투의 상징이며 세르비아 독립의 상징이 되었지요."

"강자와 약자, 지배하는 자와 지배받는 자, 이것은 역사 속에서 반복되는 일인 것 같군요. 그곳에는 항상 영웅이 나타나고 말입니다."

하고 나는 엘레나에게 말했다.

밖으로 나왔다. 날씨는 비가 언제 왔냐는 듯하였다. 햇살의 가시 광선은 물방울이 맺혀있는 나뭇잎을 비추고 있었다. 우리는 길 건너 차로 자연스럽게 걸어갔다. 다음 목적지는 마케도니아. 이곳에서부터 국경까지는 약 두 시간 반 정도 거리이다. 차를 타고 니시를 빠져나왔다. 그리고 도로를 따라 달렸다. 한 시간 정도 지났을 때 도로는 국도로 바뀌었다. 국도는 그리 좋지는 않았다. 파여진 도로를 피해가며 한 시간 정도 더 달려갔다. 휴게소가 나왔다.

주유소 휴게소. 우리는 이곳에서 커피를 한 잔씩 주문하였다. 스마트 폰을 열어 보니 와이파이가 잡혔다. 메일을 확인하고, 문자를 한 다음 나는 직원에게 국경까지 얼마나 걸리느냐고 물어보았다.

"피프틴."

직원은 영어로 나에게 말하였다. 우리는 커피를 들고 차로 이동하여 출발하였다.

세르비아 국경에 거의 다 도착하였다. 앞서 있는 차량 뒤로 서 있었다. 운전 면허증과 여권을 내밀었더니 가라고 손짓한다. 잠시 후 마케도니아 국경에 다다랐고, 입국 수속 후 드디어 마케도니아로 들어갔다. 우리는 마케도니아 스코페를 향하여 출발하였다. 이곳에서 마케도니아 스코페 까지는 약 40분~45분 정도 걸린다.

내가 엘레나에게 물었다.

"이곳 마케도니아의 공식 언어가 무엇인지 아세요?"

"마케도니아어와 알바니아어입니다. 중앙집권 공화제, 다당제, 단원제이고 수도는 지금 향하고 있는 스코페죠."라고 말하면서 그녀는 나를 쳐다보았다. 둘의 눈이 잠시 동안이지만 마주쳤다. 나는 고개를 돌려 앞을 보았다. 왠지 갑자기 알 수 없는 쑥스러움, 부끄럼 같은 것이 느껴졌다.

나는 이러한 감정을 들키지 않으려고 엘레나의 말을 이어받아 이야기하기 시작하였다.

"마케도니아 공화국은 역사상의 마케도니아 지방의 일부에 불과합니다. 같은 이름을 가진 그리스 북부 지방과 불가리아 남서부의 블라고에프그라드 주 역시 옛 마케도니아 땅이었습니다. 정부 수반은 대통령이고 1991년도에 독립하였습니다. 화폐는 데나르MKD를 사용하고 종교는 마케도니아 정교가 약 65퍼센트 그리고 이슬람이 33퍼센트 정도 됩니다."

나는 운전 도중 커피를 꺼내 한 모금 마셨다. 그리고 이야기를 계속하였다.

"마케도니아 공화국은 발칸 반도 한가운데 있는 내륙 국가입니다. 이 나라를 둘러보면 북으로는 세르비아, 동으로는 불가리아, 북서쪽으로는 코소보, 남으로는 그리스, 서로는 알바니아와 접하고 있죠. 이러한 지정학적인 위치만 보더라도 이 나라가 얼마나 많은 시련을 겪었을 것인지는 짐작할 수 있지 않을까요?"

"마케도니아의 주요 도시로는 비톨라, 쿠마노보, 오흐리드를 비롯한 여러 도시가 있습니다. 호수도 50여 개 넘게 있습니다. 큰 수원지가 1,000개가 넘는다고 합니다. 그리고 2,000미터가 넘는 산도 16개나 있다고 합니다. 오늘날의 마케도니아는 이전의 유고슬라비아의 남쪽 지역에 위치해 있습니다. 지금의 국경은 2차 세계대전 이후 유고슬라비아 사회주의 연방공화국이 들어서면서 확정된 것입니다."

엘레나는 국경을 넘어 마케도니아로 들어올 때 길가에 걸려있는 마케도니아 국기를 바라보면서 나에게 물어보았다.

"저기 보이는 국기 있죠? 빨강 바탕에 중앙에 노란색 원이 있고 그리고 노란색 선이 보이는 저게 마케도니아 국기이죠?"

나는 그렇다고 대답하였다.

엘레나는 운전하는 나를 쳐다보면서 말하였다.

"피롬FYROM이 'Former Yugoslav Republic of Macedonia'의 첫 자를 따서 만든 국명인 거 아세요? 또 마케도니아가 독립하면서

'Republic of Macedonia'라는 국명으로 독립을 선포함으로써 그리스와 마찰을 일으킨 거 아세요?"

나는 자세히는 모른다고 하였다. 그리스와 국명 때문에 사이가 안좋은 정도는 알고 있다고 말하였다.

그녀는 나를 쳐다보며 웃었다. 그리고 커피 한 모금을 마시더니 계속 말을 하였다.

"참 재미있는 거 같아요. EU, UN 등 국제기구나 다자 협정 시에는 피롬FYROM을 사용하고 러시아 등 구 사회주의 국가와 관계할 경우엔 ROMRepublic of Macedonia을 사용한다는 것이요. 이런 혼란은 유고슬라비아 연방이 분리되고 여섯 개의 나라가 독립하면서 그중 하나였던 마케도니아 공화국이 마케도니아라는 이름으로 독립을 선포하면서 야기되었죠. 그 때문에 그리스인들의 반발을 사게 됩니다. 1993년에는 UN에 마케도니아라는 이름으로 가입신청을 해서 분쟁이 더욱 악화하기도 했죠."

나는 엘레나에게 물어보았다.

"그럼 혹시 그리스가 마케도니아에 요구한 세 가지를 아시는지요?"

"세 가지요? 무슨 세 가지요?" 하고 엘레나는 나에게 되물었다.

"아까 마케도니아 국기를 물어보셨죠? 마케도니아 국기는 고대 그리스 문장에서 가져온 것입니다. 이것은 고대 마케도니아 왕국의 상징물이죠. 이것을 '베르기니아의 별'Star of Verginia 이라고 부릅니다. 그리스는 이것의 사용을 금지할 것을 요구합니다. 그리고 두 번째 요구는 마케도니아 헌법에 있는 그리스의 마케도니아 영토를 수복한다는 문구를 삭제할 것을 요구합니다. 즉 현 국경의 불가침성을 보장하라는 것입니다. 마케도니아라는 이름을 포기하고 다른 이름을 사용한다면 이를 인정하고 경제적인 원조도 해주겠다고 이야기합니다. 하지만 이러한 갈등은 지금까지도 계속되고 있습니다."

"그러면 왜 마케도니아라는 명칭이 문제가 되나요?" 하고 엘레나가 나에게 물었다. 나에게 해줄 이야기가 있지만 다시 물어본다는 느낌이었다.

그녀는 계속해서 이야기를 하였다.

"이곳 마케도니아 지방은 아주 오래전, 그러니까 알렉산더 대왕, 아리스토텔레스 당시에도 그리스어 즉 희랍어를 사용하였던 곳이에요. 그런데 그후 이 이름을 처음 국호로 사용하였던 때는 티토가 유고슬라비아 연방의 하나로 'Republic of Macedonia'를 신설하였던 때부터랍니다. 그리스 내전 당시 티토는 공산주의자를 지원하였고요. 이들이 승리할 경우 그리스의 마케도니아 지방을 요구할 의도였다더군요. 1913년 발칸 전쟁 직후 마케도니아 지역을 유고슬라비아는 39퍼센트, 그리스는 51퍼센트 차지하고 있었다고 합니다. 그래서 마케도니아에 관한 티토의 정책은 팽창주의적 의미를 내포하고 있다고 밖에 생각할 수 없다는 겁니다."

이렇게 이야기하고 있는 동안 우리는 거의 목적지에 도착하였다. 국경에서 약 한 시간 정도 달리자 마케도니아의 수도인 스코페Skopje 근방에 다다른 것이다.

"스코페" 하고 나는 혼자 중얼거렸다.

그리고 엘레나에게 말하였다.

"마케도니아는 200만 명이 조금 넘는 인구를 가지고 있는 나라입니다. 그중 약 25퍼센트 정도가 이곳 스코페에 거주하고 있지요. 스코페는 바르다르 강Vardar River12 상류에 위치해 있는데 아테네와 중부 유럽을 잇는 중요한 통로 역할을 합니다. 마케도니아는 바르다르 강 유역 산맥을 국경선으로 삼는 내륙국입니다. 강과 협곡들 사이로 거친 지형이 펼쳐져 있지요."

엘레나가 내 말을 받아 이야기했다.

"이곳의 역사를 보면 수 세기 동안 많은 지배자들이 거쳐 갑니다. 그러면서 문화도 다양성을 나타내는 것 같던데요."

"그렇죠. 아무래도 슬라브족의 문화가 주류이고 정교회의 내부 건축양식을 가지고 있지만 예배는 그리스적인 요소가 많이 남아 있습니다. 또 국민의 3분의 1이 이슬람교도인 것을 보면 오스만제국의 지배 기간 동안에 이슬람이나 터키 문화의 영향이 많았다고 볼 수 있습니다."

"어떤 모습을 가지고 있는지 궁금해지는데요?" 하고 엘레나가 말하였다.

"간단히 마케도니아의 역사를 이야기해보면 서기 4세기 후반부터 비잔틴제국의 지배하에 있었고 7세기 말에는 슬라브족의 침입을 받았다가 다시 비잔틴제국의 통치를 받게 됩니다. 그리고 서기 700년이 지나면서 오스만 투르크의 통치를 받기 시작하는데 그때부터 이슬람이 들어오게 됩니다. 20세기에 들어서는 오스만 투르크에 대한 저항이 있었고 1, 2차 세계대전 후 1944년 유고슬라비아 사회주의 연방공화국에 통합됩니다. 그리고 1991년 독립하면서 마케도니아의 수도가 되는 게 스코페입니다.”

이렇게 이야기하고 있는 동안 스코페에 거의 다 도착하였다.

시내로 들어섰다. 생각보다 거리는 한산한 느낌이 있다.

엘레나에게 말했다.

“호텔 체크인을 먼저 할까요? 아니면 시내 구경부터 할까요?”

“글쎄요, 호텔 예약을 하셨나요?”

“네. 제 생각에는…, 우선 시내에 주차를 하고 한번 둘러보죠?”

그녀는 좋다는 듯이 고개를 끄덕였다. 나는 중앙 광장에서 가까운 곳에 주차를 하였다.

공짜로 주차를 할 만한 곳은 없는 듯 보였지만 주차비는 큰 부담이 없었다. 시간과 상관없이 40데나르 정도로 유로로 하면 0.35유로 정도였다. 주차를 하고 메인 광장 안으로 걸어 들어갔다. 길거리는 양쪽으로 건물들이 들어서 있었다. 이곳이 가장 번화한 거리인 신시가지 광장이라고 한다. 이곳을 따라 내려가다가 엘레나가 말했다.

“저기”

나는 엘레나가 가리키는 방향을 쳐다보았다.

우리에게 낯설지 않은 이름이 있었다. 바로 ‘마더 테레사 기념관’이었다.

“우리 저곳에 가볼까요?”

그녀는 그러자고 하였다. 기념관 한쪽에는 마더 테레사님의 기념 동상이 있었다. 흰색 빛이 도는 건물이었다. 우리는 2층으로 올라갔다.

기념관은 박물관 갤러리 등의 공간으로 꾸며져 있었다. 이 기념관은 마케도니아 정부에서 테레사 수녀를 기리기 위해 수녀님이 세례를 받은 예수 성심성당 터에 세운 테레사 수녀님 기념관이라고 한다.

엘레나가 나에게 물어보았다.

"혹시 마더 테레사 수녀님에 대해 아세요?"

마리아 테레지아 수녀님 기념관 내부

"구체적인 것은 모르고 그냥 어떤 분이라는 거 정도죠."

그녀는 고개를 끄덕거렸다.

"그러면 제가 마더 테레사 수녀님에 대해 이야기 좀 해 드릴까요?"

나는 "물론이죠." 하고 화답하였다.

그녀는 이런 화제를 좋아하지만 남에게 직접적으로 이야기하는 것은 왠지 쑥스러워한다는 느낌이었다.

"수녀님은 1910년 8월, 마케도니아로 독립하기 이전의 유고슬라비아 스코페에서 '아녜즈 곤제 보야지우'라는 이름으로 알바니아인 집안의 3남매 중 막내로 태어났습니다. 1928년에는 아일랜드 로레토 수녀원에 들어갑니다. 그리고 그 후 인도 콜카타의 빈민가에 살면서 고등학교 선생님을 하는데 1950년에는 '사랑의 선교 수녀회'를 설립하여 빈민, 고아, 나병 환자 등 소외된 사람들을 위해 일하기 시작하였습니다. 이때부터 수녀님은 '마더 테레사'로 불리기 시작합니다. '사랑의 선교 수녀회'라는 조직은 1965년 교황청으로부터 정식 승인을 받게 됩니다. 교황 직속 조직이 되는 것이죠. 그 후 1979년 노벨 평화상을 수상하시고 1981년에는 한국도 방문하였습니다. 1997년 9월 5일 심장병과 말라리아로 세상을 떠납니다."

우리는 박물관을 나와 아래로 걸어 내려갔다. 스코페의 신시가지이며 가장 번화한 거리라는 곳이었다.

광장 주변에는 동상이 있는데 고체 델체프Goce Delcev와 담 그루에프Dam Gruev의 기마상 그리고 알렉산더 대왕의 동상이었다.

마케도니아 사람인 듯한 가족들이 광장에서 함께하는 모습, 아이들이 뛰어다니는 모습들이 보였다.

　엘레나가 나를 보더니 말하였다.

　"마케도니아는 지금 역사를 재창조하고 있는 것 같아요."

　나도 그녀를 쳐다보며 말하였다.

　"왜 그렇게 생각하시죠?"

　"이 광장에 있는 모든 동상과 건물들이 전부 새로 지어진 거고 지금도 짓고 있어서요."

　"아마도 그리스와의 역사적인 문제 때문에 그런 것이 아닐까 하는 생각이 드네요."

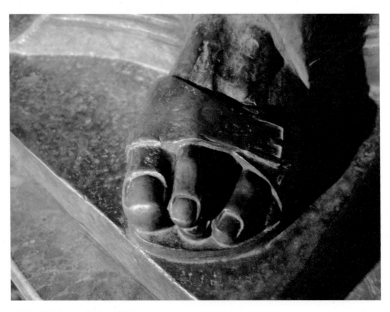

마리아 테레지아 수녀님의 틀어진 발

하고 나는 그녀에게 이야기하였다

광장 아래로 바르다르 강이 보였다. 이 강에는 구시가지를 연결하는 카멘로스또 다리[13]가 놓여있다. 우리는 이 다리를 건너 구시가지로 향하였다.

다리를 건너자 다리 양쪽에 두 사람씩 서 있는 동상이 있었다.

나는 엘레나에게 물어보았다. "이 동상이 무엇인지 아세요?"

"글쎄요. 말을 타고 서 있는 모습이 아닌 걸 보니 전쟁이나 독립영웅은 아닌 것 같고…"

나는 엘레나에게 설명하였다.

"다리를 건너기 전 구시가지에서 신시가지로 건너가는 길목, 신시가지에서 구시가지로 가는 길목에 서 있는 이 동상들의 한쪽은 바로 9세기에 키릴 문자를 발명한 키릴 형제입니다."

나는 신시가지에서 내려오면서 왼편에 있는 동상을 가리키며 말하였다.

"테살로니카 출신의 성 키릴St. Cyril과 성 메토디우스St. Methodius, 그리고 다른 쪽에 있는 동상은 그를 도운 클레멘트와 나움입니다."

우리는 이야기를 하며 구시가지 안으로 갔다. 구시가지 안으로 들어가자 엘레나가 말했다.

"터키에 온 것 같은 느낌이네요, 구시가지의 모습이. 물건들이 즐비한 상점, 히잡 쓴 여인 등."

"그렇죠? 그들 문화의 흔적이 아직도 이렇게 많이 남아있습니다."

우리는 골목을 따라 안으로 들어갔다. 우리가 찾아간 곳은 발칸 최대의 터키탕이었던 다우트 파샤이다. 이 터키탕은 1466년에 지어졌다고 한다. 현재 이곳은 국립 미술관으로 사용하고 있다. 둥근 지붕 모양을 하고 있는 이곳은 그림보다는 건물이 더 매력적이라는 생각이 들었다.

다우트 파샤에서 나와 5분 정도 거리에 있는 재래시장인 동방시장으로 갔다.

동방시장은 발칸 반도에서 가장 큰 시장이라고 한다. 재래시장의 매력인지 사람이 제법 붐볐다.

우리는 동방시장을 돌아보기로 하였다. 의류와 잡화 시장을 둘러보니 토속 민예품과 관광 기념품이 많은 것 같았다. 식료품을 파는 곳은 사람들로 붐볐다.

청과물 시장으로 가니 사람들이 동양인 남녀가 신기한지 말을 건넸다. 한 상인은 말을 건네며 포도를 주었다. 공짜인 듯하여 포도를 받으니 물을 포도에 흘려 씻어준다. 포도 맛이 좋았다. 나는 엘레나에게도 맛을 보아 보라고 한 알 주었다.

엘레나는 포도 맛을 보더니 "맛있네요." 하며 웃었다.

우리는 포도를 사서 걸어가며 먹기로 하였다.

이곳 시장을 둘러보는 동안 엘레나와 나는 이 시장의 특이한 점을 하나 발견하였다. 그것은 바로 시장에서 장사를 하는 사람들이 전부 남자라는 것이었다. 아마도 이것은 이슬람 문화의 영향이 아닌가 하는 생각이 들었다.

시장을 나와 우리가 간 곳은 바로 스코페의 전망을 한 번에 볼 수 있는 칼레 요새였다.

언덕을 오르면서 우리는 이곳이 햇살 피할 곳이 없고 강한 햇살을 고스란히 받아야 된다는 것을 알았다. 나야 남자라서 괜찮지만 여자 입장에서는 이 강한 햇살이 무척이나 신경 쓰이지 않을까 하고 생각했다.

내가 엘레나에게 말하였다.

"태양 빛이 강하죠?"

"아뇨 괜찮아요, 지중해의 태양이 더 강해요. 그리고 선크림 발랐어요."

요새로 올라가면서 가까이 성곽을 보니 게르만의 형태처럼 큰 돌을 사각으로 다듬어 만들지 않고 잔돌을 모아 촘촘하게 쌓아 높이 올렸다.

나는 엘레나에게 마케도니아 깃발이 펄럭이는 3중 방어벽으로 되어있는 성벽을 손으로 가리키며 보라고 하였다.

"이 스코페는 산으로 둘러싸여 있는데, 그 산 위에 십자가가 있는 게 보이지요. 바로 이 땅이 기독교 국가임을 나타내는 것이랍니다."

엘레나가 물었다.

"그럼 저 십자가는 언제 세운 거죠?"

"이 십자가는 마케도니아의 기독교 2000주년을 기념하기 위해 세운 것이라고 합니다.

2002년에 정교회에서 세운 것이라고 하죠. 정교회가 65퍼센트 정도 차지하고 있으니 그럴 만도 합니다. 주위에 있는 알바니아, 보스니아와 구별되는 정체성을 나타내려는 의미도 있다고 합니다. 그리고 이 성벽은 518년에 지진으로 무너진 고대 로마의 '스쿠피'의 유적으로 추측한다고 합니다. 라틴어가 새겨진 대리석이 발견돼서 그렇게 추정한다는군요."

"현재의 이러한 모습은 그 시대의 것이 아니라 10세기~11세기 유스티니아누스 황제 때 재건 한 것이라고 생각하시면 됩니다. 그

칼레 요새

러다가 1963년에 다시 지진이 나서 2,000여 명의 사상자가 났다고 합니다. 그리고 2006년부터는 정부 지원으로 발굴 연구가 시작되면서 목관악기와 찰흙 장식품이 발견되었다고 합니다."

성벽 위에서 아래를 내려다보았다. 산 아래로 바르다르 강이 보이고 오른쪽으로는 미국 대사관인 흰 건물이 보였다. 근처 산 일대가 전부 미국 대사관 소유라고 한다. 우리는 잠시 그곳에서 아래를 내려다보았다.

"그만 내려갈까요?" 내가 엘레나를 보면서 물었다.

"네, 그래요."

내려오면서 나는 엘레나에게

"이곳에서 30분~40분만 가면 코소보입니다. 하지만 그곳으로 가지는 않을 겁니다."

"내일은 오흐리드로 갈 겁니다. 8시에 출발하지요."라고 말했다.

호텔에 도착해서 각자 체크인을 하고 방으로 들어갔다.

왠지 피곤한 느낌이 들었다. 무엇이 피곤함을 만들었을까? 하는 생각이 들었다. 여행의 피로감일까?

 Tip

자동차 여행을 하다보면 U턴을 할 때가 있다. 하지만 유럽에서는 따로 U턴 차로는 없고 둥그런 라운드 벌에서 원하는 방향을 찾아 U턴 한다.

Macedonia

08

발칸 반도의 진주,
마케도니아 오흐리드

오흐리드의 호수는 유네스코 세계문화유산이고 이곳에는 약 1,500종류의 동식물이 서식한다. 그리고 이 도시는 기원전 148년부터 로마 제국의 지배를 받으면서 군사와 교역의 중심지로 발달하게 된다. 이곳은 10세기에 들어오면서 많은 성당과 수도원이 지어져 마케도니아의 예루살렘이라고 불리기도 한다.

● 스코페

● 오흐리드

오흐리드 풍경

마케도니아 주요 휴양지의 하나이며, 성소피아 대
성당(11세기), 성클레멘스 성당(13세기) 등이
있으나, 오스만 제국 통치시대(1398~1912)에
대부분 이슬람교사원으로 개조되었다.

오전 8시에 전날처럼 호텔 로비에서 그녀를 만났다. 어제처럼 가방
을 차에 싣고 출발하였다. 오흐리드Ohrid는 이곳에서 약 두 시간 정도
걸리는 곳에 위치하고 있다. 가는 길이 산악 지역이지만 도로 포장
은 나름 잘되어 있다.

엘레나에게 물어보았다.

"혹시 오흐리드에 대해 아세요?"

그녀는 나를 보고 웃으면서 말했다.

"발칸 반도의 진주, 휴양지, 키릴문자의 고향 이 정도 아닐까요?"

나는 "그렇죠." 하고 대답했다. 길은 꼬불꼬불하였다. 두 시간 걸
려 도착한 오흐리드의 첫 인상은 태양, 호수, 그리고 슬라브인들의
도시라는 느낌이 들었다. 호수 가장 가까운 곳에 호텔 대신 펜션을
예약하였다. 나는 엘레나에게 우선 예약한 펜션으로 가자 하였다.
호수 위쪽 약간 비탈진 곳으로 올랐다. 내비게이션이 가리키는 지역
에서 가장 가까운 곳에 차를 세웠다.

안으로 들어갔다. 주인인 듯 보이는 나이 드신 분이 나를 쳐다보았다. 내가 예약하고 왔다고 말하였더니 노부부는 아직 방을 청소해야 한다고 하면서 우리에게 따뜻한 커피를 내주었다. 나는 우선 주인에게 방이 하나 더 필요하다고 이야기해야 했다. 나야 예약을 하고 왔지만 엘레나는 그렇지 않기 때문이었다. 주인은 비슷한 나이의 남녀가 함께 있으니 한방을 사용할 거라 생각했을 것이다. 니는 주인에게 방이 하나 더 필요하다고 하였다. 주인은 난감한 표정을 지었다. 아마도 방이 없는 듯하였다.

나도 난감하였다.

"조그만 펜션이라 방이 없는 것 같은데 어쩌죠?"

"뭐 할 수 없죠. 다른 곳을 알아봐야지요."

주인은 나에게 침대가 두 개이니 하나씩 사용하면 되지 않겠느냐고 물어보았다. 나는 어찌 할 줄 몰랐다. 엘레나도 무슨 말인지 이해를 했지만 난감한 표정이었다. 주인은 우선 커피 한잔 마시고 방을 먼저 알아보라고 하면서 주변에서 방 찾기가 쉽지 않을 것이라고 말하였다. 커피를 마시고 20분 남짓 지났을까, 주인은 우리를 안내하였다.

문을 열고 들어가니 방은 생각보다 컸다. 방은 주방과 따로 구분되어 있고 무엇보다 마음에 드는 것은 호수가 창밖으로 펼쳐져 보인다는 것이었다. 주방에는 냉장고, 식탁, 소파, 그릇, 냄비 등이 있었다. 침실에는 침대 두 개가 나란히 놓여 있었다.

나는 엘레나에게 말하였다.

"우선 이렇게 하도록 하죠. 저는 이것을 예약하고 주인에게 알아봐 달라거나 우리가 서너 군데 들러보죠. 있으면 그곳에서 예약하거나 하면 되고요."

우리는 주인에게 여기와 가까운 곳의 방을 좀 알아봐 달라고 부탁하였다. 주인은 몇 군데 전화해 보더니 방이 없다고 했다.

"시내로 내려가 좀 알아볼까요?" 하고 그녀에게 물어보았다.

"우선 짐은 그냥 차에 놓고 나가서 구경하죠. 그러면서 알아보죠."

나는 그러자고 하였다. 우리는 밖으로 나왔다. 조그만 언덕 위의 집들이 참 인상적이었다.

엘레나에게 말하였다.

"이 호수에 약 1,500종류의 동식물들이 서식한답니다. 유네스코 세계문화유산이구요."

그녀는 고개를 끄덕였다. 그리고 나는 이야기를 계속하였다.

"이 도시는 기원전 148년부터 로마제국의 지배를 받으면서 군사와 교역의 중심지로 발달하게 됩니다. 그리고 10세기에 들어오면서 많은 성당과 수도원이 지어지는데 지금은 365개의 성당과 800여 개의 비잔틴 풍의 성상이 있습니다. 그래서 이곳을 마케도니아의 예루살렘이라 부른다고 합니다."

우리는 성 소피아 성당으로 발길을 옮겼다.

성 소피아 성당으로 가는 길은 약간 언덕졌지만 위로 올라갈수록 폭이 넓어졌다. 이것은 좁은 토지를 최대한 활용하기 위한 것이라고 한다. 골목길은 아기자기하였으며 건물들은 흰색 톤이 많았다.

바로 눈앞에 보이는 성당이 성 소피아 성당이다. 나는 엘레나를 쳐다보면서 물어보았다.

"이 성 소피아 성당에 관해 아시는지요?"

엘레나는 나를 보더니 빙긋이 웃으며 말했다.

"이 성당은 마케도니아에서 가장 오래된 것입니다. 11세기에 지어진 것이죠. 오스만 투르크가 이 성당을 파괴하지 않고 모스크로 활용하였을 때는 건너편의 고대 극장을 성당으로 사용했다고 합니다. 이 성당은 바실리카, 정교회, 모스크 등으로 약 500년 동안 사용되었습니다. 그리고 지금은 다시 정교회로 사용되고 있지요."

나는 그녀의 말을 이어 받았다.

"이 성당은 초기 기독교 시절에 바실리카 건물의 기초 위에 건축하였다고 합니다. 그러다가 레오Leo 대주교 시절인 1027년~1056년에 재건축하였습니다. 여기서는 '스베타 소피아'라고 부릅니다."

엘레나는 안으로 들어가 보자고 하였다.

안으로 들어서니 화려한 프레스코화가 있었다. 유네스코의 기부에 의해 1958년부터 1963년까지 복원 작업이 이루어졌다고 한다.

내가 엘레나에게 말하였다.

"모스크로 사용되었던 500년 동안 내부가 온통 석회로 덮여 있다가 복원 작업이 이루어진 것입니다. 처음 프레스코화가 나왔을 때 많은 사람들이 감탄했다고 합니다."

나는 프레스코화를 보면서 계속 이야기하였다.

"복원 당시 여기서 여섯 명의 로마 가톨릭 교황의 프레스코화 초상이 나왔습니다. 이유가 무엇일까요? 여기는 정교회 국가인데 말이죠."

그녀는 "글쎄요?" 하고 나에게 되물었다.

"답은 아주 간단합니다. 1051년까지 이곳에서는 로마 가톨릭과 정교회가 공존하였기 때문입니다. 그런데 어떤 부분은 프레스코화가 없는 것도 있었답니다. 그것은 오스만 투르크가 14세기에서 19세기까지 모스크로 사용하였기 때문이죠."

나는 엘레나를 바라보며 계속 이야기하였다.

"제단은 신에게 바쳐진 것이라고 합니다. 그래서 제단 위의 그림을 아주 중요시합니다. 그리고 앞에 있는 성모 마리아의 프레스코화를 한번 보세요. 위 칸에 일반 사람이 있고 그 위에 아이를 손에 안고 있는 성모 마리아가 있습니다. 그 아이는 아이가 아니라 성모 마리아의 성령의 상징입니다. 그리고 이 성당은 천사 미카엘과 가브리엘이 보호해 주는 성당으로 그들의 상이 문 오른쪽에 있습니다."

그녀는 내 이야기를 들으면서 내부를 둘러보았다.

내가 다시 말했다.

"그리고 아세요? 여름에는 음향이 좋아 콘서트 홀로 사용되고 아직까지 미사를 드리고 있는 성당입니다. 하지만 미사 때는 여성의 출입을 금하고 있습니다. 성직자만이 참여합니다."

나는 그녀에게 나가자고 하였다. 성당을 한 번 둘러보고 밖으로 나왔다. 주위에는 카페들이 있었다. 차를 한잔 마시고 싶었지만 시간이 좀 애매한 느낌이 들었다. 다른 곳도 둘러보고 그리고 엘레나가 묵을 호텔도 알아봐야 했기 때문이다.

나는 그녀에게 우선 성 클레멘트 성당에 가자고 하였다. 가는 날이 장날인지 장이 서 있었다. 이곳은 월요일에 장이 선다. 물론 다른 날도 장이 서지만 월요일 날 서는 장보다는 작다. 가는 도중에는 성모 마리아를 위해 1820년에 세워진 '성모 마리아 교회'가 있었다. 그리고 15세기경부터 오스만 투르크의 지배를 받아서인지 16세기의 모스크도 볼 수 있었다.

나는 길을 걸으며 엘레나에게 말하였다.

"이 도시는 인구가 56,000명 정도 되는데 그중 90퍼센트 정도가 정교를 믿고 8퍼센트 정도가 무슬림인 알바니아인, 집시 그리고 2퍼센트 미만이 가톨릭 신자입니다. 그래서인지 이곳에는 한 개의 가톨릭 성당과 아홉 개의 모스크 그리고 100개가 넘는 마케도니아 정교회가 있습니다."

이제 오르막길로 들어섰다.

엘레나가 물었다.

"이곳에 오는 사람들은 거의 유러피언이겠죠?"

"그렇죠. 주로 네덜란드 사람들을 비롯한 유럽 사람들이라고 합니다. 요즘에는 한국 그룹들도 오기 시작했다고 합니다."

걷다보니 요새의 성벽이 보이기 시작하였다. 엘레나에게 설명하였다.

"앞에 보이는 요새는 사무엘 요새라고 합니다. 길이가 3킬로미터 정도 된다고 합니다. 이것은 구시가지를 둘러싸고 있고 구시가지는 유네스코의 보호를 받고 있습니다. 하지만 이 성벽은 오스만 투르크 시절에 만든 것입니다."

"이 도시를 감싸고 있으면 출입하는 문도 여럿 있을 텐데요?"

"그렇죠. 옛날에는 다섯 개가 있었다고 합니다. 하지만 지금은 한 곳밖에 남아 있지 않습니다."

이렇게 이야기를 하면서 올라오다 보니 어느덧 고대 극장 앞까지 와 있었다.

"19세기 러시아 고고학자가 이곳에 고대 유적지가 있을 것이라는 사실을 알리면서 관심을 받게 되었다고 합니다. 2001년에 발굴을 시작해 2004년에 모습을 드러내기 시작하였다고 해요. 지금도 발굴 중이고요. 그리고 이곳에서 기원전 5세기경의 바실리카 양식의

기원전 200년에 세워진 마케도니아에 유일하게 남아 있는
그리스 시대의 극장

초대 교회의 터가 발견되기도 하였습니다. 그 후 로마의 지배하에 이곳은 검투장으로 변했는데 이 극장은 이 도시 거주민의 30퍼센트를 수용할 수 있도록 만들어졌다고 합니다. 이것으로 추측하면 이곳의 수용 인원은 약 5,000명 정도 된다고 합니다."

엘레나가 내 이야기를 듣더니 말했다.

"이곳에서 보는 오흐리드 호수가 아름답네요. 그럼 이곳이 여름 축제 공연장으로 사용되고 2004년에 첫 번째 게스트로 호세 카레라스 그리고 뒤를 이어 엔리꼬 모리꼬네, 바바라 핸드릭스 등이 공연을 했던 곳인가 보네요?"

나는 그렇다고 이야기하였다. 나는 엘레나에게 극장 안으로 들어가 좌석에 앉아 보자고 하였다. 우리는 잠시 앉아 호수를 바라보았다. 시원하게 펼쳐진 호수를 고대의 유적지에 앉아 바라보고 있었던 것이다.

우리는 그곳에서 나와 다시 성 클레멘트 교회로 향하였다.

천천히 걸어가면서 엘레나가 말했다.

"혼자 여행 다니는 것도 괜찮지만 둘이 여행하는 것도 좋네요."

"그래요? 다행이네요."라고 말하면서도 나는 왠지 어색한 느낌과 무언가 대답이 서툰 것 같다는 기분이 들었다.

성 클레멘트 성당으로 올라가는 길은 언덕져 있었다. 바닥은 유럽의 구시가지의 도로 포장과 비슷하였으며 골목에 있는 기념품 가게에는 전통의상이 걸려 있었다. 집들은 하얀색 벽으로 지어진 것들이 많았다. 이 길을 따라 올라오고 골목골목을 다니다보니 올드한 자동차들이 많았다. 이런저런 이야기를 하다가 어느덧 성 클레멘트 성당에 다 도착하였다.

성 클레멘트 성당에서 바라보는 풍경은 마을의 모습 뒤 언덕 위로 사무엘 요새가 보이고 중간에 고대 극장이 보였다.

"성 클레멘트 성당은 1295년에 그리스 십자가 모양 위에 돌과 벽돌로 지어진 건물입니다. 이 성당은 성모 마리아를 위해 세워진 것입니다."

내가 이렇게 이야기를 시작하자 갑자기 엘레나가 나에게 물어보았다.

"이 교회의 원래 이름을 아세요?"

내가 잘 모른다고 하자 엘레나가 설명하기 시작하였다.

"성 클레멘트 교회에 대해서는 좀 알고 있어요. 이 교회의 원래 이름은 성 보고로디차 페리블렙타St. Bogorodica Perivlepta입니다. '페리블렙타'라는 말은 모든 것을 보고 듣고 아는 사람을 뜻한다고 합니다. 성 클레멘트는 오흐리드의 수호자죠. 그리고 이 교회에는 그의 유해가 안치되어 있답니다. 그는 9세기의 인물이고 이 교회는 3세기-4세기 때 인물인 성 판텔레이몬에 봉헌한 교회라고 합니다."

"네." 하고 나는 짧게 대답하였다.

"15세기에 오스만 투르크가 쳐들어와서 이 성당을 부수고 그 재료로 모스크를 지었답니다. 그 후 1912년 오스만 투르크가 떠난 다음 이슬람의 미나렛[14]은 무너지고 이후 많은 사람들이 유네스코와 정부의 지원을 받아 발굴하게 됩니다. 이곳을 발굴하게 된 이유는 전 슬라브에서 아니 전 세계에서 가장 오래된 대학(클레멘트 슬라브대학, 893년 설립)이 있던 자리이기 때문입니다. 오흐리드, 이곳은 모든 슬라브 문화와 문학이 시작된 곳이기도 합니다."

그녀의 설명을 다 듣고 난 다음 나는 엘레나에게 말하였다.

"혹시 성인의 뼈에 관해서도 알고 있는지요?"

그녀는 "뼈요?" 하고 말하였다. 이게 무슨 소리인가 하는 반응이었다.

"다른 게 아니라 수세기가 지나면서 많은 신자들이 기적을 바라

성 판텔레이몬 수도원

며 그의 뼈를 가져가기를 원하였고 결국에는 두 개밖에 남지 않았다고 합니다. 그래서 지금 성인의 뼈는 두 개만 남아 있다고 합니다. 이 뼈는 일 년에 두 번 '성 클레멘트의 날'과 '성 판텔레이몬의 날'에만 공개된다고 합니다."

"정교회는 어떤 성인의 교회인지 알고 보기 전에는 제대로 알기가 쉽지 않은 것 같아요." 하고 내가 말하자 엘레나는 나를 보고 빙긋이 웃었다. 그리고 설명하기 시작하였다.

"전 세계 어느 정교회 성당이든 안에 들어갈 때 이 성당이 어떤 성인의 교회인지 알고 싶을 때는 문 바로 가까이에 있는 이콘을 확인하면 됩니다. 그럼 바로 그분의 성함을 알 수 있죠. 그리고 성당 내부의 이콘을 걸어 놓은 곳을 '이코노스타스'라고 합니다."

우리는 성 클레멘트 교회를 나와 다른 곳으로 발길을 옮겼다.

"혹시 영화 '비포 더 레인' 아세요?

엘레나가 나를 바라보며 물었다. 내가 그녀를 바라보자 그녀도 나를 보며 미소를 지었다.

"알죠, 마케도니아 출신의 만체브스키 감독의 1994년 베니스 영화제 황금사자상 및 7개 부문 수상작이죠. 이 영화는 언어, 얼굴, 사진으로 구성되어 있습니다. 이 세 가지는 각각의 이야기가 아니라 서로 연결되어 있습니다. 시간은 절대 죽지 않는다. 원은 둥글지 않다는 수도자의 말이 생각나기도 합니다. 성 요한 크리소스톰에 봉헌된 교회에서 촬영을 했죠. 그 장소가 바로 이곳 오흐리드에 있습니다. 요한 크리소스톰은 설교자로 유명한 분입니다. 이곳에서 얼마

떨어지지 않은 곳에 그 교회가 있습니다."

"예 알아요. 이곳에서 멀지 않다니 한 번 가보죠."

우리는 그곳으로 발길을 옮겼다. 그곳으로 가는 길은 소나무와 아몬드 나무가 많았다. 그곳에 거의 도착했을 때 호수 전체가 보였다. 교회는 호수가 내려다보이는 언덕 위에 자리 잡고 있었다. 연인들에게는 로맨틱한 장소일 것 같다는 생각이 들었다.

"이 교회의 이름이 무엇인지 아세요?" 하고 엘레나에게 물어보았

영화 '비포 더 레인'의 배경이 되었던 성 요한 카네오 교회

더니 엘레나는 "성 요한 카네오 교회입니다." 하고 바로 대답하였다.

이곳 언어에 익숙하지 않아서인지 머리에 이름이 쉽게 들어오지 않았다.

우리는 그곳에서 호수를 바라보며 사진을 몇 장 찍은 뒤 아래로 내려가 호숫가의 호안 길을 따라 걸어서 나가기로 하였다. 호안 길을 따라 걸어가는 길은 아름다웠다. 푸른 하늘, 맑은 물, 그리고 혼자가 아닌 둘이 여행하는 분위기가 좋았다.

이윽고 호수를 벗어나 시내로 들어왔다. 엘레나가 묵을 호텔을 알아보기 위해서였다. 우리는 마을에 있는 호텔 몇 군데를 알아보았지만 모든 면에서 마땅치 않았다.

나는 엘레나에게 말하였다.

"우선 일단 숙소로 가보시죠. 그리고 그 후에 근처에서 다시 알아보기로 하죠."

엘레나와 나는 다시 숙소로 돌아왔다. 나는 주인에게 방이 없느냐고 다시 물어보았다. 주인은 손님에게 내줄 방은 없고 창고 겸 쓰는 조그만 다락방이 하나 있다고 하였다. 나는 보여 달라고 하였다. 방은 시트가 없는 침대 그리고 여러 물건이 정리되어 있었다. 주인에게 이 방을 빌려 달라고 하였다. 엘레나가 내가 예약한 방을 쓰고 내가 이 방을 쓰면 될 것 같았다.

엘레나는 자기가 이 방을 쓰겠다고 했지만 나는 그럴 수 없었다. 나는 짐을 옮기고 시트를 깔아 달라 부탁하였다. 짐을 풀고 컴퓨터를 켰을 때 누군가 노크하는 소리가 들렸다. 문을 열어 보니 엘레나였다. 엘레나는 자기 방에서 와인 한잔하자고 하였다. 그녀는 창을 통해 보이는 호수의 해지는 풍경이 아름답다고 하였다. 그녀의 말처럼 풍경은 정말 아름다웠다. 아름다운 오흐리드의 풍광에 일몰의 장관은 더할 나위 없었다.

"고마워요." 하고 엘레나는 말하였다. 나는 그녀를 보고 미소를 지었다. 와인 한 병이 바닥을 비웠을 때 해는 완전히 사라지고 마을의 불빛이 또 다른 풍경을 만들어냈다.

아름다운 풍경이 있는 방, 그리고 남녀가 둘이 함께 있는 게 나쁘지는 않지만 묘한 느낌을 주었다.

"내일 9시에 출발할까요?" 하고 물어보았다. 어느덧 시간이 밤 10시를 넘어서고 있었다.

"네, 그렇게 하죠." 하고 엘레나가 대답했다.

"좋은 꿈 꾸시고, 내일 로비에서 봐요."

나는 문을 열고 나오면서 왠지 마음이 묘해짐을 느꼈다. 방으로 돌아와 컴퓨터 앞에 앉았지만 술기운 때문인지 아니면 무엇 때문인지 아무것도 할 수 없었다.

 Tip

마케도니아 오흐리드에 있는 성 요한 카네오 교회에 가보자. 그리고 여행을 떠나기 전 이곳에서 촬영한 영화 '비포 더 레인'을 보자.

Albania

벙커의 나라,
알바니아 티라나

알바니아 공화국은 유럽 동남부 발칸 반도 서북부에 있으며, 수도는 티라나이다. 언어는 알바니아어와 그리스어를 함께 사용하고 있고 종교는 이슬람교, 그리스 정교 그리고 가톨릭이다. 알바니아인 외에 소수 민족으로 그리스인과 마케도니아인이 있다.

티라나

티라라 광장
알바니아의 수도인 티라라의
주 광장

벙커의 나라,
알바니아 티라나
Tirana

여러 가지 수식어가 따라다니는 나라 알바니아. 유럽의 빈국, 발칸의 숨은 진주, 마피아의 나라, 마더 테레사의 나라 혹은 시간이 멈추어진 나라라고 불리운다.

아침에 짐을 챙겨 로비로 나오니 엘레나는 이미 내려와 기다리고 있었다. 나는 엘레나에게 식당에서 커피 한 잔과 간단한 식사를 하고 가자고 하였다.

나는 요구르트가 있어 콘플레이크를 섞어 먹었다. 엘레나는 주스와 빵을 먹고 말이다.

엘레나와 나는 일회용 컵에 담긴 커피를 가지고 차를 탔다.

내가 먼저 입을 뗐다.

"오늘은 알바니아 티라나를 거쳐 몬테네그로의 부드바와 코토르까지 갈 예정입니다. 아마도 거리가 마케도니아 오흐리드에서 알바니아 국경까지는 16킬로미터 정도인데 걸리는 시간은 30분~40분정도, 그리고 알바니아로 넘어가면 휴게소가 거의 없습니다. 수도인 티라나까지는 145킬로미터 정도이고 몬테네그로 부드바까지는 175킬로미터 정도 될 겁니다."

차가 도로를 따라 달렸다. 국경까지는 예상했던 대로 30분 정도가 소요되었다. 알바니아 국경을 지나면서 여권과 국제 운전면허증을 보여 주었다. 국경을 지나고 얼마나 달렸을까, 아마도 티라나까지 중간 정도 왔을까 하는 생각이 들었다.

가는 길에 엘바산Elbasan15을 지났다. 엘레나가 나에게 물어보았다.

"엘바산이라는 도시에 대해서 아세요?"

나는 그녀를 힐끗 쳐다본 다음 대답했다.

"엘바산은 1832년 요새 성벽을 파괴한 오스만 투르크에 대항하여 반란을 주도한 레지스탕스 도시로 유명하죠. 인구는 8만 명이 넘고 마을을 둘러싼 성벽은 4세기에 만들어졌죠. 그리고 세 개의 문과 스물 여섯개의 탑이 있습니다."

그녀가 나를 보더니 웃으면서 말하였다.

"아니 모르시는 게 없어요. 그럼 나머지 부분은 제가 말씀드리죠. 1909년 오스만 투르크 지배 말기에 민족주의자들이 모여 연 엘바산 회의는 알바니아 독립 운동의 역사상 매우 중요한 사건이랍니다."

"그런데, 엘레나 씨는 무슨 일을 하고 계세요?" 하고 내가 불쑥 물었다.

그녀는 나를 한 번 힐끗 쳐다보더니

"글쎄요." 하였다

나는 더 이상 물어보지 않았다.

벙커가 보이기 시작하였다. 유난히 많은 벙커였다. 엘레나와 나는 "와" 하는 탄성과 함께 언덕 위에 있는 벙커를 보고 소리쳤다.

내가 엘레나에게 물어보았다.

"혹시 엔베르 호자라고 아시는지요?"

"알죠, 약 40년 가까이 알바니아를 통치한 독재자입니다. 방금 본 75만 개의 벙커를 만든 장본인이죠. 국민 네 명당 한 개의 벙커라고 합니다. 벙커에 무장한 알바니아인들을 즉시 배치 가능하도록 했답니다. 해안가의 벙커들은 이탈리아를 견제하고 내륙의 것들은 유고슬라비아와 그리스를 마주보고 있지요."

"그럼, 왜 엔베르 호자가 이 벙커를 만들었는지 아세요?"

"글쎄요, 아마 자기의 독재체제를 유지하기 위해서 아니었을까요?"

엘레나는 잠깐 생각하는 듯하였다. 그러더니 말을 계속해 나갔다.

"1956년의 헝가리 봉기와 1968년 체코슬로바키아 사태 당시에 있었던 소련과 바르샤바 조약군의 침공 때문에 불안해지기 시작하면서입니다. 믿을 것은 오로지 스스로밖에 없다고 생각한 것이죠. 보이지 않는 유령과도 같은 적을 막기 위한 것이었던 셈이지요. 독재정권이 물러난 후 이 벙커는 쓰레기장, 가축우리, 유흥 장소로 사용되었고, 한때는 벙커 해체 작업과 관련해서 철근 구조물 해체업도 유행했다고 합니다. 하지만 지금은 변화를 상징하는 프로젝트로 이러한 벙커가 자신들의 자산임을 인정하고 개발하려 한다는군요. 폐쇄되었던 이들에게 또 다른 변화의 시작이 아닐까 생각됩니다."

몇 분이나 시간이 흘렀을까? 티라나를 가리키는 이정표가 보이기 시작하였다.

내가 엘레나에게 말하였다.

"이 도시의 반대편에는 두러스라는 알바니아 제2의 도시가 있습니다. 아마도 이곳에서 35킬로미터 정도 떨어져 있을 겁니다. 이 도시는 알바니아 서부 아드리아 해안에 위치해 있고 알바니아에서 가장 오래된 도시 중 하나입니다. 기원전 4세기에 독립적인 도시가 되었고 기원전 229년에는 로마가 이곳을 차지하였습니다. 시인인 가이우스 발레리우스 카툴루스Gaius Valerius Catullus는 이곳을 '아드리아 해의 술집'이라고도 이야기하였는데 로마제국 분열 후 비잔틴제국의 영토로 들어갑니다. 그리고 이 도시는 1501년에 오스만 투르크의 침략, 그리고 1914년부터 1920년까지 알바니아의 수도, 1916년에는 세르비아의 일시적 점령, 1937년에는 이탈리아가 점령, 제2차 세계대전 당시에는 독일에 점령을 당하였습니다. 고난의 역사라고 해야 되나요?"

"국경에 거의 다 온 것 같네요. 우리 잠깐 이곳에서 커피 한잔하고 가죠?"

"네, 그래요."

커피를 가지고 나왔다. 국경이 위치한 이 도시는 슈코더르Shkoder[16]이다. 나는 엘레나에게 커피를 한 잔 건네주었다.

"이곳은 국경 도시인 슈코더르입니다. 알바니아 북쪽에 있는 도시죠. 알바니아의 오래된 도시 중 하나입니다. 이곳은 알바니아를 지키기 위해 시민들이 무장 군대 조직을 하였던 곳이기도 합니다. 그래서 이곳 사람들은 이 도시를 알바니아 호국과 민주화의 도시라고 이야기한다는군요. 1990년과 1991년에는 공산주의에 대항하여 민주화 운동이 일어났던 곳이기도 합니다."

우리는 다시 차를 타고 국경으로 향하였다.

차는 거의 우리의 목적지에 다다르고 있었다.

내가 먼저 말했다.

"알바니아라는 나라에는 여러 가지 수식어가 항상 따라다닙니다. 유럽 제일의 빈국, 유럽의 소말리아, 발칸의 숨은 진주, 마피아의 나라, 마더 테레사의 나라, 시간이 멈추어진 나라(엔베르 호자의 독재 때문에)라고 불리기도 한답니다."

"그중 가장 제 귀에 들어오는 것은 시간이 멈추어진 나라라는 말이네요. 무엇인가 이야기가 있는 듯한 느낌이 들어요." 하고 엘레나는 웃으면서 나에게 말하였다.

"있죠, 엔베르 호자라는 인물의 독재 때문 아닐까요?"

나는 엘레나에게 이렇게 말하였다.

"이곳 알바니아인들의 조상은 일리리아인이라고 합니다. 기원전 2000년경에 발칸 반도 서쪽에 정착한 사람들입니다."

"발칸 반도 서쪽이라면 베네치아의 반대편이 되나요?"

"그렇죠. 지금으로 말하면 크로아티아, 보스니아 헤르체고비나, 세르비아, 알바니아 등이죠."

"알바니아는 역사적으로 아주 많은 외세의 침략을 받은 나라입니다. 기원전 7세기에는 그리스인들이 들어와 자치 식민지를 건설하였고 기원전 4세기에 부족국가를 이룬 일리리아인들과 평화적으로 무역을 전개합니다. 그러다가 그리스가 알바니아의 남쪽을 점령하였는데 지금까지도 그리스는 이 땅을 자기들 땅이라고 영토권을 주장하고 있답니다."

"모든 나라가 피로 얼룩진 역사를 가지고 있네요." 하고 엘레나가 말했다.

"현재 알바니아 북부의 슈코드라Shkodra를 중심으로 일리리아 왕국은 발전하기 시작합니다. 이러한 일리리아 왕국을 로마가 넘보죠. 그러다가 군함 200척을 앞세워 기원전 288년 침략하여 정복하게 됩니다."

"로마가 이곳을 점령하기 전에 이들은 어떠했나요?"

"로마가 점령하기 전에는 도나우 강 북부까지 그 세력을 떨쳤습니다. 그러다가 기원전 167년 발칸 지역은 로마의 수중에 들어가게 됩니다. 이때 로마가 이곳에 쳐들어오며 내세운 명분이 무엇인지 아세요? 바로 일리리아 해안에 해적들의 본거지가 많기 때문에 로마는 이에 대한 토벌을 구실 삼아 들어와 일리리아 지방을 평정했던 겁니다."

"그러면 로마가 멸망하고 나서는 어떻게 되죠?"

"로마는 5~6세기에 쇠퇴하여 멸망하게 되는데, 고트족, 훈족, 슬라브족의 침략이 잇따릅니다. 또한 11세기에는 비잔틴제국, 그리고 불가리아제국과 노르만이 일리리아 북부 지역에 대한 지배권을 두고 서로 다투게 됩니다. 13세기에 들어서는 프랑스 출신의 앙쥬 가문이 점령하나 오래가지 못하죠. 그 후 세르비아, 베네치아 공화국, 오스만 투르크제국이 이곳을 거쳐 가게 됩니다. 1479년부터 1912년까지 오스만 투르크가 이 지역을 손에 넣게 되죠. 이렇게 외세의 침략으로 유럽에서 가장 낙후된 지역으로 전락하게 된 겁니다. 1879년에는 현재의 코소보에서 독립을 시도하다가 오스만 투르크에 짓밟히기도 했습니다."

어느덧 우리는 티라나의 중심으로 들어왔다. 우리가 묵을 호텔이 있고 이 도시의 중심인 곳이다. 호텔은 이곳에서 가장 높은 빌딩이었다. 인터내셔널 호텔. 호텔 앞 광장의 이름은 스칸데르베그Skanderbeg 광장이라고 한다. 이곳 주위에 시내 투어를 할 곳들이 모여 있다.

내가 엘레나에게 이야기했다.

"이곳 알바니아는 우리나라의 한 도 정도 크기이고 인구도 380만으로 역시 우리나라의 한 도 정도 됩니다. 우리가 도착한 수도 티라나는 인구가 약 40만 명 정도고요. 국민 소득은 6,000달러가 조금 넘는 수준입니다. 종교는 이슬람교가 압도적으로 많습니다. 약 70퍼센트. 알바니아 정교가 20퍼센트 그리고 로마 가톨릭이 10퍼센트 정도입니다."

엘레나가 나의 말을 받아 말하였다.

"티라나는 17세기에 세워진 도시죠. 물론 오스만 투르크와도 관계가 있습니다. 그 당시 오스만 투르크의 장군이었던 바르키자데스 술레이만 파샤에 의해 건설된 터키 기원의 도시인데, 페르시아에서의 오스만 투르크의 승리를 기념하기 위해 만들어졌습니다. 처음에는 테헤란이라는 이름이 붙여지기도 했다는군요. 1920년 이후 수도가 되면서 알바니아의 최대 도시가 되었던 것입니다."

이렇게 이야기하는 동안 우리는 티라나의 중심에 도착하였다. 나는 엘레나와 함께 체크인 한 후 로비에서 만나기로 하였다.

우리는 밖으로 나왔다. 호텔 앞의 광장 건너편에 이곳 알바니아의 국기가 펄럭이고 있었다.

엘레나가 나에게 국기를 가리키며 말했다.

호자가 집권하는 동안 만들어진 750,000개의 벙커는 독재의 전형적인 유물이다.

"국기가 좀 특이하지 않아요? 빨강 바탕에 검은 쌍두 독수리. 독수리 머리가 있는 게 한 나라의 국기라기보다는 유럽의 어느 문장처럼 느껴지지 않나요?"

나는 그런 것 같다고 말하였다.

엘레나는 알바니아 국기에 대해서 더 이야기하여 주었다.

"빨간 알바니아의 국기에 대해서 아세요? 이 국기는 15세기에 이 나라 출신으로 오스만 투르크에 인질로 끌려가 잡혀 있다가 1443년 300명의 알바니아인들을 이끌고 베네치아 공화국, 나폴리 왕국과 동맹을 맺어 오스만 투르크와 싸운 스칸데르베그Skanderbeg의 생가인 카스토리오타 가의 깃발에서 유래했다고 합니다. 그는 오스만 군대를 격파, 알바니아 북부를 통일하였고 1468년 숨질 때까지 25년 동안 독립을 유지하였다고 합니다. 그리고 이 쌍두 독수리의 머리는 알바니아가 동양과 서양 사이에 위치하고 있음을 뜻하며, 또한 자신들이 용맹한 독수리의 자손이라는 의미로 국기에 표시하였다는 말도 있습니다."

광장은 제법 넓었다. 나는 광장에 있는 기마상을 가리키며 엘레나에게 물어봤다.

"저 기마상이 누군지 아세요?"

엘레나는 미소를 짓더니 머리를 끄덕였다.

"저 기마상은 이 광장의 이름과도 연관이 있습니다. 다름 아니라 이 광장의 이름이 바로 저 기마상의 이름과 같습니다."

"메인 광장의 기마상이라, 그러면 저 기마상은 이곳의 역사나 정치와 관련된 인물이겠네요?" 하고 나는 엘레나에게 다시 물었다.

"물론이죠. 저 기마상의 이름은 스칸데르베그라고 합니다. 이전에 저 자리에 독재자 호자의 동상이 있었다더군요. 그 자리에 알바니아의 전쟁 영웅인 스칸데르베그의 기마상이 서게 되었죠. 알바니아의 조각가인 오두스 파스카일Odhus Paskaol이 장군 사후 500주년 기념을 맞이하여 1968년도에 세웠다고 합니다. 높이가 약 11미터라고 합니다."

광장 주변에는 여러 개의 건물들이 있었다. 그중 눈에 띄는 것은 문화궁전과 역사박물관, 그리고 시청 건물이었다.

"이곳 티라나에는 세 개의 건축 양식이 존재한다고 합니다. 첫 번째는 이탈리아 건축 양식인데요. 2차 세계대전 중 수도인 티라나가 1939년부터 1943년까지 이탈리아 파시스트의 지배를 받았기 때문이죠. 이것이 그들이 남겨 놓은 건축 양식인데 저기 보세요. 저건 시청 건물입니다. 파랑, 빨강, 노란색으로 되어있는 저 건물은 전형적인 유럽 스타일의 건물입니다. 그리고 두 번째 건축 양식은 공산주의 치하에서의 건축 양식이죠. 1945년부터 1991년까지의 공산주의 양식 말입니다." 하고 내가 엘레나에게 설명하였다.

나의 이야기를 듣고 있던 엘레나가 말했다.

"국립 오페라극장, 문화궁전을 이야기하시는 거죠?"

문화궁전에는 오페라 하우스라고 적혀 있었다. 문화궁전은 중앙광장의 동쪽에 위치해 있었다. 엘레나가 다시 나에게 말하였다.

"문화궁전은 1958년 소련의 도움으로 짓기 시작했다는 거 아세요? 그 당시 소련의 흐루시초프가 초석을 놓았다고 합니다. 그러다가 1961년에 소련과 갈등이 일어나고 결국 중국의 도움으로 완성하게 되었습니다. 이 건물에는 국립 오페라 하우스, 발레 극장, 국립도서관, 카페, 레스토랑 등이 갖추어져 있다고 합니다. 그리고 저기 있는 거 한번 보세요. 저것은 역사박물관입니다. 알바니아 최대의 박물관이라는군요. 1986년 알바니아 민중의 저항을 담은 대형 모자이크가 있습니다. 안에는 알바니아 역사에 관한 유물들이 있다고 합니다. 1982년 호자의 딸이 설계하였다고 합니다.

그리고 문화궁전 옆에 보면 모스크가 보이죠. 저것은 에템 베이 모스크Ethem Bey Mosque라는 건물인데 1789년에 지어지기 시작했다고 합니다. 알바니아 공산정권 당시에는 폐쇄되었다가 공산정권 몰락 후에는 이슬람교도들이 사용한다고 합니다.

그리고 그 옆의 시계탑은 이곳의 상징이고요. 저곳에서는 티라나의 전망을 볼 수 있답니다."

나는 다시 아까 하던 이야기를 이어했다.

"세 번째 건축 양식은 모던 양식, 자본주의 양식이라고 합니다. 1991년 공산주의가 막을 내리면서 지어진 건물들입니다. 저기 베네토 은행 사인이 보이죠. 그리고 왼편의 11시 방향에 있는 건물이 총리 집무실입니다. 그리고 오른쪽 1시 방향의 건물은 대통령 집무실이고요."

나는 엘레나를 쳐다보았다. 둘의 눈이 마주쳤다. 엘레나는 깜짝 놀라는 듯했다. 나는 그냥 피식하고 웃어 넘겼다. 뭐 좀 물어보고 싶은 게 있었는데 눈이 마주치자 아무 말도 하지 못하였던 것이다. 엘레나와 나는 광장을 한 바퀴 돌고 호텔로 들어왔다. 호텔로 들어온 우리는 저녁 식사를 하고 내일 몬테네그로로 출발하기로 하였다. 매일 하는 방법처럼 아침에 로비에서 만나기로 하였다.

Montenegro

10

검은산 몬테네그로
부드바, 코토르

남동부 유럽 발칸 반도에 위치하며 인구는 70만 명 정도이고 정교, 이슬람교, 가톨릭이 공존하는 나라. 몬테네그로는 로브첸 산을 가리켜 검은 산이라 부르는 이탈리아어 국명이다. 수도는 포드고리차이다.

부드바, 코토르

스베티 스테판

이 섬은 원래 갯벌이었으나 현재는 섬 전체가 호텔인 섬으로 세계 50대 호텔 중 하나이다.

검은 산 몬테네그로
부드바, 코토르

Budva
Kotor

부드바와 코토르의 차이점은 부드바는 그리스 스타일의 도시로 만들어졌으며, 코토르는 로마의 영향을 받은 베네치아 스타일의 도시라는 것이다.

아침 일찍 티라나를 출발, 몬테네그로로 향한 지 얼마나 지났을까. 국경에 거의 다다른 듯하였다. 잠깐 휴게소에 갈까 하다가 국경을 지나 들르기로 하였다.

다른 나라와 달리 이곳은 입출국 절차를 동시에 밟게 되어 있었다.

국경을 지나고 얼마 안 가 나타난 첫 번째 휴게소에서 화장실을 들른 다음 커피를 한 잔 마셨다. 그리고 휴게소를 출발한 지 20분 남짓 지나자 아드리아 해가 보였다. 바다 건너편에는 베네치아가 있을 것이란 생각이 들었다. 부드바까지는 아직도 약 네 시간 정도 더 가야 했다. 그리고 마침내 몬테네그로에 도착했다.

엘레나가 물었다.

"바보 같은 질문일지 모르지만, 이 나라의 수도가 어디인지 아세요?"

"포드고리차, 인구는 15만 명 정도 되죠." 하고 대답하였다.

"왜냐면 이름이 좀 어려워서요, 혹시 이전에 이곳을 여행해보신 적이 있으세요?"

나는 그렇다고 대답하였다.

그녀가 나를 보며 이야기하였다.

"포드고리차는 구 유고슬라비아연방 시절에는 티토그라드라고 불리었대요. 인구는 70만 명 정도이고 화폐는 유로화를 사용하고 있고요. 종교는 정교가 69퍼센트, 이슬람이 19퍼센트, 가톨릭이 4.4퍼센트 정도입니다. 몬테네그로 국민 대다수가 정교도죠. 그러나 무슬림들이 정치, 경제, 사회, 문화 전반에 관여하고 있답니다. 그리고 지리적으로 보면 몬테네그로의 크기는 강원도 크기 정도라고 보시면 됩니다. 이곳에는 다섯 개의 국립공원이 있는데 3분의 1이 국립공원이라는 것이 아주 재미있습니다. 디나르 알프스 산맥을 끼고 있는데 2,000미터에 가까운 봉우리만 마흔 여덟 개라고 합니다. 위치를 보면 발칸 반도의 서남쪽에 자리 잡고 있습니다. 서쪽으로는 크로아티아, 북으로는 보스니아 헤르체고비나, 동으로는 세르비아, 코소보, 남으로는 알바니아가 위치해 있죠. 그리고 200킬로미터의 아드리아 해안선을 가지고 있습니다. 그중 코토르 만은 지중해에서 가장 아름다운 해변들 중의 하나라고 합니다."

나는 핸들을 돌리며 엘레나에게 말하였다.

"영국 시인 바이런은 '땅과 바다의 아름다운 만남' 즉 지중해 바닷가의 비취빛 해변, 장대한 산맥, 그리고 고대도시와 같은 유서 깊은 고도를 가지고 있는 곳이라고 하였습니다. 몬테네그로라는 이름은 이탈리아어로 '검은 산'이라는 뜻인데 디나르 알프스 산맥의 경사면에 그늘진 산지가 많다고 하여 붙여진 이름이라고 합니다."

엘레나는 재미있다는 듯이 나를 보며 이야기하였다.

"몬테네그로 공화국은 세르비아 공화국과 함께 연합 국가였으나 2006년 5월 21일 독립을 묻는 투표에서 분리를 결정, 독립했죠. 구 유고슬라비아연방을 구성했던 여섯 개 공화국 중 하나였다가 1992년 사회주의 유고슬라비아연방이 붕괴한 후 세르비아와 함께 신 유고슬라비아연방을 구성하였지만 1992년 3월부터 1995년 12월까지의 보스니아 내전과 1995년 코소보 전쟁으로 인해 피해를 보게 됩니다."

"그것이 바로 몬테네그로의 독립 문제를 야기한 주요한 원인입니다. 세르비아와 함께 연방에 있다는 이유로 미국과 서구로부터 경제, 정치 등의 제재를 받게 되었으니까요."

엘레나와 나는 이러한 이야기를 주고받으며 부드바로 향하고 있었다.

"부드바와 코토르. 두 도시가 다른 점이 무엇인지 아세요?"하고 엘레나가 물었다.

"글쎄요?"

"부드바와 코토르의 차이점은 부드바는 그리스 스타일의 도시이고, 반면 코토르는 베네치아 스타일이라는 것이죠. 로마의 영향을 받았다는 겁니다. 부드바라는 도시가 만들어지는 데는 사연이 있습니다."

나는 그녀를 쳐다보았다. 시간이 지날수록 그녀를 알 수가 없었다. 발칸 반도를 처음 여행한다는 엘레나는 발칸 반도의 역사에 관한 지식이 풍부하다는 느낌이 들었다. '뭐하는 여자일까?' 하는 궁금증이 들었다. 이런 생각이 잠시 스쳐지나갈 때 그녀는 이야기를 계속하고 있었다.

"부드바는 발칸 반도의 오래된 도시 중의 하나인데, 고대 페니키아의 왕 아게노르의 아들인 카드모스Cadmus에 의해 건설되었답니다. 카드모스는 고대 그리스의 도시국가인 테베에서 추방된 후 소가 끄는 마차를 타고 이곳에 왔다고 합니다. 그리고 이곳에 정착촌을 건설했다는군요. 그 후 도시국가로 성장하였고, 그것은 일리리아인들

15세기에 세워진 부드바 성벽과 아드리아 바다.
중세시대 선박 감시와 부드바를 방어하려고 세워진 성벽이다.

에 의해서 이루어졌다고 합니다. 이곳은 약 2500년의 역사를 가지고 있답니다."

내가 엘레나를 보면서 말하였다.

"대단하네요. 그런 세세한 부분까지 어떻게 아세요?"

그녀는 아무 대답도 하지 않았다. 그리고 계속해서 이야기하였다.

"혹시 '슬라바'라고 들어 보셨어요?"

"슬라바, 몬테네그로의 성인을 기리는 날 정도로만 알고 있어요."

부드바 항구와 구시가지 성벽

시간으로의 여행 크로아티아, 발칸을 걷다

"슬라바는 이야기하신 대로 몬테네그로의 성인을 기리는 날이죠. 니콜라우스 성인을 기리는 날은 12월 19일입니다. 하지만 모든 사람들이 다 성인을 기리는 날은 아닙니다. 각 가정에는 수호성인이 있는데, 그 수호성인을 기리는 날에는 3일 동안 가족들, 친구들과 함께 음식을 먹지요. 전하는 이야기로는 키릴과 메토티우스가 발칸 반도에 왔을 때 세르비아 사람들이 완고해서 자기들만의 수호신이 있다고 했답니다. 하지만 키릴과 메토티우스는 그것을 인정하는 대신 크리스천 이름을 붙여야 된다고 해서 니콜라우스 성인이 생겼고 이게 전통이 되었다고 합니다."

나는 엘레나에게 물어보았다.

"혹시 부드바라는 도시의 이름이 어디서 왔는지 아세요?"

"부드바, 글쎄요? 이 말이 정답이 될 수 있을지 모르지만 부드바 혹은 부트와는 그리스어로 수소ox를 의미합니다. 이 도시를 세운 카드모스는 그리스에서 수소가 모는 우마차를 가지고 신부님을 모셔 왔다는군요. 그래서 이렇게 불리게 되었다고 합니다."

엘레나와 나는 이러한 이야기를 주고받으며 부드바로 가는 해안 도로 위를 달려가고 있었다. 차창 밖으로 펼쳐진 풍경은 아름다웠다. 거의 도착한 듯하였다. 그런데 한 가지 걱정이 있었다. 오늘 내가 예약한 곳은 호스텔이었다. 버스터미널에서 걸어서 15분 정도 가면 구시가지가 나온다. 그곳에 있는 호스텔은 저렴하지만 엘레나에게는 어울리지 않을 것 같았다. 나는 엘레나에게 물어보기로 하였다.

"실은 구시가지에 호스텔을 예약했는데 문제는 8인실이라는 겁니다. 5층짜리 건물인데 2, 3, 4층에 각 8인실만 있어서요.…"

엘레나는 좀 고민스러운 것처럼 보였다. 그러더니 나에게 말하였다.

"그럼 그곳에서 묵으시고 저는 근처 호텔을 알아볼게요. 그리고 만나면 되지요."

답은 간단하였지만 마음은 그렇지 않았다. 나도 좀 고민스러웠다. 그래서 엘레나에게 말하였다.

"우선 호스텔은 생각 없는 것으로 알고 호텔을 먼저 알아보죠."

엘레나는 좀 미안하다는 생각이 들었는지 고개를 끄덕였다. 우리는 구시가지와 가까운 곳에 차를 주차하고 구시가지 안으로 들어갔다. 도착해서 시간을 보니 점심시간이 다 되었다.

구시가지는 다른 도시의 구시가지보다 규모면에서는 작은 느낌이었지만 아기자기한 모습이었다. 안으로 들어가자 호텔이 보였다. 중세 마을의 좁은 골목 안에 있는 호텔이었다. 방은 없었다. 관광객 수에 비해 호텔이 많아 보이지는 않았다. 특히 구시가지 안에서는 말이다.

방을 찾아다녔지만 모두 만실이어서 다른 곳으로 가보곤 하였다. 그러다가 좁은 골목 사이에 있는 호텔을 발견하였다. 방을 찾았다. 그러는 사이 나는 좀 고민스러웠다. 원래 예약한 곳에서 쉬고 다음 날 다시 만나 투어를 할 건지 아니면 호텔을 예약 할 건지 고민이었다. 나는 호텔에 방 두 개를 예약하였다. 호텔에서 방을 달라하니 남녀 둘이 와서 그런지 나에게 더블이냐 트윈이냐를 물어보았다. 내가

"투 싱글"하고 말하였더니 호텔 직원은 나와 엘레나를 번갈아 쳐 다보았다. 그러고 나서 "투 싱글?" 하며 다시 또 물었다.

엘레나는 나를 쳐다보았다. 그리고는 아무 말도 하지 않았다. 나도 더 이상의 이야기를 하지 않았다. 체크인을 하고 난 후 우리는 구시가지로 나왔다. 부드바의 구시가지는 그리 크지 않았지만 좁은 골목, 관광객 그리고 중세적인 느낌의 도시였다.

우리는 골목길을 걷고 있었다. 골목의 중간쯤 어린아이들이 보였다. 남자아이 둘, 여자아이 하나, 그들은 좌판을 깔고 조개껍질을 팔고 있었다. 초등학생쯤 되어 보였다.

많은 외국인들의 목소리가 들렸다. 러시아어였다. 러시아 사람들이 이곳에 많은 투자를 하였다고 한다. 그래서인지 러시아 사람들이 매년 많이 온다고 한다. 이러한 풍경을 보며 골목길을 걷고 있을 때 엘레나가 먼저 입을 열었다.

"이곳 구시가지는 보우토리아라는 이름을 가진 그리스 선원에 의해서 발견되었다고 합니다. 그리고 이곳의 건물들은 베네치아 양식[17]인데 주택의 문, 발코니, 창문, 벽 등을 보면 알 수 있죠. 7세기, 9세기, 19세기에 건축된 건물들이라고 합니다."

우리가 제일 먼저 도착한 곳은 성 사바 교회였다.

내가 엘레나에게 말하였다.

"이 교회가 성 사바 교회라는 것은 아실 겁니다. '사바'라는 것은 세르비아의 아주 흔한 이름이죠. 여기서의 사바는 세르비아 정교회의 성인인 사바가 아닙니다. 이 교회를 지은 사람이죠. 후에 성인이 되었습니다. 이 성인은 가톨릭과 정교회로부터 함께 존경받는 분이라는군요. 사바 성인은 세르비아의 왕자였는데 12세기에 그리스 교회에 자치권을 요구했다고 합니다. 그밖에도 세르비아 정교회와 국민들을 위해 좋은 일을 많이 해서 성인 반열에 오르게 되었습니다. 그리고 문 앞의 이 조각은 믿음, 소망, 사랑을 상징합니다."

우리는 안으로 들어갔다. 그리고 천천히 교회 안을 둘러보았다. 안은 벽과 반원형 아치로 되어 있었다. 벽과 반원형 아치에는 프레스코화가 그려져 있었다. 프레스코화는 12세기경 그려진 것으로 추정된다고 한다.

내가 엘레나에게 설명했다.

"프레스코화의 얼굴을 한번 잘 보세요, 긴 얼굴에 긴 코, 큰 귀, 그리고 작은 입이 보이죠? 긴 코는 현명함을 나타낸다고 합니다. 그리고 큰 귀는 경청을, 그리고 작은 입은 말을 적게 하는 것을 상징한다고 합니다."

안에는 양초들이 놓여 있었다.

"저 양초의 의미를 아세요?" 하고 엘레나가 물었다.

"위쪽에 놓여있는 양초는 산 사람을 위한 것, 그리고 아래쪽의 양초는 죽은 영혼을 위한 것이라고 합니다. 그리고 이 교회는 베네치아와 오스트리아 점령기에 귀중품 및 성화, 석상 등이 다 사라졌다고 합니다."

우리는 교회 밖으로 나왔다. 그리고 다음으로 간 곳은 성 요한 성당이었다.

엘레나가 나에게 이야기하였다.

"재미있는 것은 몬테네그로에 있는 유적지나 교회가 7세기에서 8세기에 세워진 것이 많다는 거예요. 그리고 성 요한 성당은 19세기까지 주교 관구였으며 건립 시기는 불확실하답니다. 북쪽 종탑은 1867년에 완성되었습니다. 그리고 남쪽으로는 신 고딕 양식으로 지어진 건물이 있는데 주교의 거처로 사용했던 건물입니다. 지금은 방대한 기록보관소와 도서관으로 쓰이고 있답니다. 그리고 푼타의 성모 마리아 성상이 있으며 부드바 연대기[18]가 특히 유명합니다."

우리는 성당 안을 둘러보았다.

"오늘은 코토르까지 보고 오기로 하죠. 그리고 내일 두브로브니크로 가면 어떨까요?" 하고 나는 성당을 나오면서 엘레나에게 물어보았다.

우리는 요새를 한 바퀴 돌아 나와 차가 있는 곳으로 걸어갔다. 이곳 부드바에서 코토르까지는 30분 거리이다. 호텔을 코토르에 잡는 것이 동선 상 더 좋았을 것 같다는 생각이 들었다. 코토르로 가는 길에 야즈 해변이 보였다. 이 해변 뒤편에서는 여름철에 콘서트가 열린다고 한다. 롤링 스톤스와 마돈나가 콘서트를 열었던 곳이라고 하였다. 우리는 조금 더 가 터널을 지났다. 그리고 유럽 최남단의 피오르[19]를 만났다.

"이곳 코토르도 부드바처럼 성벽으로 둘러싸여 있습니다. 크루즈도 많이 들어옵니다. 보통 이곳에 하루 정박하고 두브로브니크로 간다고 합니다. 그리고 이곳 코토르는 1979년에 유네스코에서 문화

슈코르다 강과 로브첸 산

1,750m의 로브첸 산과 성벽

도시로 지정한 곳입니다." 하고 나는 차창 밖을 보고 있는 엘레나에게 말하였다.

엘레나는 나를 보더니 씩하고 웃었다. 며칠 동안 함께 여행하면서도 이렇게 웃는 모습은 처음 보았다. 차를 주차하고 내려 걸으면서 엘레나는 나에게 "코토르는 두 개의 작은 강 사이에 있습니다. 삼각형 모양이죠. 슈코르다 강과 고르디치 강 사이에 있는데 시실 하천 정도 되지만 이곳 사람들은 이것을 강이라 부른다는군요." 하고 이야기하였다.

"혹시 아시나요? 코토르가 만들어진 전설 같은 이야기를 말입니다."

나는 고개를 저었다.

"한 왕이 산 위에 마을을 건설하고자 하였답니다. 하지만 너무 가팔라서 마을을 건설할 수가 없었다고 합니다. 그때 그곳에 살던 요정이 제안을 하나 합니다. 아래쪽 삼각형 모양의 땅에 마을을 만들면 도와주겠다고 말입니다. 그래서 그 도움을 받아 마을을 만들게 되죠. 하지만 왕은 도움만 받고 이 요정을 잊어버린 채 축제를 하게 됩니다. 요정은 화가 나서 두 개의 강을 막고 사람들을 잠들게 만듭니다. 왕은 요정에게 잘못했다고 용서를 빌고 막아 놓은 두 개의 강 중 하나를 풀어 사람들에게 물을 마실 수 있게 했다는 이야기가 있는 도시가 바로 코토르입니다."

엘레나와 내가 걸어서 도착한 곳은 서문 입구였다. 나는 서문을 바라보면서 엘레나에게 말하였다.

"아주 오래전에 바닷물이 이곳까지 들어와서 옛날에는 항구가 있었답니다. 문 아래를 한번 보세요. 베네치아 풍의 로즈 스톤을 사용했고 위쪽을 보면 구 유고슬라비아의 문장을 볼 수 있는데요. 의미는 '남의 것을 원하지 않지만 우리의 것도 주지 않겠다.'라는 것이랍니다. 문구만 보더라도 역사적 의미가 있다는 것을 알 수 있죠. 그리고 오른쪽을 보면 사자상이 있죠. 이것은 옛 베네치아의 상징입니다. 베네치아는 400년 동안 이곳을 지배했습니다. 그 후 프랑스가 지배하였고 오스트리아를 거쳐 몬테네그로의 영토가 되었습니다. 하지만 사실 코토르는 11세기 그리스인에 의해 건설된 도시입니다. 그리고 이후에 베네치아가 지배하게 되었던 겁니다."

엘레나는 나에게 "코토르라는 이 도시가 유럽 역사에서 어떠한 역할을 했는지 아세요? 코토르는 유럽의 입장에서 보면 오스만 투르크에 대한 저지선 역할을 하게 됩니다. 로브첸이라는 코토르의 돌산에 성벽을 쌓았죠. 이 성벽의 길이는 4.5킬로미터 정도로 이것이 방어선 역할을 했던 겁니다. 17세기, 그러니까 정확히 이야기하자면 1657년 오스만 투르크가 이곳으로 진격하는데 아드리아 해로 올라가려 하였던 것이죠. 하지만 철옹성 같은 이 성벽에 막혀 올라가지 못합니다. 만약 코토르가 오스만의 공격을 막아내지 못하였다면 크로아티아나 두브로브니크가 오스만 투르크의 지배를 받았을 것입니다."라고 설명했다.

나는 고개를 끄덕이면서 엘레나에게 물어보았다.

"그럼 이 성벽은 언제 만들어진 건가요?"

코토르의 서문

코토르의 풍경

"이 성벽은 6세기 비잔틴 시대부터 건설하기 시작해서 베네치아의 지배 기간까지 만들어졌습니다. 약 20미터의 높이로 쌓았죠. 그리고 성벽마다 계단이 약 1,300개나 됩니다."

우리는 안으로 들어갔다.

좁은 골목을 엘레나와 나는 천천히 걸었다. 골목 안의 풍경은 아기자기한 느낌이었다.

"2000년 동안 코토르를 지배한 사람들은 20개의 민족이라고 이야기합니다. 그중 대표적인 민족이나 나라를 꼽자면 일리리아인, 로마, 비잔틴제국, 베네치아입니다. 이러한 것은 이들의 음식문화와 외모에서도 나타나게 된답니다. 그래서 이들을 슬라브족이라기보다 라틴족에 가깝다고 하기도 하죠. 1918년 합스부르크의 지배가 끝난 후 유고슬라비아 왕국에 귀속하기도 했습니다."

코토르의 구시가지 골목에는 많은 관광객들이 오가고 있었다.

"그리고 음식을 보더라도 다양성이 나타납니다. 터키, 이탈리아, 그리스의 맛이 서로 혼재되어 있다고 합니다. 이들이 즐겨먹는 음식은 부렉, 쇠고기 스테이크인 쁘레스카비차, 그리고 양파와 고추로 양념되어 있는 소고기라든가 돼지고기를 쇠꼬챙이에 끼워 구워 먹는 라즈니치 등이라고 합니다."

우리는 안으로 천천히 걷고 있었다. 엘레나에게 물었다.

"오른쪽에 있는 동상 보이시죠? 저게 누군지 아세요?"

"저건 성모 마리아와 성 도미니크 아닌가요? 코토르의 수호성인이죠. 손에 들고 있는 것은 코토르죠."

궁금증은 커져갔지만 더 이상 물어보지 않았다. '어떻게 이렇게 잘 알 수 있을까?' 하는 생각이 들었다.

이번에는 내가 말했다.

"여기가 메인 광장입니다. 무기의 광장이라고도 불리죠. 오른쪽 코너를 한번 보세요. 빨간 지붕의 건물은 병기고입니다. 중요한 사건들이 이곳에서 많이 일어났다고 합니다. 그리고 바로 앞에 있는 건물이 궁전인데요. 15세기부터 18세기까지 베네치아가 이곳을 지배하던 시절에 관리들이 사용하였던 건물입니다."

엘레나는 나를 보고 빙그레 웃었다. 그리고 말했다.

"이 카페에서 커피 한 잔하시죠? 그냥 너무 바쁘게만 다니는 느낌이라서."

나는 그러자고 하였다. 우리는 시티 가드 타워City Guard Tower가 정면으로 보이는 곳에 자리를 잡았다. 나는 더블 에스프레소와 우유를 조금만 데워 달라고 하였고, 엘레나는 아메리카노를 좀 진하게 해서 달라고 하였다.

주문한 커피가 나오고 나는 따뜻하게 데워진 우유를 커피에 적당히 부었다. 커피를 한 모금 마시던 그녀가 나를 보더니 말하였다.

"카페 꼬르따도cortado를 좋아하세요?"

"네."

"스페인에 살지 않으면 우리가 알고 있는 카페 라테로 마시는 것이 일반적인 거 같던데."

하고 엘레나가 말했다.

"차이가 있지요. 꼬르따도와 라테는요."

"이곳에 1979년에 심한 지진이 있었던 거 아세요? 바로 앞에 보이는 시티 타워는 그때 붕괴되었다가 다시 지은 겁니다. 그리고 17세기에 지어진 저 시계탑 또한 그 지진에 손상되었습니다. 바닥을 보면 새로운 석재를 사용하여 복구한 것입니다. 시계탑에 있는 날개 달린 사자상은 베네치아 상징의 부조물입니다."

나는 엘레나에게 광장에 있는 삼각대 모양의 것을 가리켰다. 그리고 그녀에게 삼각형 모양의 것을 보라고 말했다. 그것은 아래에 사각형의 받침대가 있고 그 위에 삼각형 모양의 것이 있었는데 조그만 오벨리스크처럼 느껴졌다.

"저게 무엇인지 아시나요?" 하고 엘레나에게 물었다.

그녀는 미소를 지으며 대답했다.

"수치의 기둥. 죄를 지은 사람을 감옥에 보내는 것도 부족하다고 생각할 때 저곳에 묶어두고 모욕을 주는 곳이라고 들었어요."

"네, 맞아요. 그리고 저 건물은 19세기에 12년간 나폴레옹 극장이라 불렸습니다. 발칸 최초의 극장이죠. 그때가 1806년이었고 지금은 호텔과 카지노로 사용하고 있습니다."

나는 시간이 갈수록 엘레나라는 여자가 점점 더 궁금해졌다.

얼마나 시간이 지났는지 몰랐다. 지나가는 사람을 보며 엘레나와 나는 아무런 말도 하지 않고 커피만 마셨다. 누가 보면 싸워서 말이 없는 연인이라고도 할 수 있을 것 같았다. 내가 그녀에게 먼저 말을 건넸다.

"코토르의 대부분의 건물은 귀족들의 소유였습니다. 주로 베네치아인들이었죠. 그들이 이곳에서 물러나면서 남기고 간 것입니다."

그녀는 갑작스러운 말에 나를 쳐다보았다. 나는 엘레나에게 이제 일어나 다른 곳으로 가자고 하였다. 그녀도 그러자고 하였다. 커피숍을 나와 간 곳은 한 노란색 건물이었다.

"이 건물은 호텔 바르다르 Vardar 입니다. 마케도니아의 강 이름을 딴 것이죠. 그 강은 스코페로 흐른답니다."

"여기를 한번 보세요."

엘레나는 나를 쳐다보았다. 나는 손짓으로 한 부분을 가리켰다.

"여기 문의 부조를 보세요, 이 건물은 베스쿠차라는 궁전입니다. 그 말의 의미는 이곳 언어로 '집 없는'이란 뜻을 가지고 있답니다. 또 그것은 이 건물을 지은 가문의 이름이기도 합니다. 이 건물의 주인은 자기 이름에 대한 자부심을 가지고 있었지만 이 건물을 그렇게 부르는 것은 아주 싫어했습니다. 그래서 스토쿠차라 불렀다고 합니다."

나는 걸으면서 엘레나에게 계속 이야기하였다.

"이곳 코토르의 광장은 나름 목적을 가지고 있었습니다. 지금 우리가 가는 광장은 이전에 밀가루 시장으로 사용되었던 곳이죠. 그래서 밀가루 광장이라 이야기하는데, 이곳에는 피마 궁전이 있습니다."

피마 궁전의 창은 각기 다른 색이었다. 그래서 더 운치가 있는 것처럼 느껴지기도 하였다.

"이것은 이곳에 남아있는 아름다운 궁전 중 하나입니다. 피마 궁전이라고 하는데 17세기에 건축하였고 베네치아의 피마 가문의 소유였습니다. 이곳은 사람들이 일주일에 한 번 밀가루를 가져오는 곳이었는데 이곳 코토르에는 이밖에도 나무광장, 우유광장, 소금광장이라 불리는 광장들이 있다고 합니다. 그리고 뒤에 정육점 건물이 있는데 이것은 이곳에서 가장 오래된 건물 중 하나라는군요. 12세기에 지어진 건물입니다. 그런데 중요한 건 문인데 문에 그려져 있는 문장에는 오리가 있습니다. 이곳 건물들의 문을 보면 어떤 것은 건물의 주 입구부분이 있고 또 어떤 것은 없습니다. 오스트리아가 점령했을 때 게르만처럼 건물도 깔끔한 걸 원하면서 파사드 즉 건물의 입구를 만들지 않았답니다. 그런데 그들이 몰랐던 것이 하나 있죠. 이곳이 습도가 높다는 것을 알지 못하였던 것입니다."

우리는 성 트리폰 성당으로 갔다. 성당은 양쪽에 큰 두 개의 종탑이 있다. 왼쪽 종탑에는 809, 그리고 오른쪽 종탑에는 2009라는 숫자가 쓰여 있었다.

나는 엘레나에게 물어보았다.

"혹시 이 성당에 대해 좀 아시나요?"

"네, 조금은요. 이 성당은 순교자 성 트리폰을 기념하기 위해 만든 것입니다. 809년에 완성되었고 1166년에 이스탄불에서 성 트리폰 유해를 가져와 안치하였지요. 이것은 가톨릭과 정교회의 아주 중요한 유물입니다.

여기에 얽힌 이야기가 있습니다. 이 유해는 중동에서 베네치아의

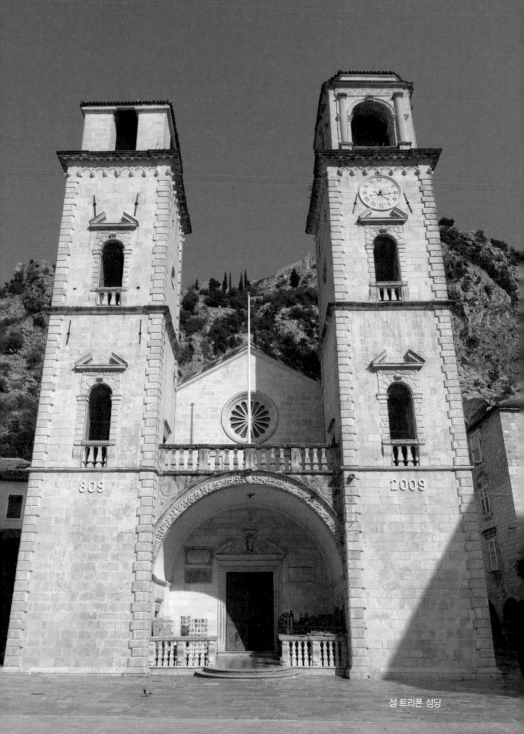

성 트리폰 성당

상인이 사들였는데 그들은 유해를 베네치아로 가져가려고 했습니다. 그들은 이곳 코토르에서 하루 머물고 다음 날 떠날 생각이었죠. 하지만 다음 날 폭풍이 몰아쳐 되돌아오게 되었습니다. 그다음 날은 더 큰 폭풍우가 몰아치고 세 번째 되는 날은 배가 거의 파손되었다고 합니다.

그때 베네치아 상인들은 이렇게 생각했죠. '이 유해가 이곳에 머무르기를 바라는구나! 그럼 이곳에 있어야겠네.' 하고 말입니다. 이런 연유로 인해 유해가 이곳에 남게 되었다고 해요.

그 후 화재로 로마네스크 양식으로 재건축되었습니다. 그리고 1667년과 1979년에 대지진으로 손상되었고, 그 후 보수작업으로 지금의 종탑이 완성되었는데 바로크와 고딕 양식으로 지어졌지요. 저기 두 종탑에 각각 쓰여 있는 809와 2009라는 숫자는 이 성당이 처음 건립된 해와 마지막으로 보수 재건된 연도를 나타내는 것이고요. 그리고 이 성당은 유럽에서 가장 오래된 성당이기도 합니다."

나는 엘레나에게 물어보고 싶은 것이 많았다. 하지만 아무 말도 하지 않았다. 아마추어치고는 발칸 역사에 관하여 너무나도 자세히 그리고 많이 알고 있는 것 같았다.

엘레나가 나에게 말하였다.

"저기 종탑을 보세요. 날개 달린 사자상, 저게 무엇인지 아세요?"

"저것은 베네치아의 상징이죠. 베네치아는 발칸 반도의 역사에 아주 많은 영향을 끼쳤지요. 오스만 투르크 만큼이나 말입니다. 우리가 크로아티아의 달마티아 지방을 가게 되면 베네치아의 영향이 이 지역에서 얼마나 큰지 알 수 있을 겁니다. 그리고 우리가 지나왔던 나라들이나 보스니아 헤르체고비나를 가보면 오스만 투르크의 문화가 이곳에 얼마나 많은 영향을 주었는지도 알게 되겠죠."

"그리고 이 건물은 공문서 보관 건물입니다. 원래 여기에도 재미난 이야기가 있습니다. 이 건물은 교회 소속 건물인데 임차를 한 사람이 어떻게 임차료를 내야 할지 물었다고 합니다. 그러자 교회 측에서는 임차료를 낼 필요가 없다고 말했답니다. 하지만 일 년에 한 번 4킬로그램의 막시판[20]을 달라고 하였답니다."

엘레나가 말하였다.

"모든 유적에 이렇게 스토리텔링이 있었으면 좋겠어요. 그러면 듣는 사람도 책을 읽는 사람도 쉽고 가깝게 접근할 수 있을 테니까요."

"뒤편 왼쪽에 보이는 게 무엇인지 아시죠. 성인 유물 보관소입니다. 그리고 교구가 있고, 바로 이 건물이 그레고리 궁입니다. 이 궁은 15세기~17세기의 것인데 아름다운 고딕 창문을 가지고 있습니다. 2차 세계대전 후에는 유치원으로 사용되었던 적도 있답니다. 여담이지만 이 나라는 공산주의 시절 다른 사회주의 국가들과는 많이 달랐답니다. 폴란드, 헝가리, 중국, 북한 등과 말입니다. 공산주의였지만 강한 사회주의에 가까웠고 어디든 여행 허가 없이 다닐 수 있었다고 합니다."

우리는 박물관 광장이라 불리는 곳을 거쳐 그레카 광장으로 갔다.

내가 엘레나에게 설명하기 시작하였다.

"이곳은 광장의 이름들이 재미나죠. 밀가루 광장, 박물관 광장, 그리스 광장, 무기 광장 등…. 17세기에 슬로베니아의 무역상이었던 사르고리나 가문이 이곳에 와서 제일 큰 저택을 지었습니다. 그리고 19세기에는 마지막 후손이 그 저택을 코토르에 기증하였답니다. 그 후로 박물관으로 사용하고 있고 그 앞의 광장은 박물관 광장이라고 불린 겁니다. 그리고 그레카 광장은 그리스 광장이라는 의미인데 그 앞에 두 개의 교회가 있죠. 하나는 성 루카에 봉헌된 것이고 다른 하나는 성 니콜라우스에 봉헌된 것입니다."

루카 성당은 작았고 니콜라우스 성당은 컸다. 그래서인지 대비되

무기 광장. 코토르의 메인광장으로 시계탑은 감시탑의 역할을 하였다. 17세기에 세워졌다.

어 보였다.

"성 루카 성당은 11세기에 지어진 것입니다. 성 루카는 모든 예술가들의 성인이죠. 이 성당은 원래 18세기까지 가톨릭 성당이었습니다. 오스만 투르크와 베네치아의 전쟁 때 정교도들이 이곳에 왔는데 기도할 곳이 필요했다고 합니다. 그래서 가톨릭 측에서 장소를 내준 것이지요. 백 년 후에는 같이 공존하게 되었고요. 그리고 좀 큰 성 니콜라우스 교회는 20세기에 지어진 교회입니다. 니콜라우스 성인은 이곳에서 어린이, 뱃사람 그리고 여행자들의 성인입니다."

엘레나와 나는 슈코다르라 불리는 코토르의 큰 하천이 있는 북문으로 갔다. 이 하천은 겨울철에만 물이 많다고 한다. 초록빛의 물과 거대한 바위산이 이 하천을 보다 인상 깊게 만드는 것 같았다. 원래 이 북문은 이전에는 없었다고 한다.

"여기 성벽에 관한 이야기를 해보죠."라고 엘레나에게 말했다.

"17세기에 오스만 투르크의 해적들이 이곳을 공격했다고 합니다. 성벽 안으로 쳐들어오려고 열흘 동안이나 시도를 했지만 성공하지 못했다는군요. 거의 모든 지중해 연안을 정복하였지만 이곳 코토르를 정복하는 데는 실패하였던 것입니다."

나는 엘레나에게 손짓하며 가리켰다. "저기 지그재그로 된 길 보이시죠? 저 길이 옛날에 유일하게 몬테네그로와 지중해를 연결하던 길입니다. 19세기 말에 오스트리아 사람들이 몬테네그로까지 다른 큰길을 내었는데 지금까지도 이용하고 있습니다. 서른 두 개의 굽이가 있답니다."

엘레나가 나에게 이리 와보라고 하였다.

우리는 성벽 지도를 보았다. 지도에는 세 가지 색으로 길이 표시되어 있었다.

"이 지도에는 길이 파란색과 노란색 그리고 빨간색으로 표시되어 있는데 이 색들이 무엇을 뜻하는지 아세요?"

"글쎄요?" 하고 나는 그녀를 쳐다보았다.

"파란색으로 표시된 길은 쉬운 길을 나타내고 노란색으로 표시된

오흐리드 호수의 밤 풍경

길은 좀 더 가파른 길, 그리고 빨간색은 가장 힘든 길입니다."

엘레나와 나는 그곳을 빠져나왔다. 그리고 우리가 마주한 곳은 14세기 중반, 1362년에 세워진 약국이었다. 약국에서는 키릴문자와 라틴문자를 함께 볼 수 있었다.

마지막으로 간 곳은 나무 광장이었다. 나무 광장은 나무를 팔았기 때문에 생긴 이름이었다. 다시 마을로 돌아가 시계탑이 있는 코토르의 메인 광장으로 되돌아왔다. 우리는 성곽을 나왔다. 호텔이 있는 부드바로 가기 위함이었다. 왔던 시간만큼 다시 되돌아가야 했다. 내일 우리는 크로아티아로 출발하기로 하였다.

 Tip

전 세계 어느 정교회든 안에 들어갈 때 어떤 성인의 교회인지 알고 싶을 때에는 문 바로 가까이에 있는 이콘을 확인하면 그분의 이름을 알 수 있다. 이콘을 걸어 놓는 곳을 이코노스타스라고 부른다.

Croatia

11

문명과 자연이 만나는 곳,
크로아티아

스르지 산에서 내려다본 두 브로브니크의 구시가지는 브리치 섬과 마르코 폴로가 태어난 코르출라 섬에서 나온 돌로 만들어졌다. 반도 모양을 하고 있고 초기 정착민은 일리리아인에 의해 만들어졌다. 두브로브니크는 아드리아 해의 중심 도시로 한때는 베네치아와 어깨를 견주었었는데, 영국 시인 바이런은 이곳을 "아드리아 해의 진주"라 불렀다.

자그레브

플리트비체

트로키르   스플리트

두브로브니크

스르지 산에서 내려다본 성곽으로
둘러싸인 두브로브니크 구시가지

두브로브니크
Dubrovnik

이곳은 12세기 운하를 메우면서 많은 변화를 겪게 된다. 그 이전에는 라구사의 반도 지역과 두부르바의 새로운 정착지 이 두 곳이 운하를 사이에 두고 나란히 공존했다. 하지만 베네치아의 침략이 있은 후 운하를 사이에 두고 떨어져 있는 것이 위험하다고 느끼자 운하를 메웠고 12세기 이후 현재와 같은 성벽 안의 모습이 갖춰지게 되었다.

발칸의 여러 나라를 여행해도 크로아티아만큼 매력적인 나라는 없을 것이다. 그래서인지 이날 아침엔 다른 날보다 엘레나와 내가 좀 더 들떠 있는 듯하였다. 부드바에서 8시에 출발하였다. 코토르를 지나 레페탄Lepetane항에 도착하니 8시 50분이었다. 이곳에서 우리는 페리를 타고 건너편 항인 카네나리Kanenari로 가기로 하였다. 만일 이 항구에서 페리를 타지 않고 차를 타고 돌아간다면 한 시간 정도 더 소요될 것이다. 하지만 이곳에서 페리를 타고 건너가면 10분 미만의 시간이 걸린다.

카네나리 항구에 도착해 다시 차를 몰아 국경까지 가는 데는 10분 정도 소요되었다. 몬테네그로와 크로아티아 국경을 지나 크로아티아의 두브로브니크로 향하였다.

엘레나는 나에게 "흐르바트스카Hrvatska"라고 말하였다.

나는 그녀에게 "크로아티아 공화국"이라고 말하였다. 그러자 그녀가 웃으면서 말했다.

"흐르바트스카, 이것이 정식명칭인데 어떻게 해서 이런 이름이 생겨난 것인 줄 아세요?"

"글쎄요"하고 나는 짧게 대답하였다. 사실 모르고 있기 때문이었다.

그녀는 계속해서 이야기하였다.

"이란에서 들어온 흐르비트Hrvat족이 슬리브족인 크로이트Croat족을 지배하였을 때 쓴 지명이라고 합니다."

나는 고개를 끄덕거리며 엘레나에게 말하였다.

"크로아티아의 개요를 이야기해 볼게요. 현재 지리적으로 크로아티아의 위치를 보면 알프스와 지중해 사이에 놓여 있으며 판노니아 평원[21]이 교차하는 곳에 자리 잡고 있습니다. 주변으로는 슬로베니아, 헝가리, 보스니아 등과 국경을 맞대고 있지요. 크기는 한반도의 4분의1밖에 되지 않죠. 인구는 500만 명이 좀 안되고, 수도인 자그레브도 100만 명이 채 안됩니다. 구성 민족을 보면 크로아티아인이 약 78퍼센트 정도 되고, 그 다음으로 많은 민족인 세르비아인은 12퍼센트 정도 됩니다. 유대인, 이슬람, 헝가리, 슬로베니아 그리고 이탈리아인등이 약 10퍼센트 정도입니다. 종교는 단연 가톨릭이 강합니다. 가톨릭이 78퍼센트, 세르비아 정교가 11퍼센트 정도 된다고 합니다."

"옛날 유고슬라비아연방 구성국이었던 크로아티아와 세르비아는 남 슬라브 민족입니다. 그중 크로아티아는 서유럽 문화의 영향을 많이 받았고요. 합스부르크 왕가의 지배를 받아서 가톨릭이 강합니다.

그리고 세르비아는 비잔틴 문화권의 영향을 받아서 동방 정교를 믿게 되었습니다. 역사적으로 이러한 종교적인 차이가 크로아티아와 세르비아 사이 분쟁의 원인이기도 합니다. 유럽의 종교 역사는 종교 개혁이 일어나기 전까지 로마를 중심으로 한 가톨릭과 콘스탄티노플을 중심으로 한 동방교회로 이루어집니다. 하지만 이러한 하나의 기독교 문명은 1054년에 완전히 분리되지요."

나는 이야기가 끝나자 왜 그런지 알 수 없지만 엘레나에 관한 생각을 하였다. '어떠한 여자인가?'

엘레나는 지적인 매력을 가진 여자였다. 생각보다 해박한 역사 지식을 가지고 있었다. 이러한 것이 그녀에 대한 궁금증을 더 유발하는 것 같았다.

그리고 그녀는 항상 옷을 갖추어 입었다. 격식을, 그리고 멋을 아는 느낌이 들었다. 여행 중 좋은 옷을 입고 정장을 입는다는 의미는 아니다. 하지만 그녀만이 보여 줄 수 있는 차림이었다.

그때 엘레나가 나에게 말하였다.

"크로아티아의 역사에 관해 간단히 이야기해 보죠. 혹시 크로아티아 사람들이 이곳에 언제부터 정착하였는지 아세요?"

"정착이요? 글쎄요." 하고 나는 머뭇거렸다. 그러자 그녀는 나를 보고 웃더니 말을 이어 나갔다.

"크로아티아인은 이곳에 와서 두 공국을 세웁니다. 7세기 초의 일이죠. 그 후 200년 정도 주권을 지키지만 1102년 헝가리 왕국과 연합을 맺으며 1526년에는 크로아티아 의회가 합스부르크 왕가의 페르디난트 1세를 국왕으로 선출합니다. 그러다가 1918년에 이 나라는 오스트리아–헝가리 이중 왕국으로부터 독립을 하죠. 그 후 유고슬라비아 왕국의 일부가 되고 제2차 세계대전 이후에는 유고슬라비아 사회주의 연방공화국에 편입됩니다. 그리고 이후 독립합니다. 크로아티아가 구 유고슬라비아 연방에서 독립한 날이 1991년 6월 25일인 거 아시죠? 달과 날이 우리 6.25가 일어난 날과 같아서 기억하기가 쉽죠. 그리고 그 이듬해인 1992년 5월에 UN에 가입했습니다. 정치 형태는 대통령 직선제하의 의원 내각제입니다. 화폐는 쿠나KUNA를 사용합니다."

엘레나를 바라보았다. 누군가를 보고 생각하는 것은 오래간만인 듯하였다. 항상 세상 여기저기 돌아다니는 직업인지라 무엇인가 세상을 많이 볼 수 있는 장점은 있었지만 시간이 화살처럼 빨리 지나간다는 것, 그리고 누구를 바라보고 생각하는 것은 어렵다는 단점이 있었다.

나는 엘레나에게 말하였다.

"크로아티아가 가입한 기구가 무엇들인지 아세요?"

"국제연합, 유럽평의회, 세계무역기구, 중부 유럽 자유무역협정, 북대서양 조약기구, 지중해 연합의 창립 회원국, 그리고 2013년 6월 1일 스물 여덟 번째 EU 가입국이 됩니다. 1991년 이전에는 티토Tito22가 통치하던 유고슬라비아 연방의 나라였습니다. 하지만 현재의 독립한 크로아티아가 되기 위해서는 아픔을 겪었던 나라입니다. 신 유고슬라비아 연방이었던 현재의 세르비아와의 전쟁이 있었습니다."

이렇게 이야기하는 동안 엘레나와 나는 석회암산과 푸른빛 아드리아 바다를 바라보면서 두브로브니크에 가까워지고 있었다. 영국 시인 바이런은 이곳을 보고 '아드리아 해의 진주'라 불렀다. 차를 타고 내려가는 길은 무척이나 아름다웠다. 바다의 푸른색, 붉은 지붕, 그리고 바닷가에 견고하게 둘러쳐진 성곽, 이 모든 것이 아름다웠다.

두브로브니크는 아드리아 해의 중심 도시로서 한때는 베네치아와 어깨를 견주었었다. 엘레나와 나는 도착하자 차를 주차하고 걸었다. 그리고 구시가지의 입구인 필레게이트에 거의 다 왔을 무렵 필레게이트 성문 입구 위에 한 손에 성의 모형을 들고 있는 세인트 블라이세St. Blaise가 보였다. 세인트 블라이세는 이곳 두브로브니크의 수호성인이다. 이 성인은 이곳에 살았던 성인은 아니고 972년에 있었던 베네치아의 침략을 막아낸 인물이다. 어느덧 엘레나와 나는 두브로브니크의 시작이라고 할 수 있는 필레게이트로 들어왔고 두브로브니크에서 가장 오래된 성벽인 세인트 플로렌스St. Florence가 보였다. 많은 사람들이 오가고 있었다. 계단을 따라 내려갈 때 엘레나를 쳐다보며 말을 하였다.

"이 성벽은 라이벌이었다고 할까요, 아니면 숙적이었다고 할까요, 그런 베네치아의 침입을 막기 위해 11세기에 축조되었습니다. 하지만 부분적으로는 14세기에 만들어졌지요. 베네치아가 점차 성장하자 방어목적으로 성을 쌓기 시작한 게 바로 이 성입니다. 그리고 이곳에서는 7월 10일부터 8월 25일까지 매년 여름 45일간 축제가 열립니다. 보통 햄릿 공연과 다른 공연들이 올리어집니다."

필레게이트는 구시가지에 들어가는 입구이다. 여름에 이곳에는 더욱더 많은 관광객이 몰린다. 필레게이트는 15세기에 건립되었다. 이곳은 도개교가 있어 저녁에는 올라가고 아침에는 다리가 내려온다. 하단부에는 유럽의 많은 중세도시가 그러했듯이 해수로 채워진 해자[23]가 있다.

엘레나와 나는 계단을 내려와 플라차 거리로 걸어갔다. 이곳을 찾는 많은 사람들은 이곳을 통해 두브로브니크 여행을 시작한다.

엘레나가 나를 보면서 이야기하였다.

"유럽이 석조 문화라고는 하지만 전체가 하나의 돌덩이 같다는 느낌이 드네요."

나는 엘레나를 바라보았다. 그리고 그녀의 말을 받아 이어 나갔다.

"그렇죠. 이 도시는 브라치 섬 그리고 대부분은 마르코 폴로가 태어난 코르출라 섬에서 나온 돌로 만들어졌습니다. 이 도시의 역사는 항구가 있는 반대쪽에서부터 시작됩니다."

듣고 있던 엘레나가 나에게 이곳 역사에 대해 이야기했다.

"실제로 이곳은 반도 모양을 하고 있습니다. 그래서 이곳의 역사는 반도에서 시작된다고 할 수 있죠. 초창기 정착민은 일리리아인이었고 기원전 2세기에 로마인들에 의해 이 일대가 점령당하게 됩니다. 그래서 이곳은 로마화한 일리리아인들에 의해 만들어졌다고 생각하면 됩니다. 현재 공항 근처의 리조트 단지가 있는 사브타트 지역과 관련이 있는데 그곳은 오래전에 에피다우룸이라고 불리었다는군요. 그 후 그곳이 파괴되었는데 그 이유는 확실하지 않다고 합니다. 그리스와 로마 식민지, 지진, 그리고 슬라브인의 침입 등 여러 가지를 이야기하지만 정확하지는 않습니다. 확실한 것은 7세기경 그곳 사람들의 일부가 이곳으로 넘어왔다는 겁니다. 그들은 이 도시에 중세 초기 문화를 소개하고 전달하는 역할을 하게 됩니다.

그때 이 반도는 '라구사'라고 알려져 있었고 이곳 현지인들과 이탈리아인들은 지금도 이곳을 라구사라고 부른답니다. 즉 반도 지역은 로마화한 일리리아인들이 사는 라구사라고 불렸던 것이죠. 인구가 늘어나자 정착지는 점점 확대되고 귀족이 정치하는 국가 형태였기에 노예제도를 가지고 있었다고 합니다. 그리고 그들은 육지 지역으로 가로질러 갈 수 있었다고 합니다. 그래서 새로운 정착지가 만들어졌고 반대쪽으로는 크로아티아인이 농경과 목축을 위해 넘어왔습니다. 그곳을 '두브르바'라고 불렀는데 그것이 바로 두브로브니크의 어원이 됩니다. 그리고 두브로브니크의 두브dub는 참나무를 뜻하며 키프로스와 함께 많이 심어져 있고 이후 프랑스 군대가 처음 왔을 때 소나무를 심었다고 합니다."

"저 같이 직업적인 사람도 이렇게 이야기하기는 힘들죠. 그것도 발칸 반도 전체에 관해 다양하게 많이 알고 이야기할 수 있는 사람은 흔치 않습니다. 사실 궁금합니다. 무슨 일을 하시는 분인지…"

나는 엘레나에게 이렇게 이야기하고 그녀를 쳐다보았다. 그녀는 나를 보면서 아무 말도 하지 않고 그냥 웃을 뿐이었다.

나도 더 이상 물어보지 않았다. 그녀에 대한 호기심만 더욱 커갈 뿐이었다. 나는 그녀의 말을 이어나갔다.

"이곳은 12세기에 운하를 메우면서 많은 변화를 겪게 됩니다. 그 이전에는 라구사의 반도 지역과 두브르바의 새로운 정착지, 이 두 곳이 운하를 사이에 두고 나란히 공존했습니다.

하지만 이후 베네치아의 침략이 있은 후, 운하를 사이에 두고 떨어져 있는 것이 위험하다는 것을 느끼게 되자 운하를 메웠답니다.

성벽에서 내려다본 플라차 거리

그러면서 12세기 이후 현재와 같은 성벽 안의 모습이 갖춰지게 되고 성벽이 라구사 쪽에서 확대되어 13세기 후반에는 지금의 성곽 둘레가 만들어졌다는 것입니다. 그리고 이러한 성곽은 오스만 투르크의 침입 후 재건됩니다. 현재 성벽의 완성은 15세기 중반에 이루어집니다.”

이렇게 엘레나와 나는 이야기를 하느라 필레게이트 입구의 플라차 거리를 몇 걸음 벗어나지 못하였다.

플라차 거리는 구시가지의 중심 거리이다. 이 거리를 ‘스트라둔’이라고도 부르며 현지인들은 플라차보다 스트라둔이라는 이름으로 부른다고 한다.

플라차 거리의 야경

스트라둔은 라틴어와 이탈리아어가 조합된 이름이다. 그리고 이 거리는 단순한 바로크 양식으로 만들어진 거리이다.

우리가 이곳 스트라둔 거리에서 처음으로 본 것은 오노프리오 분수였다.

"원래 이곳에는 물이 아주 풍부했답니다. 겨울철 빗물이 모여 강과 샘을 만들었다고 합니다. 그러다 보니 14세기에 수로 시스템을 만들었다는군요. 식수보다는 염색 산업에 이용하였다고 합니다. 성벽 뒤로 12킬로미터의 수로를 만들었는데 필레게이트 방면의 민체타 요새의 높은 벽은 물 저장고 역할을 하고 돌로 만든 수로를 통해 분수로 물을 가져오게 하였답니다. 그 후 지진으로 파괴되었던 분수는 1870년에 재건되었고 지하수로와 연결되어 있습니다."

오노프리오 분수

엘레나와 나는 분수대로 가 수도꼭지에서 나오는 물에 손을 적셔 보았다.

나는 반대편에 서 있는 성 사비오르 교회 St. Savior Church를 가리키면서 말하였다.

"저 성당은 1520년에 건립되었는데 지진으로 봉헌된 성당입니다. 그 전에도 지진이 있어서 지진의 피해에 대비해 봉헌된 성당입니다. 1667년 아주 큰 지진이 있었는데 그때 그대로 남아있는 유일한 성당입니다. 이 도시에만 성당이 74개가 있습니다. 22개가 성내에 있었는데 모두 무너지고 이 성당만 남았다는군요. 1991년 내전 때에는 세르비아 군이 도시로 진입하지는 않고 위협용으로 산발적인 포격을 하였습니다. 그래서 성벽 안의 건물들 지붕의 70퍼센트가 재건되었답니다. 성내의 22개의 성당들은 고딕, 르네상스, 바로크 양식의 성당들입니다."

엘레나는 나의 이야기를 듣더니 이렇게 이야기했다.

"혹시 이곳에 실제로 운영되는 수도원이 몇 개가 있는지 아세요? 제가 알기로는 이 도시에 실제로 운영되는 수도원은 세 곳이 있습니다. 지금 바로 앞에 보이는 프란체스코 수도원과 이 플라차 거리 반대편에 있는 도미니크 수도원, 그리고 오픈 마켓 근처의 예수회 수도원입니다. 그런데 이 세 곳의 수도사를 다 합쳐도 열 손가락이 채 안된다고 합니다. 오래전 유고슬라비아 연방 시절에는 수도사가 되려는 사람이 많았는데 지금은 정반대라고 합니다."

엘레나와 나는 프란체스코 수도원 안으로 들어갔다. 안에는 수도

윈 정원이 있고 클래식한 기둥으로 떠받친 회랑이 이어져 있었다.

그 안에는 그림들이 전시되어 있었는데 그림들은 15세기부터 17세기까지의 것들이었다. 내가 엘레나에게 설명하였다.

"17세기 후반 작품은 예루살렘 방문길에 성 프란체스코가 이 도시에 머물렀던 일화를 그 주제로 한 것입니다. 16세기의 그림은 사본으로 시신 후 노시가 재건된 모습과 지금의 모습을 비교할 수 있죠. 지진 이후 이 도시는 이전의 모습과 똑같은 모습으로 재건되었답니다.

한편 오스만 투르크가 발칸에 진출한 후 지중해 해상무역이 기울기 시작하나 오히려 두브로브니크는 전성기를 누리게 되는데, 많은 상인과 사람들이 이곳을 통해 발칸 반도를 드나들었으며 포르투갈, 스페인의 신항로 개척과 신대륙 발견에 일조하게 됩니다. 반대로 이 도시는 옛 식민지의 가죽, 목재, 면, 은 등을 교역하였는데 이것은 코소보 지역에서 많이 생산되었답니다. 이러한 모습을 보여주는 것이 여기 15세기에서 16세기 사이의 그림들입니다."

밖으로 나오는데 수도원 입구에 있는 약국이 눈에 띄었다. 엘레나는 닫혀있는 약국의 주변을 살펴보더니 창문을 통해 안을 열심히 들여다보았다.

그러더니 그녀는 이렇게 설명하기 시작했다.

"이 약국은 파도바, 바그다드와 함께 세계에서 가장 오래된 약국으로 알려져 있습니다. 1317년에 설립되었다고 합니다. 가난한 사람들을 돌보고 치료하는 역할을 하였고 육지에 약을 수출하기도 하였는데 지금은 주로 얼굴에 바르는 크림을 생산한다는군요. 그리고 1901년 이후 박물관이 되었습니다. 재미있는 이야기는 초기에는 사람들이 이곳으로 와 약을 구입하는 게 금지되었었으나 17세기부터 지나가다 창문을 통해 세라믹 도자기에 넣어둔 약재를 살 수 있었다는 거예요."

"저기 한번 보실래요? 액체 약재를 넣어둔 세라믹 도자기를. 옛날에 이러한 도자기는 서로 다른 지역에서 가지고 왔습니다. 소아시아, 이탈리아에서죠. 소아시아는 도자기에 튤립 그림과 노랑과 파랑을 주로 사용하였습니다. 그리고 이탈리아는 파랑과 흰색 도자기로 이것은 이탈리아 살로나 지방에서 가져온 것인데 이러한 도자기에 약재를 보관해 두었던 것입니다."

엘레나와 나는 위층으로 올라갈 수 없는 것을 아쉬워하며 밖으로 나왔다. 위층에는 크로아티아 최대의 다양하고 풍부한 장서를 보관하는 문서 보관소가 있기 때문이었다. 약 700만 권의 책과 5,000가지의 문서가 보관되어 있다고 한다.

밖으로 나오자 많은 사람들이 오고갔다. 단체 여행을 하는 사람들, 혼자 여행하는 사람, 그리고 남녀가 한 쌍이 되어 다니는 모습들이 보였다.

나는 엘레나에게 프란체스코 성당 앞에 있는 돌을 가리키며 말하였다. 그곳에는 많은 사람들이 몰려 있었다.

"저 돌이 왜 명소가 되었는지 아세요?"

"글쎄요, 잘 모르겠는데요."

"제2차 세계대전이 끝나고 나서 모든 게 무너지고 상실감에 젖은 젊은이들이 이곳에 모여 무엇을 해야 할지 허탈감에 빠져 있었다고 합니다. 그때 한 독일 여성이 이곳에 와서 상의를 벗고 손을 벌려 얼굴을 벽 쪽으로 향한 채 소원을 빌 것을 젊은이들에게 제안했다고 합니다. 그 이후 명소가 되었다는군요."

엘레나는 나에게 "혹시 정교회와 가톨릭의 차이를 아세요?" 하고 물었다.

"제가 알고 있는 것만큼은 알죠." 하고 대답하였다.

"그런 대답이 어디 있어요?" 하고 그녀는 웃으면서 말했다.

나는 웃으면서 정교회와 가톨릭의 차이에 대해 설명했다.

"가톨릭과 정교회의 일반적인 차이는 먼저 정교회는 노약자를 제외하고는 의자 없이 서서 미사를 드린다는 겁니다. 그리고 신부님이 가톨릭에서는 결혼을 할 수 없지만 정교회에서는 신부 서품을 받기 전에는 결혼할 수가 있습니다. 그리고 정교회 신부님은 수염을 기를 수 있습니다. 그리고 미사 중의 찬양은 정교회에서는 오로지 육성만을 이용한다는 것입니다. 예전에 정교회 미사 드리는 것을 본 적이 있는데, 악기를 전혀 사용하지 않는 그들의 찬양은 정말로 아름다웠습니다. 인간의 목소리가 참으로 아름답다는 것을 확인할 수 있었죠. 그런데 세르비아 정교회는 아직까지 옛 슬라브어로 미사를 진행합니다. 그래서 사제가 하는 말을 이해하지 못한다는군요. 반면 가톨릭은 1960년대까지 라틴어로 미사가 진행되었지만 지금은 현지어로 미사를 진행합니다."

나는 엘레나에게 물어보았다.

"혹시 정교회와 가톨릭의 삼위일체에 관한 차이를 아시는지요?"

엘레나는 나를 보며 이야기하였다.

"기존에는 성령이 성부로부터 보내어진다고 되어 있었으나, 성자의 위격도 새로운 중요성을 갖게 되었기 때문에 7~8세기경 니케아 신경[24]에서 수정이 되었어요. 즉 성령은 더 이상 성부뿐만 아니라 성자로부터도 보내어진다고 수정하게 되었고, 한 세기가 지나며 가톨릭(서방교회)에서 이를 받아들였으나 정교회(동방교회)는 이를 가톨릭의 독단이라 여겨 끝내 받아들이지 않았습니다. 이렇게 가톨릭과 정교회의 분열은 삼위일체 교리에 대한 이러한 이해의 차이로 더욱 심해졌다고 합니다.

그리고 두 번째는 성체와 성혈에 관한 이야기인데 빵과 포도주가 각각 예수님의 살(성체)과 예수님의 피(성혈)가 되고 이것들이 성직자와 신도들에게 배분됩니다. 여기에 가톨릭과 정교회의 차이가 있습니다. 정교회에서는 성체와 성혈이 성직자와 평신도 모두에게 배분됩니다. 반면에 가톨릭에서는 신도들은 빵인 성체만 먹고 성혈인 포도주는 성직자들만 마십니다. 이것을 정리해 보면 정교회에서는 성찬예식 때 성직자와 평신도 모두 성체와 성혈을 취하는데 가톨릭에서는 성직자들만 성체와 성혈을 먹고 마시는 반면 평신도들은 성체만 먹는다고 하는 것입니다.

그리고 세 번째 차이점을 이야기해 보면 가톨릭이나 정교회 둘 다 성상은 있습니다. 하지만 정교회는 가톨릭과 달리 조각이나 동상

등은 만들지 않고 오직 그림으로만 되어 있습니다."

엘레나는 나에게 성당 벽면 입구 쪽 위에 새겨져 있는 피에타를 보라고 하였다. 그리고 피에타에 관해 이야기를 하였다.

"프란체스코 성당 벽면에는 많은 부조들이 조각되어 있었으나 지금 남아있는 것은 별로 없고 문 위에 피에타[25] 조각상이 남아있습니다. 이 피에타 상은 지진에도 파괴되지 않았다고 합니다. 성당이 15세기에 만들어졌으나 지진 후 바로크식으로 재건하였고 측면 외부 피에타는 현지인 석공에 의해 만들어졌죠. 그리고 좌측 인물은 성 제롬으로 성경을 그리스어에서 라틴어로 번역한 인물이며 달마티아 전역의 수호성인이기도 합니다. 우측은 세례 요한입니다."

우리는 거리를 따라 걸었다. 292미터의 플라차 거리에는 많은 사람들이 오가고 있었다. 거리 사이로 보이는 골목은 빨래가 널려있고 카페의 음악 소리가 들리고 계단이 있었다.

엘레나는 나에게 "두브로브니크가 어떻게 파괴되지 않고 보존되었는지 아세요?" 하고 물었다.

"1991년 크로아티아가 유고슬라비아 연방으로부터 독립을 선언하였습니다. 그러자 세르비아 군이 3개월 동안 공격을 하였죠. 그래서 두브로브니크의 여러 곳이 파괴되었습니다. 그 때 이방인인 프랑스 학술원 회장 '장 도르메종'이 나서게 됩니다. '유럽문명의 상징이 파괴되고 있습니다. 그런데 유럽은 팔짱만 끼고 있습니다.'라고 주장하면서 유럽의 지식인들을 비난합니다. 그래서 유럽의 지식인들이 힘을 합쳐 인간 사슬을 만들어 내면서 지킨 게 바로 두브로브니크입니다."

플라차 거리를 엘레나와 함께 걸으니 묘한 기분이 들었다. 연인과 함께 온 느낌이랄까, 무엇인지 알 수 없지만 좋은 느낌이었다. 우리는 플라차 거리의 첫 번째 골목으로 들어갔다.

엘레나에게 말하였다

"보시면 아시겠지만 이곳 건물들의 1층은 대부분 식당입니다. 부엌은 일반적으로 맨 위층에 있는데 90퍼센트 이상이 그렇다고 합니다. 이유는 연기와 투숙객 때문이라는군요. 화재 시 대피하기 쉽고 날씨가 좋으면 밖에 나오기 쉽게 하기 위한 이유도 있다고 합니다. 그 당시의 귀족들은 대로 주변이 아닌 건물에 거주했다고 합니다. 귀족 저택을 보면 중앙 홀이 있고 각 코너에 방이 있는데 층마다 같은 구조를 가지고 있습니다. 그리고 정상에 부엌이 위치해 있죠. 지진 이후에는 주 도로 주위의 건물을 아주 단순하게 지었다고 합니다."

엘레나와 나는 골목에서 플라차 거리로 나왔다. 따가운 햇살이 비추고 있었다. 천천히 걸었다. 한 발짝, 한 발짝. 그때 엘레나가 나에게 말을 걸었다.

"혹시 이곳에서 도시국가의 모습이 사라지게 된 게 언제부터인지 아세요?"

"글쎄요."

"도시국가의 모습이 사라지게 된 것은 1806년 나폴레옹이 이곳을 침입하고 2년 후입니다. 1814년부터 약 100년 정도 오스트리아의 지배를 받게 되죠. 이때는 이미 국운이 기울어져 가고 있었습니다. 지리적으로 보면 크로아티아의 끝자락에 위치해 있는데, 많은 사람들이 이민을 가고 19세기까지 100명의 귀족이 있었지만 이후 귀족의 숫자는 6명으로 줄어들었다는군요."

엘레나와 나는 거리를 걷는 동안 주변을 둘러보았다. 스폰자 궁전 쪽으로 가는 왼편 골목길들은 계단이 있는 오르막길이었다. 골목에는 레스토랑과 바가 있었다. 지진 전에는 현지인 건축가가 설계해서 건물을 지었지만 지진 이후에는 베네치아와 로마에서 건축가를 초빙하여 건물을 재건하였다고 한다. 그래서인지 베네치아와 로마식 바로크 양식을 볼 수 있었다.

엘레나와 나는 스폰자 궁이 있는 로자 광장에 왔다. 그곳에는 창을 들고 서 있는 올란도 동상이 있었다.

"올란도가 누군지 아세요?" 하고 엘레나에게 물어보았다.

그녀가 웃으면서 대답했다.

"'롤랑의 노래'라고 이야기하면 아시는지요. 롤랑은 8세기에 이베리아 반도에서 이슬람교도로부터 기독교를 지켜낸 영웅이며 카를 대제의 조카이기도 합니다. 중세 최고의 기사로 알려진 인물 롤랑이 바로 올란도입니다. 그의 무용담을 담은 프랑스의 영웅 서사시인 '롤랑의 노래'가 두브로브니크에 전해지고 그의 독립과 자유를 향한 정신이 높이 평가되면서 이곳에 기둥이 세워지게 된 것입니다. 롤랑의 이탈리아식 표현이 올란도죠. 하지만 이 기둥은 15세기에 세운 겁니다. 1417년에 국기 게양대로 사용되었던 올란도 기둥이 바로 이것이죠. 보시다시피 올란도의 기둥에 새겨진 왼손에는 칼이 새겨져 있는데 이것은 검의 요정이 만들었다는 '뒤랑달'이라는 명검이라고 합니다. 그리고 기둥에는 두브로브니크의 자유를 상징하는 깃발이 걸려있습니다.

당시는 투르크족이 주변 도시국가들을 공격해 올 때였지만 이 도시는 그들과 좋은 관계를 유지하였답니다. 그리고 자유무역도시로서 그 상징이 되었죠. 그런데 이 장소는 죄인을 묶어 두거나 고문하거나 처형하는 곳으로 사용하였다는군요."

올란도 동상: 오른쪽 팔꿈치에서 손까지의 길이 52.2cm는 '두브로브니크의 팔꿈치'라 불린다.

"올란도의 오른쪽 팔꿈치에서 손까지의 길이는 '두브로브니크의 팔꿈치'라고 불립니다. 기둥 밑을 한번 보세요."

"기둥 밑의 세로줄은 올란도의 팔꿈치 길이와 같습니다. 이것은 상행위를 할 때 길이를 재는 용도로 이용되었습니다. 두브로브니크가 교역지로 번성하였을 때 거래 시 팔꿈치의 길이인 51.2cm가 길이를 재는 기준이었다고 합니다."

광장 주변에는 여러 가지 기념물이 있었다.

그중 종탑의 시계는 매 30분마다 종을 친다고 한다. 매시 정각에

두브로브니크의 종탑

는 그 시간만큼, 또 30분이 지난 후 같은 횟수로 종을 친다. 종탑의 문어 시계는 시간만 알려준다. 황금빛은 보름달, 그리고 은빛은 달의 모양이 시간에 따라 변하는 모습을 보여준다.

우리는 스폰자 궁과 렉토르 궁전 사이에 있는 구 시청사 앞으로 왔다. 나는 엘레나에게 옆에 있는 카페에서 커피 한잔 하자고 하였다. 하지만 그녀는 시내를 둘러보고 맘에 드는 곳에 가서 커피든 와인이든 한잔 하자고 하였다.

"구 시청 건물이 지금 어떤 용도로 사용되는지 아세요?"

그녀는 "글쎄요."라고 아주 짧게 대답하면서 나를 쳐다보았다. 엘레나의 아주 짧은 대답이 왠지 나를 무안하게 만들었다.

"구 시청 건물은 지금 시의회 건물로 사용하고 있습니다. 건물의 일부는 시민을 위한 카페와 극장으로 사용되고 있고요. 그리고 그 옆의 작은 오노프리오 샘은 1520년 오노프리오가 만들었는데 1667년 대지진 때 피해를 받지 않았다고 합니다. 그래서 그 모습 그대로 남아있게 되었죠. 샘 윗부분에는 돌고래가 조각되어 있습니다. 그리고 이 물은 관광객들에게 식수를 제공하고 있습니다."

"그리고 한 가지 더 성 블라이세가 어떻게 두브로브니크의 수호성인이 되었는지 이야기해 드릴게요."

"10세기 후반이죠. 971년 어느 날 밤 그는 베네치아 함대가 들어오는 것을 보게 됩니다. 그들이 이곳에 들어오며 내세운 이유는 중동으로 가기 위해서 성 플로렌스 성벽에서 하룻밤 정박을 하는 것이었습니다. 하지만 실제로는 이 도시를 공격하기 위해서였던 것이죠. 그는 시민들에게 그들을 절대 믿지 말라고 경고합니다. 결국 그들은 하루 만에 돌아가고 그 후 그는 도시의 자유를 지키는 수호성인이 되었다고 합니다."

플라차 거리의 끝은 여러 갈래의 시작점과 끝점이기도 하다. 구항구를 통해 렉토르 궁전과 대성당 그리고 성벽으로 올라가는 길이기도 하기 때문이다.

구항구로 들어가는 길 왼쪽에 위치한 스폰자 궁은 이곳 두브로브니크에서 아름다운 건물로 꼽힌다. 이 건물은 1516년부터 1522년까지 그 당시 해상무역 도시국가였던 라구사 공화국Republic of Ragusa의 모든 무역을 취급하는 세관으로 지어졌다. 건물의 양식은 후기 고딕양식과 르네상스 양식이 혼재된 모습이다. 플라차 거리에서 유일하게 온전히 유지되어온 건물이다.

나는 다시 엘레나에게 말하였다.

"주변을 보세요. 르네상스식으로 아치와 주변 장식이 되어 있고, 고딕은 맨 위층에서 볼 수 있죠. 지진이 잦았으므로 지상은 안정적인 르네상스식으로 만들어서 유럽 건축미술에 큰 공헌을 하고 있습니다. 저기 중앙 홀은 이전에 많은 무역상이 모이는 장소로 사용되었다고 합니다. 그리고 부속 건물은 문서보관소로 사용하고 있습니다. 두브로브니크의 역사에 관한 7킬로미터에 달하는 문서와 오스만 투르크와의 역사 및 관계를 기록한 15킬로미터 길이의 문서, 그리고 17개 언어로 써진 10만 장의 서류가 있으며 수많은 학자가 이곳에 연구 목적으로 방문하고 있다고 합니다."

엘레나와 나는 스폰자 궁전과 시청 사이 아치문을 통해 구 항구로 갈까, 아니면 렉토르 궁으로 갈까 하고 망설였다. 우선 플라차 거리를 보고 항구로 가기로 하였다.

렉토르 궁전으로 향하였다. 많은 여행객들은 길에 여러 자세로 앉아 있었다. 걸어 올라가다가 엘레나가 렉토르 궁전 앞에 있는 동상을 보고 나에게 물었다.

"혹시 이 동상의 주인공이 누군지 아세요?"

나는 그녀를 보고 말하였다.

"이 동상의 주인공은 르네상스 시대 코미디 작가인 마진 드리시치입니다. 그는 이 도시에 대한 비판이 가득한 작품을 썼죠. 그리고 베네치아로 도망간 후 그곳에서 사망했습니다. 여름 축제 기간에는 그의 많은 작품들이 공연되죠. 그때는 그리스 비극, 르네상스 코미디, 셰익스피어 작품 및 현대미술 작품 등이 공연, 전시되는데 주로 음악과 연극 등입니다. 전시는 야외극장이나 요새에서 열린다는군요."

플라차 거리 끝에서 오른쪽 방향으로 70미터~100미터 정도 떨어진 곳에 위치한 렉토르 궁전 앞에 왔다

렉토르 궁전은 그 당시 '이곳을 지배하였던 자들'이라고 표현하는 게 맞을지 모르겠지만 어쨌든 그들의 궁이었다. 나는 엘레나에게 말하였다.

"정면을 보세요. 15세기의 모습입니다. 정면은 15세기 모습으로 르네상스, 고딕 스타일이 혼재되어 있습니다. 이 건물은 원래 12세

기에 지어진 건물인데, 그 후 15세기에 재건되었고 지진 후에는 특히 내부는 바로크 스타일로 장식되었습니다. 1435년 이곳 두브로브니크의 수로와 분수를 건설한 오노프리오 데 라 카바^{Onofrio de la Cava}가 건축하였습니다."

엘레나에게 궁 안으로 들어가자고 하였다. 궁전 내부 입구 오른쪽에서 티켓을 구매한 후 안으로 들어갔다. 궁전 내부는 안에 뜰이 있었다. 뜰에는 2층으로 올라가는 계단이 있고 우리가 서 있는 곳에는 조그만 박물관이 있었다. 이곳 뜰에서는 음악회를 연다고 한다.

나는 안으로 들어와 뜰에서 엘레나에게 말하였다.

"이 도시는 귀족 국가였습니다. 지배층과 피지배층이 확실하게 나누어져 있었다는 이야기죠. 35인의 남성으로 이 도시의 정부는 구성되었고 귀족들은 18세가 되면 자동적으로 대위원회의 위원이 되었답니다. 이 대위원회의 위원은 350명의 귀족을 대표하는 의회 역할을 했습니다. 그리고 이곳에서 지도자 또는 대표자라 할 수 있는 렉토르를 선출했습니다. 렉토르는 경험 많은 사람을 선호했기에 50세 이상이어야 했고 2년 임기에 연임이 가능했으며 매월 교대로 바뀌었다고 합니다. 이 제도는 949년에서 1806년까지 900년 가까이 지속하였습니다. 그리고 정치형태는 소위원회 11명, 대위원회 35명으로 구성되어 있었습니다. 소위원회는 가장 힘 있고 중요한 기구로 주요 사안을 결정하여 대위원회로 회부했답니다."

나는 엘레나를 보며 계속 이야기하였다.

"참 재미있는 것은 명예와 많은 권력을 가졌을 거라 생각되는 렉토르에게는 몇 가지 제한이 있었다는 겁니다. 우선 렉토르는 궁전 밖으로의 출입이 제한되었을 뿐만 아니라 가족과도 떨어져 살았습니다. 외부에 영향력을 행사할 수 없게 하려는 것이 그 이유라는군요."

우리가 있는 1층 즉 유럽식으로 하면 0층에는 그 당시 주로 중형을 선고 받은 죄수들이 머물던 감옥과 조사실이 있다. 나는 엘레나에게 0층 정원에 있는 동상을 가리키며 이야기하였다.

렉토르 궁 뜰의 모습

"저기 보이는 동상 있죠. 저 동상은 '미카엘레 프리자또'라는 사람의 동상입니다. 그 당시 이 도시국가에서는 인물 동상을 세우지 않았는데 예외가 한 명 있었습니다. 그게 바로 저 동상입니다. 그는 플리비아인이었고 배의 선주였으며 대단한 부자였지만 슬하에 자식이 한 명도 없었다는군요. 그는 상인이기도 하였습니다. 무적함대라 불리던 스페인 해군에 음식과 물자를 운송해 부를 축적하였습니다. 사후 모든 재산을 기부하였고 의회에서 그의 동상을 세우기로 했으나 그의 사후 31년간 동상을 어디에다 놓을까 하는 문제로 논쟁을 벌였습니다. 그러다가 세워진 곳이 바로 이곳 렉토르 궁입니다."

엘레나와 나는 한국에서는 2층 이곳 유럽식으로 하면 1층으로 올라갔다. 1층은 공무에 사용되는 방이었다. 19세기 후반 이후 박물관으로 사용되었고 2차 대전 이후 기증받은 물건과 구입해온 물건들이 있다. 나는 안으로 들어가면서 엘레나에게 설명하였다.

"첫 번째 방은 루이 15세의 가구와 15, 16세기 바로크, 로코코 스타일의 방입니다. 책상은 너도밤나무 재질로 로코코 스타일이고 마감은 라커로 칠하였습니다. 그리고 그림은 귀족들의 그림인데 이곳에는 아직까지 세 명의 귀족가문이 존재한다고 합니다. 그들은 유럽에서 가장 오래된 가문으로 조상이 로마시대까지 거슬러 올라간다는군요. 귀족 중엔 보스니아 상인이 있었는데 12세기와 13세기에 부를 축적한 후 재력으로 귀족이 되었다고도 합니다. 그리고 알바니아 상인 출신도 있답니다."

엘레나는 주위 그림들을 둘러보았다. 그녀는 그림을 좋아하는 듯 보였다. 엘레나에게 물어보았다.

"그림 좋아하세요?"

그녀는 고개를 끄덕였다.

"이곳의 많은 그림들은 1667년 지진 때 화재로 소실되었고 몇 점만 남았답니다. 최고의 작품들은 도미니크 수도원에 보관되어 있고요. 그 당시 이탈리아에서 여유가 되는대로 작품을 구입해 왔다는군

렉토르 궁 뜰에서 바라본 2층

요. 라파엘로의 마돈나와 당시 많이 알려져 있던 티치아노의 작품도 두 점이 있습니다. 하나는 성당 안에 또 다른 작품은 도미니크 수도원 내에 보관되어 있답니다. 그리고 대부분의 작품들은 이탈리아에서 구입해 온 것들입니다. 하지만 이곳의 화가들이 외국으로 가 그림을 배운 뒤 돌아와 그린 그림들도 있습니다."

나는 엘레나에게 벽의 색을 보라고 하였다.

"벽의 색은 전형적인 다크 레드Dark Red죠. 이것은 두브로브니크의 문장 색깔이기도 합니다. 크로아티아는 레드red와 화이트white 부족으로 나뉘는데, 여기에 얽힌 재미난 역사 이야기를 하나 해 드릴게요. 수메르문명 시대 수메르인들이 카르파티아 고원과 아드리아 해 쪽으로 넘어왔는데, 그들 중 주요 두 부족은 레드와 화이트 부족이었습니다. 레드 부족은 크로아티아의 해안가에 정착했고 화이트 부족은 북쪽에 정착합니다. 그래서 두브로브니크에서 붉은 색은 그 부족의 역사와 연관이 있습니다."

엘레나와 나는 조금 더 안으로 들어갔다. 렉토르 궁은 "ㅁ"자 모양이어서 동선을 따라 도니 보기 쉬웠다. 렉토르의 서재는 바로크 스타일이었고 중후함이 느껴졌다. 캐비닛은 17세기 것으로 상부는 나무 재질, 하부는 유리로 만들어져 있었다. 그리고 카라치 유파[26]의 그림과 이탈리아 파도바 파 화가인 안드레냐 만테냐의 제자인 함치니의 그림이 있었다. 그는 15세기 이 지역 최고의 화가 중 하나였으며 도나텔로의 영향을 받은 만치니 스타일로 그림을 그렸으나 나중에 독자적인 화풍을 구축하였다. 방의 한쪽 테이블 위에 커다란 열쇠가 보였다.

엘레나는 나에게 "저 열쇠가 무엇인지 아세요?" 하고 물었다.

나는 열쇠를 바라보았다. 그리고 엘레나를 보며 이야기하였다.

"저 열쇠는 필레게이트 문의 열쇠입니다. 그리고 테이블은 17세기에 만들어진 거죠."

"그리고 저 그림은 마지막 지도자였던 사보조르지치의 초상화입니다. 프랑스 군이 쳐들어왔을 때 시장에 임명되었던 사람이죠. 그리고 시계는 나폴레옹 휘하의 제독인 마르몬이 준 시계입니다. 저 그림은 루벤스의 '사빈느 여인의 약탈'을 카피한 것이고요. 저 포르테 피아노는 1790년대 것이죠. 모차르트 기념행사 때 잘츠부르크에 빌려주기도 했던 것입니다. 잘츠부르크 모차르트 생가에 가면 거기에도 있습니다. 피아노의 전신이라고도 합니다. 모차르트가 작곡할 당시 이용했던 것과 같은 시대의 피아노랍니다."

우리는 건물을 나오기 위해 아래층으로 내려갔다. 내려가면서 엘레나가 말했다.

"당시에 이곳 사람들은 두 개의 성姓을 사용했답니다. 하나는 라틴어이고, 다른 하나는 크로아티아어였습니다. 크로아티아 성의 뒤에는 'ci' 가 붙는다는군요."

밖으로 나가기 전 쓰여 있는 글귀를 보았다.

엘레나는 나에게 "저게 무슨 뜻인지 아세요?" 하고 물어 보았다.

"저 글귀의 뜻은 '이곳에 들어올 땐 모든 개인사는 다 잊고 공무에만 전념하라'라는 것이죠. 두브로브니크의 가장 중요한 모토라고도 합니다. 읽을 줄은 모르고 간신히 뜻만 알고 있어요."

렉토르 궁의 기념품 가게를 통해 건물을 나왔다. 날이 맑아서인지 가시광선은 사물을 아름답게 비추었다. 렉토르 궁 맞은편에는 두브로브니크의 대성당이 있다. 성당의 원래 이름은 '동정녀 승천 대성당'Cathedral of the Assumption of the Virgin이라고 한다. 이 성당은 6세기~7세기에 비잔틴 양식으로 처음 건립되었으며 12세기~14세기에는 로마네스크 양식으로 재건되었고 1667년 대지진 이후 1672년부터 1713년까지 이탈리아 건축가인 안드레아 불파리니와 파올로 안드레오티에 의해 재건되었다고 한다.

엘레나는 성당을 가리키며 이야기하였다.

"이 성당에는 재미난 이야기가 있습니다. 12세기 1차 재건 당시 영국 왕 리처드가 십자군 전쟁에 나섰다가 해상에서 조난을 당하게 됩니다. 그러다가 로크룸이란 섬에 구조되어 상륙했는데 이것을 신의 은총이라고 여겨 자금 지원을 하였답니다. 그리고 또 다른 이야기는 셰익스피어의 희곡과 관련이 있습니다."

"셰익스피어" 하고 나는 엘레나를 바라보며 말하였다.

"이 이야기는 셰익스피어의 희곡인 '12야'에 영감을 준 것이라고 합니다. 여주인공 비올라가 바다에서 조난된 뒤 일리리아에 머물게 되는데 그곳이 바로 두브로브니크라고 합니다."

모든 여행지마다 이러한 스토리텔링이 있다면 여행이 보다 더 재미있을 텐데 하는 생각이 들었다. 엘레나와 나는 구 항구로 가려면 어느 방향으로 갈까 망설였다.

렉토르 궁 뒤편으로 해서 구 항구로 갈까, 아니면 스폰자 궁 방향으로 갈까 생각하다 스폰자 궁 방향으로 길을 잡았다. 구 항구에는 많은 관광객과 그리고 요트가 정박해 있었고 예전의 모습을 한 관광용 배도 있었다.

엘레나는 나에게 구 항구에 관해서도 이야기해 주었다.

"이곳은 아주 오래전 12세기~17세기까지 역사적으로 중요한 항구의 역할을 했습니다. 주변 건물은 거의 15세기 르네상스 스타일이죠. 그리고 검역사무실이 있는데 이곳은 말 그대로 검역을 위한 곳이었고요. 모든 것들은 40일 동안 검역 후 도시에 들어올 수 있었다고 하며 1377년 만들어졌답니다. 원래는 섬에 위치해 있었으나 물, 음식 등의 공급 문제로 이곳으로 옮기게 되었죠. 그리고 지금 우리가 있는 이곳은 고대 그리스의 식민지였던 에피다우로스 지역으로 그리스인들의 하룻밤 정박지로 이용되었다는군요. 2세기 로마 점령 후 에피다우룸이라 불리게 되었습니다."

이곳에서 보는 성곽은 중세에 온 듯한 느낌을 주었다.

"성곽 안의 지역을 뭐라고 하는지 아세요? 이곳 말로 그라드^{Grad}라고 부른답니다. 쉽게 이야기하면 올드 타운, 구시가지가 아닐까요?" 하고 엘레나가 웃으면서 말하였다.

나는 엘레나를 보며 물었다

"식사할 때도 된 것 같은데 역사적인 의미가 있는 이곳 항구에서 식사를 하면 어떨까요?"

엘레나와 나는 항구에 있는, 바다가 바로 앞에 있는 식당으로 갔다. 이곳은 이탈리아와 가까운 해안도시라 그런지 음식이 이탈리아

두브로브니크 성곽의 모습

전망대에서 바라본 두브로브니크의 모습

식이다. 스파게티와 피자 등. 역사적으로 베네치아의 영향을 받아서일까 하는 생각이 들었다.

식당을 나와 엘레나와 나는 스르지 산에 오르는 케이블카를 탈까 아니면 도시 성곽을 볼까 고민하다가 성곽을 보기로 하였다.

우리는 항구를 나와 오른쪽으로 방향을 잡아 올라갔다. 성벽을 둘러보기 위해서였다. 100미터~150미터 정도 올라갔을까? 돔니카 수도원 근처 오른쪽에 성곽으로 올라가는 입구가 있었다. 성곽의 입장료는 30쿠나이고 오전 10시부터 저녁 7시까지 연다. 성곽으로 올라가는 입구는 여기 말고 우리가 성벽을 둘러보고 나올 곳에도 있다. 그곳은 렉토르 궁 쪽 안으로 좀 더 들어간 끝부분에 있고 또 다른 곳은 엘레나와 내가 서 있는 바로 이곳에 있는 것이다. 우리는 티켓을 사서 올라갔다. 성곽을 나올 때 가끔 직원이 티켓을 보여 달라고 한다.

성곽으로 올라가보니 쪽빛 바다와 푸른 하늘이 무척이나 더 진하게 느껴졌다. 좁은 계단을 천천히 걸어 올라갔다.

여행하면서 느끼는 이러한 감흥은 다른 어떤 것에서도 찾아보기 힘든 것이 아닐까 하는 생각이 들었다. 성곽에서 보는 붉은색 지붕, 좁은 골목길이 조금 더 가까이 다가오는 것 같았다. 나는 엘레나에게 "지붕을 보면 같은 색이라도 붉은색이 진한 게 있고 옅은 게 있죠. 왜 같은 지붕 색인데 차이가 날까요?" 하고 물어 보았다.

엘레나가 나를 바라보더니 대답했다.

"글쎄요, 제가 알기로는 내전 때 폭격당해 지붕을 다시 얹었다더군요. 그래서 근래의 것은 짙고 이전에 있던 것은 옅답니다."

"네, 맞아요. 단순한 풍경이지만 내전으로 인해 또 다른 느낌을 주는 것 같아요. 이 이야기가 지금 이 상황에 맞는지 모르겠지만 역사는 모든 것을 품고 있는 것 같아요. 보이는 것뿐만이 아니라 보이지 않는 부분까지도 말입니다."

많은 관광객이 오갔다. 나는 엘레나에게 성벽 카페에서 음료 한잔하고 가자고 하였다.

2킬로미터의 성벽은 멀지도 가깝지도 않았다.

엘레나는 나에게 성벽에 관하여 이야기하였다.

"성벽은 13세기~16세기에 세워진 것인데 아직까지는 원형 그대로 잘 보존되어 있습니다. 15세기~16세기 오스만 투르크의 위협을 받으면서 시가지를 완전히 감싸는 성벽이 세워졌고 성벽의 높이는 25미터, 두께는 내륙으로는 6미터 바다 쪽으로는 1.5미터에서 3미터 정도 된다고 합니다. 철옹성 같은 요새라는 생각이 드네요."

해안선을 따라 둘러쌓은 성벽은 짙은 푸른색 바다와 하늘 그리고 붉은색의 지붕과 종탑을 보다 더 아름답게 꾸며 주었으며 성벽의 모습은 스페인의 아빌라의 성벽과 비슷한 느낌을 주었다. 엘레나와 나는 카페에 앉아 따뜻한 커피를 주문하였다. 잠시 동안 엘레나와 나는 아무 말도 없었다. 그저 바다 쪽을 바라다보고 있었다. 바다는 푸른색, 안으로는 붉은색, 그리고 벽은 회색이랄까 아니면 베이지색이랄까 그랬다. 얼마나 시간이 지났을까, 그리 길지 않은 시간이었는데 엘레나는 나에게 이제 그만 일어나자고 하였다. 우리는 다시 천천히 걸었다.

프란체스코 수도원에 있는 삐에타 상

천천히 걸어가는 길에 버나드 쇼가 이곳을 지상의 낙원이라고 한 말이 생각이 났다. 돌아서 온 곳은 플라차 거리가 한눈에 내려다보이는 지점이었다. 많은 사람들이 오가고 있었다. 우리는 성벽을 돌아 내려왔는데 내려오는 계단은 심한 급경사였다. 성벽에서 내려와 렉토르 궁 방향으로 갔다. 그리고 로자 광장을 만났다. 그곳은 플라차 거리의 끝이고 구 항구와 도미니크 수도원 그리고 성벽으로 가는 입구였다. 엘레나와 나는 플라차 거리를 따라 필레게이트 방향으로 갔다. 저녁 시간이 다 되었는데도 거리는 많은 여행객들로 붐비고 있었다.

엘레나와 나는 호텔로 가기 전 이곳에서 저녁 식사를 하기로 하였다. 언덕진 계단 사이에 있는 레스토랑으로 가서 와인을 곁들인 식사를 하였다. 이곳은 베네치아의 영향을 받았는지 피자와 스파게티 등이 주류를 이루고 있었다. 피자와 스파게티 그리고 홍합을 와인과 함께 시켜 먹었다. 우리가 식사를 하고 나왔을 무렵에는 해가 이미 지고 있었다. 천천히 플라차 거리를 따라 거닐었다. 가끔 골목 사이로 재즈 음악이 흘러나오는 것이 들렸다.

호텔에 도착한 엘레나와 나는 내일 9시에 트로기르를 경유하여 스플리트로 출발하기로 하였다.

Tip

크로아티아에서 꼭 마셔 봐야 할 와인

딩가츠(Dingac), 뽀스트 업(Post up), 뽀쉽(Posip)–마르코폴로의 고향인 코르출라 섬에서 나오는 화이트 와인으로 평균 12도∼13도이다. 이 와인은 크로아티아에서 권장하는 와인으로 와인을 좋아하는 사람이라면 꼭 마셔 보기를 권한다.

**네움 그리고
트로기르**

Neum
Trogir

두브로브니크로 가는 길에 보스니아 헤르체고비나 땅이 나온다. 21킬로미터의 해안선을 갖고 있는 보스니아 땅 네움, 이곳은 보스니아에서 유일하게 바다와 닿아 있는 마을이다.

트로기르는 그리스인들이 세운 도시로 로마와 베네치아의 흔적이 짙게 배어있는 중세 도시이다. 9세기 비잔틴 세력과 12세기 헝가리의 지배를 받았고 15세기에는 베네치아의 일부가 되었던 곳이다.

아침이 밝았다. 식사를 하고 언제나 그러했듯이 나는 로비에서 엘레나를 기다렸다. 엘레나가 나오기 10분 전에 내려와 차에 짐을 싣고 종이컵에 커피를 따라 차에 탔다. 차에 시동을 걸고 오늘의 최종 목적지인 스플리트로 향하였다. 해안도로를 따라 달리는 아침은 같은 장소라도 오후의 느낌과는 달랐다. 두브로브니크를 빠져나와 꼬불꼬불 가는 도로 운전을 하다가 한 잔씩 마시는 커피 맛이 좀 색다른 느낌이었다. 우리가 잠시 들렀다 갈 곳은 네움이라는 휴게소이다. 약 한 시간 남짓 거리이다. 그곳은 보스니아 헤르체고비나의 국경에 있는 휴게소이다. '네움'이라는 말은 '새로운' 이라는 의미를 가지고 있다.

나는 엘레나에게 물어보았다.

"혹시 네움이라는 휴게소를 아세요?"

"아뇨, 그런데 왜요?" 하고 그녀는 되물었다.

"다른 뜻이 있어 그런 것은 아니고요. 네움은 보스니아에서 유일하게 바다와 닿아 있는 곳인데 아드리아 해에 면한 21.2킬로미터

길이의 해안선을 갖고 있습니다. 그곳 슈퍼마켓과 레스토랑에서는 크로아티아와 주변지역의 토산품과 와인 등을 구입하기 좋고 가격도 저렴합니다. 와인 좋아하시죠? 그곳에 크로아티아 와인인 딩가츠 Dingac, 뽀스트 업 Post Up 그리고 화이트 와인인 뽀쉽 Posip 이 있죠. 이곳 와인은 크로아티아를 벗어나서는 구하기 힘든데 이 와인들 맛이 좋습니다. 뽀쉽은 마르코 폴로 고향인 코르츌라 섬에서 나온 화이트 와인으로 평균 12도-13도 됩니다. 괜찮으시면 좀 사갈까 하구요. 우리가 마시거나 아니면 선물용으로도 괜찮습니다."

꼬불꼬불 해안 도로를 따라 달렸다. 스톤 Ston 이라는 이정표가 보였다.

"저기 보세요. 스톤이라는 이정표 보이시죠?" 하고 엘레나는 나를 보며 말하였다.

"네. 그런데 왜요?"

"스톤은 옛날 로마시대 이전부터 소금을 생산하였던 도시입니다. 유럽에서 아주 질 좋은 최고 순도를 자랑하는 소금을 생산하는 아주 오래된 염전이 있는 도시죠. 지금도 바다, 태양, 바람 등의 전통적인 방법을 그대로 이용하여 소금 생산을 한다는군요. 스톤은 첨가물이 전혀 없는 천연 소금으로 유명한데 아드리아 해 바닷물을 수로로 끌어 들여 전통 방식으로 질 높은 소금을 만든다고 하네요. 옛날부터 소금은 하얀 금으로 불리었다죠. 고대에는 소금 전쟁이 있을 만큼 중요하고 값어치 있던 것이죠."

어느덧 우리는 네움 국경에 다다랐고 국경을 통과해 네움 휴게소에 도착하였다. 아침인데도 많은 사람들이 있었다. 마켓에 들어가 이곳 크로아티아 와인인 딩가츠와 뽀쉽을 샀다. 우린 다시 또 크로아티아 국경을 통과해야 한다. 이곳에서 국경을 통과해 다시 트로기르까지는 한 시간 남짓 소요된다.

차를 타고 국경을 통과하여 가는 동안 나는 엘레나에게 이야기하였다.

"크로아티아가 낙하산, 만년필, 넥타이, 수력발전소를 발명하고 만든 나라인 거 아시죠? 물론 레오나르도 다빈치가 낙하산의 원리를 스케치 했지만 낙하산의 발명자로 파우스트 브란치치Faust Brancic 1551-1617를 드는데 이의를 제기하는 사람은 없습니다. 왜냐하면 안전하게 떨어질 수 있도록 범선에 쓰는 돛을 이용해 우산살처럼 끈을 만들어 현대의 낙하산의 원형을 만들었기 때문이죠. 1595년 베네치아에서 실험에 성공합니다. 그리고 엘레나 씨 혹시 만년필을 누가 만들었는지 아세요?"

"만년필을 발명한 사람은 워터맨 아닌가요?"

"에두아르 펜칼라Eduard Penkala라는 크로아티아 사람입니다. 그는 일종의 모세관 원리를 이용한 화학 펜을 발명하였습니다. 그리고 수력발전소를 처음 만든 곳도 바로 이 나라죠. 물과 산이 많아서일까요? 그리고 현대의 많은 직장인들이 매일 매고 다니는 남성 소품의 완성이라는 넥타이가 바로 이곳에서 나왔습니다. 크라바트 즉 넥타이는 17세기 오스만 투르크 제국에 힘겹게 승리를 거둔 프랑스를 주

축으로 한 동맹국 군인들의 자축연에 참석한 크로아티아 병사들이 맨 장방형의 천 조각이었습니다. 그들 크로아티아 군인의 무사 귀환을 위해 아내 혹은 애인들이 부적처럼 목에 걸어 주었던 장방형의 천에서 유래한 것입니다. 이게 루이 14세에 의해 프랑스에서 유행하게 된 것이죠. 그리고 넥타이는 18세기 프랑스 대혁명 때 마리 앙투아네트와 함께 불태워져 사라졌지만 영국으로 건너가 계속 유행을 했습니다. 현대에 와서 직장인의 대명사처럼 된 것은 제이피 모건이라는 미국 은행에서부터라고 생각하시면 됩니다. 은행에서 직원을 뽑을 때 외모를 중시했고 그때부터 퍼져 나가다가 아이비엠에 와서는 넥타이라는 것이 직장인의 상징처럼 된 것이죠."

우리는 트로기르Trogir로 다가가고 있었다. 네움에서 트로기르까지는 한 시간 거리이다. 그리고 트로기르에서 스플리트까지는 28킬로미터, 차로 약 30분 거리이다.

또 다른 도시로 이동한다. 혼자 하는 여행에서 둘이 하는 여행으로 바뀌어 여행하고 있다. 엘레나는 알 수 없는 여자였다. 생각보다 발칸에 관해 많은 것을 알고 있고 역사를 이해하고 사물을 보는데도 남다른 데가 있는 것 같은 느낌이다. 차창 밖을 보고 있는 엘레나에게 나는 말을 걸었다.

"이곳 트로기르에 대해서 좀 아세요?"

"어떤 부분을 말하시는 건지는 모르겠지만, 많이 알지는 못하고… 전혀 모른다고 하기도 좀 애매하네요."

"그럼 아시는 것 좀 이야기해 주실래요?" 하고 나는 엘레나에게 말하였다.

"이곳 트로기르의 인구는 1,600명 정도고, 스플리트에서 30분 거리로 서쪽으로 떨어진 해안에 자리 잡은 작은 항구도시입니다. 이곳은 시오보 Ciovo 섬과 내륙 사이에 있는 작은 섬에 자리 잡은 곳으로 유네스코 문화유산 도시인데 한 가지 특징이 있습니다. 그것은 이 도시가 돌로 만든 도시라는 것이죠. 그리스, 로마, 베네치아 사람들이 이곳을 차지하는 과정에서 다양한 유산을 남겼습니다. 이곳의 역

종탑에서 바라본 정의의 광장이라 불리는 로자의 모습

시간으로의 여행 크로아티아, 발칸을 걷다

사를 간단히 살펴보면 다른 유럽 도시도 비슷한 경우가 많지만 이곳도 기원전 3세기에 그리스인이 정착합니다. 그리고 시간이 흐르고 로마제국의 영향력이 강해지면서 로마의 주요 항구 도시로 발전하게 되죠.

이렇게 번영을 하다 4분四分 통치로 유명한 디오클레티아누스 황제가 은퇴 후 고향인 스플리트로 돌아옵니다. 로마 황제 디오클레티아누스의 고향 스플리트와 그가 건설한 군사도시 살로나가 번창하게 되죠. 그 후 트로기르는 쇠퇴하게 됩니다."

"이곳은 그리스, 로마, 베네치아의 역사가 살아 숨 쉬는 곳이네요." 하고 나는 엘레나에게 말하였다. 엘레나는 계속해서 이야기를 하였다.

"이곳에 현재의 크로아티아인인 슬라브족이 이주해 온 게 언제인지 아세요?"

나는 모르겠다고 하였다.

"이곳에 슬라브인이 이주해 온 것은 9세기 이후입니다. 슬라브인인 크로아티아 사람들이 이주해오자 살로나²⁷에서 피난 온 사람들의 두피처가 되면서 다시 발전하기 시작한 게 트로기르죠. 그리고 13세기 몽골인들이 유럽을 침략했을 때 헝가리의 벨라 4세가 이곳으로 피신한 적도 있고, 베네치아가 이곳을 지배하기 시작한 때는 15세기인데 베네치아가 달마티아를 합병했을 때죠. 그러자 거기에 반대하는 전쟁이 일어나게 되죠. 그래서 도시의 많은 부분이 훼손되었고 그때부터 베네치아의 긴 통치가 시작됩니다. 그러다가 18세기 후반 즉 1797년 베네치아가 몰락합니다. 하지만 트로기르는 오스트리아의 합스부르크 가문의 지배를 받게 됩니다. 그리고 나폴레옹이 1806년부터 1814년까지 잠깐 이곳을 점령한 것을 제외하고는 계속해서 오스트리아의 지배를 받게 됩니다."

"그러면 이곳이 본토에 귀속된 것은 언젭니까?"

"1918년 1차 세계대전이 끝나고 나서입니다."

이러한 이야기를 하면서 엘레나와 나는 바다가 보이는 산길을 따라 트로기르로 향하고 있었다. 트로기르는 오랜 역사를 가지고 있는 도시이다. 조그맣지만 구시가지는 미로와 같은 중세의 거리를 갖고 있다. 많은 외세의 침략과 지배를 거쳤지만 오랜 역사와 문화를 보존하고 있다. 산에서 내려오니 트로기르에 거의 다 왔다. 중부유럽에서도 로마네스크, 르네상스, 바로크, 고딕 양식의 복합적인 유산을 가지고 있는 곳이 바로 이곳이기도 하다.

엘레나와 나는 차를 가장 가까운 곳에 세웠다. 거의 12시가 다 되었다. 점심을 하기에는 좀 이른 시간인 듯하였다. 우선 시내 중심으로 들어가기로 하였다. 주차장에서 구시가지 안으로 들어가기 위해서는 작은 돌다리를 건너야 했다. 내륙과 섬을 연결하는 작은 돌다리를 걸었다. 천천히 다리를 건너면서 구시가지로 향하였다. 다리로 연결된 작은 섬 전체가 세계문화유산이다. 본래는 성벽으로 둘러싸여 있었으나 지금 남아 있는 성벽은 많지 않다.

섬으로 들어서자 구시가지로 들어서는 문이 하나 나왔다. 성의 북문이었다.

나는 엘레나에게 손짓으로 문의 아치를 가리켰다.

"이 문이 북문입니다. 많은 여행객들이 이곳에 오면 거의 이 문을 통해 구시가지 안으로 들어갑니다. 북문은 17세기에 바로크 양식으로 만들어진 것이죠. 그리고 문 위를 보면 석상이 하나 있습니다. 저 석상이 누군지 아세요?"

"석상의 저 분은 트로기르에서 중요한 수호성인인 이반 오르시니 혹은 존 오르시니입니다. 존을 크로아티아에서는 이반이라 부릅니다. 그는 이곳 주교님이셨고 아주 오래전 12세기에 이곳에 사셨습니다. 후에 성인 반열에 오르셨지요. 이 마을의 수호성인입니다."

우리는 다리를 건너 섬 안으로 들어갔다. 섬은 동서로 800미터이고 남북으로는 300미터이다. 크지 않은 이 섬은 인공 섬이다.

나는 북문으로 들어가면서 엘레나에게 말하였다.

"트로기르는 크로아티아에서 오래된 해변도시 중 하나입니다. 이 도시는 기원전 3세기에 만들어졌습니다. 프랑스의 마르세유, 니스, 흑해 연안의 도시 등 많은 유럽의 도시들이 그렇듯이 이 도시도 그리스인들에 의해 만들어졌습니다. 그리스인들은 적들로부터 이 도시를 보호하기 위해서 반도였던 이곳에 운하를 파서 본토와 분리시킵니다. 이 인공 섬은 매우 작고 지대가 낮습니다. 그래서인지 요즘은 밀물 때 집이 해수에 침수되는 경우가 불행하게도 가끔씩 생기기도 한다고 합니다. 베네치아의 밀물현상이 바로 그것과 같습니다."

엘레나와 나는 좁은 골목길을 걸었다. 식당, 호텔 그리고 기념품 가게 등이 있었다.

엘레나는 나에게 "트로기르라는 말이 어떻게 해서 나왔는지 아세요?" 하고 물었다.

나는 "글쎄요, 잘 모르겠는데요." 하고 대답하였다.

엘레나가 나에게 설명하였다.

"원래 이곳은 그리스어로 트라구리온이라 불렸습니다. 염소언덕이란 뜻이죠. 달마티아 지역의 마을 중에는 염소와 관련된 이름을 갖고 있는 경우가 많습니다. 고대 이쪽 지방에서는 사람들이 염소와 양을 많이 키웠답니다. 트로기르란 지금 이름은 옛 그리스 이름 트라구리온이 크로아티아어로 변형된 것이라고 보시면 됩니다."

"그리고 이 작은 섬은 1997년에 유네스코UNESCO의 세계 문화유산으로 지정되었습니다. 이곳의 대부분의 집들은 14세기~15세기에 만들어진 겁니다. 섬의 서쪽 지역은 귀족들이 살았던 곳이랍니다. 그래서 각 집의 대문에 가문 문장이 있는 곳이 많이 있지요. 달마티아의 다른 집처럼 이곳의 거의 모든 집들은 석회암으로 지어졌는데 전체 크로아티아 해변도시에서는 거의 석회암으로 집을 지었습니다. 스플리트의 디오클레티아누스 황제의 궁전 역시 그 지역 석회암으로 지어진 겁니다."

엘레나의 이러한 이야기를 들을 때마다 놀라웠다. '어떻게 이 많은 이야기를 알고 있을까?' 하고 궁금해 물어보고 싶었지만 참았다.

엘레나와 나는 들어왔던 반대편 해안으로 가보기로 하였다. 그리고 다시 구시가지를 보기로 하였다. 좁은 골목을 따라 나갔다.

조그만 골목길을 걷고 있는 것이 누군가와 시간 속으로 여행을 하고 있는 느낌이었다. 나는 골목을 거의 빠져나갈 때 쯤 있는 성당을 보면서 엘레나에게 말하였다.

"이 조그만 섬 안에 성당이 열세 개나 된답니다. 여기 이 성당은 가르멜 성모 성당이라고 하는데요, 일 년에 한두 번만 미사를 드린다는군요. 이 섬에는 몇 천 명 정도가 살고 있는데 성당이 너무 많은 것 같다는 생각이 듭니다. 그리고 이 섬에는 도미니크 수도원과 베네딕트 수도원 이렇게 두 개의 수도원이 있습니다."

골목을 완전히 빠져나왔다. 우리가 처음 들어온 곳은 북문이고 가로질러 나왔으니 이곳은 섬의 남쪽이다.

"저 앞의 큰 섬은 치오보라 불리는 섬인데 본토와 이 작은 섬 그리고 저 큰 섬은 연결되어 있습니다. 다리가 총 세 개입니다. 우리가 건넌 다리는 스톤 브리지 즉 돌다리, 그리고 그 옆에 북쪽으로 나무다리 그리고 이 섬과 큰 섬을 연결하는 다리 이렇게 세 개입니다. 치오보 섬엔 요트클럽, 그 근처엔 작은 조선소도 있답니다. 그 옆에 멋진 호텔이 하나 들어설 거라는군요. 저 치오보 섬 서편으로 베네치아가 축조한 요새가 보입니다. 카메르 렝고라고 부르며 15세기 것이죠. 도미니크 수도원 하나가 그 섬 안에 있는데 그 큰 수도원에 수도사 한 분이 계신 걸로 알고 있습니다. 17세기부터 수도원으로 사용했다는군요."

엘레나와 나는 천천히 걸었다. 자연스럽게 남문이 있는 곳으로 걸었다.

"구시가지의 모습이 베네치아와 비슷하다고 생각하지 않으세요?"

　하고 엘레나에게 물었다.

　엘레나는 "그렇군요. 아무래도 그들의 지배를 오랫동안 받았기 때문 아닐까요?" 하고 말하였다. 그리고 말을 이어 나갔다.

　"트로기르는 15세기 전까지는 크로아티아 왕이나 군주의 지배 아래 있었습니다. 그러다가 15세기 이후 18세기까지 약 300년 동안은 베네치아의 통치를 받았지요. 그래서 구시가지의 모습이 베네

종탑에서 바라본 풍경. 멀리 건너편에 치오보 섬이 보인다.

치아를 연상시키는 겁니다."

"그리고 18세기에는 오스트리아, 짧지만 나폴레옹, 다음에 다시 오스트리아, 1919년부터는 유고슬라비아 왕국이었습니다. 1919년 트로기르와 스플리트는 단 한 번 공격을 받았을 뿐입니다. 두브로브니크가 당한 공격과 비교하면 아무것도 아니라 하더군요. 그래서 여기에서는 전쟁의 흔적을 찾긴 힘들다고 합니다."

앞쪽으로 트로기르의 성벽이 보였다. 나는 엘레나에게 성벽을 가리켰다.

"트로기르의 옛 도시 성벽입니다. 이 성벽은 원래 이 섬을 둘러싸고 있었다고 합니다. 나폴레옹 침략 때 프랑스 군대가 대부분의 성벽을 파괴했습니다. 16세기에 지어진 성벽입니다."

우리는 남문에 도착하였다. 엘레나에게 말하였다.

"이건 작은 대기실이랄까, 이탈리아어 그대로 로자라고 불렸는데요. 16세기 것입니다. 이 로자는 중세 때 사람들이 구시가지에 들어가기 위해 대기했던 곳입니다. 중세 땐 외지 사람들이 오늘날처럼 행진하듯이 그냥 막 들어갈 수가 없었죠. 또한 이곳은 저녁에 늦게 오는 사람이 잠을 청했던 곳이기도 합니다. 교회에서 6시쯤 마지막 저녁 종을 울린 후 트로기르 안으로 들어가는 이 중앙문은 닫혔답니다. 그래서 이 곳에서 잠을 자야했다는군요."

엘레나와 나는 남문을 통해 들어가 트로기르의 주 광장으로 갔다. 대성당 앞에 있는 광장이다. 성문을 통과하면서 보이는 오른편에 있는 건물은 성 니콜라스에게 봉헌된 성당이다. 원래는 베네딕트 수도회 건물이었다. 현재 여섯 분의 수녀님들이 머물고 있다고 한다.

나는 성 니콜라스 성당을 가리키며 엘레나에게 말하였다.

"성 니콜라스는 선원들의 수호성인이죠. 트로기르의 거의 모든 집안에는 선원들이 있었기에 그들은 이곳에 기부를 많이 했지요. 그래서 이 성당은 카이로스라 불리는 유명한 아트 컬렉션을 소장하고 있습니다. 이 '카이로스'라 불리는 그리스의 젊은 신을 조각한 그리스 작품이 가장 유명한데요. 카이로스는 기회의 신이죠."

엘레나와 나는 중앙광장에 왔다. 이 광장의 이름은 요한 바오로 2세 광장 혹은 나르도니 광장이라고도 한다. 우리가 알고 있는 바티칸의 전전 교황님, 그 분의 이름을 따서 이 광장 이름을 지었다고 한다.

광장을 중심으로 나는 남쪽을 가리키며 엘레나에게 이야기하였다.

"저기 남쪽에 있는 로자를 보세요. 이 로자는 15세기 것입니다. 정의의 마당이라고 불리죠. 안을 보면 재판관의 탁자가 있고요. 저기 위쪽으로 보면 정의의 상징인 저울을 들고 있는 정의의 여신이 있고 오른쪽과 왼쪽으로는 트로기르의 중요한 성인들이 계십니다. 왼쪽은 북문에서 봤던 성 이반 오르시니입니다. 그는 이 도시의 가장 중요한 수호성인입니다. 그래서 도시모형을 손에 들고 계시죠. 그리고 오른쪽은 성 로베로입니다. 크로아티아 이름으로는 로렌스입니다. 이 성당이 성 로렌스에게 봉헌된 성당입니다. 두 성인 사이에 빈 공간이 보이죠? 원래 베네치아의 상징이며 성 마르코의 상징인 사자상이 있었는데 2차 세계대전 직후에 크로아티아 사람들이 이탈리아 파시즘의 상징이라 오해하여 사자상을 파괴했답니다.

남쪽에 기마상이 보이지요? 중요한 분이고 트로기르 시민입니다. 그의 이름은 기마상 오른편에 쓰여 있듯이 페타르 페르슬라비치입니다. 그는 원래 주교였습니다만 오스만 투르크 군과의 전투 때문에 유명하답니다. 16세기에 전사했지요. 이 부조는 크로아티아의 가장 유명한 조각가인 이반 메스트로비치의 작품입니다. 그리고 로자 옆의 시계탑이 있는 성당은 성 세바스티안에 봉헌된 성당입니다. 그의 모습이 정문에 있습니다. 15세기 때 피렌체 니콜라스 작품입니다. 세바스티안은 원래 로마 디오클레티아누스 황제 때의 군인이었는데 크리스천이 되었고 그 죄목으로 다른 군사들의 활에 순교 당했답니다. 이 성당은 15세기에 만들어졌는데 지금은 성당이라기보다는 기념관입니다. 문 열었을 때 들어가 보면 1990년대 세르비아와의 4년간 전쟁 때 전사한 트로기르의 젊은 군인들의 사진을 볼 수 있습니다. 그리고 동쪽 건물은 시청이고 16세기에 만들어진 것입니다. 이 광장에서 가장 중요한 건 성 로렌스 성당이겠죠. 메인 성당인 이 성당은 성 로렌스에 봉헌된 성당입니다. 몇 세기에 지어졌는지 말하기 애매합니다. 왜냐하면 이 성당은 400년 이상 지어졌기 때문입니다. 12세기에 짓기 시작해서 16세기에 마무리되었습니다. 그래서 성당 안팎으로 서로 다른 양식이 혼재해 있습니다. 하지만 주된 양식은 로마네스크입니다. 종탑을 보면 여러 가지 양식을 볼 수 있는데 0층은 로마네스크, 1층은 고딕 양식, 2층은 베네치아 고딕 양식, 꼭대기 층은 16세기의 르네상스 양식입니다."

이야기를 끝마치고 나는 엘레나에게 물어보았다.

"이 성당에서 가장 중요한 부분은 어디일까요?"

"글쎄요?"하고 엘레나는 짧게 대답하였다. 광장에는 많은 관광객들이 있었다.

"가장 유명한 부분은 정문입니다. 여기 밖에서도 볼 수 있습니다. 라도반의 정문이라 불립니다."

"라도반의 정문?"

"라도반이란 이름을 가진 장인의 이름에서 유래했습니다. 13세기 초부터 만들었습니다. 우리가 보고 있는 정문 중 가장 큰 부분을 만들었습니다. 아마도 달마티아에서 로마네스크 시절의 가장 아름다운 작품이 아닌가 합니다."

"이곳 지중해 지역에서는 성당 문에 사자가 자주 보입니다. 오른

라도반의 사자위에 있는 이브　　　　　　라도반의 사자위에 있는 아담

쪽과 왼쪽에 두 마리의 사자가 보이는데요. 저 사자는 베네치아 사자가 아닙니다. 베네치아의 상징이 사자인 거 아시죠? 예전에 사람들은 사자는 두 눈을 뜬 채로 잠이 든다고 믿었습니다. 그래서 그들이 성당 문을 지킬 수 있다고 생각했지요. 사자 위의 오른쪽은 아담, 왼쪽은 이브입니다."

나는 엘레나에게 위를 보라고 하였다.

"높이 올려다보면 로브로의 작품인 성 로렌스의 상이 보입니다. 위쪽에는 성경에 나오는 분들의 조각이 보이고요. 가장 유명한 부분은 중앙 아치 부분입니다. 중앙 아치 부분에는 각 달의 12궁도에 맞춰서 풍경을 보여 주고 있습니다. 유럽의 많은 성당에서 볼 수 있죠.

사실 우리는 위쪽의 여섯 개 달만 보이지요. 중앙 아치의 왼편 12월부터 볼 수 있습니다. 사람이 돼지를 도살하고 있는 그 위에 소시지를 굽고 있는 사람은 1월, 사다리를 준비하는 두 명의 사람들은 2월, 포도밭에서 일하는 사람들은 3월, 그리고 반대편 아래로 3월이 다시 보이고 그 위 양털을 깎는 4월의 모습이 보입니다. 일상생활을 나타낸 것이죠. 이것이 전체 정문 작품 중 가장 소중한 것입니다. 13세기 초반의 아주 훌륭한 작품입니다. 아주 유명한 이유이기도 하고요."

성당 앞 광장은 시간이 지나면서 보다 더 많은 사람들이 몰려들었다. 성당을 나와 광장으로 나갔다. 그리고 우리는 점심 식사를 하기로 하였다. 식당은 골목 안에 있는 조그만 식당이었다. 식사 후 식당에서 나와 다시 북문으로 향하였고 돌다리를 건너 주차장으로 걸어갔다. 30분 거리의 스플리트로 출발하였다.

스플리트
Split

스플리트는 305년 로마 황제 디오클레티아누스 황제에 의해 건설되었다. 이곳은 무역의 중심지로 번성하였으며 많은 세력의 쟁탈지가 되었던 곳이기도 하다. 오스트리아, 헝가리, 이탈리아의 지배를 받았으며 달마티아 지방의 경제, 문화의 중심지이다.

엘레나는 나에게 스플리트라는 도시에 관하여 설명하기 시작하였다.

"중부 달마티아의 항구 도시인 스플리트의 인구는 약 190,000명 정도입니다. 물론 달마티아의 중심 도시라 할 수 있으며 크로아티아 경제의 수도로 불리는 곳이기도 합니다. 크로아티아를 지나는 모든 선박이 거쳐 가는 곳이기도 하고요. 이곳은 그리스인의 식민도시 시절 아스팔라도스라고 불렸던 곳입니다. 또한 로마가 지중해를 지배하던 4세기에 군인 황제 시대를 종식하고 강력한 황제로 등장했던 디오클레티아누스[28]의 고향이기도 한 곳입니다."

달마티아[29] 지역에 위치한 스플리트는 아드리아 해 연안에 있는 도시이다. 두브로브니크에서 해변의 절벽을 따라 세 시간 반에서 네 시간을 달리면 스플리트에 도착한다. 로마 유적 가운데 가장 보존 상태가 뛰어나다고 평가받는 디오클레티아누스 궁전Diocletian's Palace이 이곳에 있으며, 점박이 개로 유명한 달마시안의 본고장이기도 하다.

엘레나와 나는 주차를 하고 차에서 내렸다. 그리고 아드리아 해를 끼고 있는 스플리트의 구시가지로 걸어들어갔다.

내가 엘레나에게 이야기하였다.

"이 거리의 이름이 무엇인지 아세요? 이곳에서 가장 유명한 거리인 리바 거리입니다. 여름에는 사람들로 북적거리는 곳이라는군요."

"이곳 스플리트는 두브로브니크와 더불어 크로아티아를 대표하는 양대 도시입니다. 인구 20만의 항구 도시이죠. 그리고 배, 버스, 기차 등의 교통수단으로 크로아티아의 다른 도시는 물론이고 헝가리, 독일, 오스트리아 등의 국가들과도 연결되니 크로아티아 교통의 허브라고도 할 수 있습니다."

거리에는 많은 사람들이 잘 닦여진 리바 거리를 거닐고 있었다. 엘레나에게 말하였다. "저 성벽을 보세요, 저 성벽이 남쪽 벽입니다. 우리는 지금 디오클레티아누스 궁전의 180미터 길이의 남쪽 벽을 보고 있는 것입니다."

엘레나와 나는 이전의 궁전 모습이 그려져 있는 그림 쪽으로 가서 로마시대 때 궁전이 어떻게 생겼는지 보았다. 궁전은 지금보다 더 바다와 가깝게 있었다. 3세기 후반의 궁의 모습이 어떠했는지 볼 수 있었다.

"이 궁은 기원후 295년~305년까지 약 10년간 건설하였다고 합니다. 로마군 진영의 구조를 본 따 만들어졌고 디오클레티아누스 황제는 자기의 말년을 이곳에서 보내길 원했습니다. 그때부터 이곳은 스팔라토라 불리었습니다. 305년 그는 그의 지위를 버리고 은퇴한 황제로서 이곳에 살러 왔습니다. 왜 그랬을까요?"

"그 이유는 매우 간단합니다. 달마티아 살로나라는 여기서 9킬로미터 떨어진 커다란 로마 도시가 바로 그의 고향이기 때문입니다. 그리고 또 다른 매우 중요한 이유는 이 궁전 근처에 디오클레티아누스 자신의 유황 온천이 있었다는 겁니다."

"엘레나, 우리는 지금 남문 근처에 있습니다. 남문에서 북문까지 180미터 길이입니다. 서쪽에서 동쪽까지는 215미터입니다. 모든 방면에 입구 혹은 문이 있습니다. 남문은 청동문, 서문은 철문, 동문은 은문, 북문은 금문이라 불리었는데 정작 금문은 금은 없고 아주 깨끗한 석회석으로 되어있지만 가장 중요한 문이었기에 철, 은에 이어 금문이라 불렸습니다."

"그리고 궁 안의 주 거리는 서문에서 동문으로 이어집니다. 데코마누 거리라 불립니다. 이 거리가 궁 안을 두 개로 나누는데 북쪽은 군인들을 위한 곳이었고 남쪽은 황제 거주지로 황제가 필요한 것이 다 있던 곳입니다."

엘레나와 나는 남문으로 입장하였다. 입장료를 내고 성 안으로 들어갔다. 입장하자마자 왼편의 지도를 보았다. 지도는 디오클레티아누스 궁전의 위치를 보여주었다.

나는 엘레나에게 지도를 보면서 이야기하였다.

"직사각형 부분이 로마 궁전이고, 도시의 벽은 17세기 바로크 시대의 것입니다. 여기가 디오클레티아누스가 태어난 로마 타운이며 달마티아의 수도였던 살로나입니다. 이 파란 선은 로마의 하수도 시스템으로 로마 타운, 궁전, 귀족의 집 등을 연결했습니다. 수도관의 길이는 9킬로미터였으며 물은 살로나 부근의 샘에서 끌어왔습니다. 이와 동일한 시스템이 지금도 스플리트에서 사용되고 있으니 이 도시는 1700년이 넘은 수도 시스템을 이용하고 있는 것이죠. 대부분 지하에 있으나 일부 구간에는 수도교가 있습니다. 1979년부터 유네스코에 의해 보호받고 있습니다. 1700여년이 지난 오늘날에도 잘 보존된 부분이 많답니다. 현재에도 남쪽, 북쪽, 동쪽 성벽을 거의 원형 그대로 볼 수 있습니다. 그리고 이 건물은 디오클레티아누스 황제의 무덤 즉 영묘입니다. 316년으로 추정하는 연도에 숨지고 여기 스플리트의 주 성당에 묻혔습니다. 사실 엄밀히 말하면 디오클레티아누스 황제의 무덤 위에 성당을 지은 게 되겠지요. 이곳 역시 로마 가톨릭 신자가 많은데 주민 중 85퍼센트가 로마 가톨릭 신자입니다. 다른 종교인들은 정교회, 무슬림, 그리고 유대인으로 그 수는 비교적 적습니다.

이 궁의 남쪽에는 아주 잘 보존된 지하 홀이 있습니다. 황제의 개인 공간은 그 위 2층에 있었지요. 1층과 0층은 현재 잘 보존되어 있습니다. 개인 공간, 침실 같은 것은 파괴되었습니다."

"우리가 서 있는 이곳이 바로 궁전 건물의 토대인 지하 홀입니다. 진짜 궁전은 저 위쪽 2층에 있었습니다. 2층에 있던 개인용 방들은 모두 파괴됐지만 이 지하 홀은 아름답게 보존되어 있습니다. 그 이유가 무엇인지 아세요?"

엘레나는 주위를 둘러보았다. 그러면서 나에게 그 이유가 무엇인지 물어보았다.

"그 이유는 좀 우습지만 중세에 2층에 살았던 사람들이 이 지하 공간을 쓰레기장으로 사용했었기 때문입니다. 위에 집을 가진 사람들은 지하실을 활용하는 것으로 간단하게 쓰레기 처리 문제를 해결했고, 저기 위에 구멍이 있는 게 보이시죠? 2백~3백년 후에는 이 지하 공간이 쓰레기로 거의 다 찼답니다. 2차 대전 후인 60년대 초에야 이 지역에 대한 탐사가 시작됐는데, 고고학자들이 여기서 아

디오클레티아누스 황제의 지하홀

름답게 보존된 로마 건축물을 발견했던 것이죠. 다행스럽게도 지하의 건물 토대가 단지 위층 구조물의 반영에 불과했기 때문에, 즉 지하 방들이 위층 방들과 똑같은 모양으로 만들어졌고 쓰레기로 인해 지하가 잘 보존된 덕분에 현대인들이 로마시대 디오클레티아누스 황제의 개인 방들이 어떻게 생겼었는지 정확히 알 수 있게 된 것입니다.

여기에서는 로마인들이 모든 것을 어떻게 지었는지 알 수 있습니다. 여기 보이는 석회석들은 스플리트 맞은편에 있는 브라치 섬에서 온 것입니다. 오스트리아 빈의 의회 건물, 미국 워싱턴의 백악관 그리고 베를린의 건물들이 브라치 섬의 석회석으로 지어졌습니다. 윗부분을 보면 로마의 벽돌과 작은 돌들이 있지요. 이제 서쪽으로 가 보시죠. 좀 전에 우리가 서 있었던 첫 방, 큰 방은 그 위에 디오클레티아누스 궁전의 일종의 리셉션 홀 또는 로비가 있었던 것으로 추정됩니다. 북쪽에 보이는 것은 디오클레티아누스 황제의 얼굴이 새겨진 로마 동전의 복제품입니다. 당시에 디오클레티아누스 황제의 얼굴이 새겨진 금화를 많이 만들었다는군요.

이 방에서 가장 흥미로운 것은 중세시대의 쓰레기입니다. 서쪽 방향을 보면, 전부 쓰레기로 뒤덮여 있었기 때문에 모든 방이 탐사 시작 전의 온전한 상태인 것을 알 수 있습니다. 또 한 가지 흥미로운 것은 로마시대 나무 두 조각인데, 2천 년 이상 된 것으로 고고학자들에 의해 쓰레기 더미 사이에서 발견됐습니다. 좌우로 보이는 홀은 위층에 나무로 된 갤러리가 있었고 몇 조각의 나무가 모든 것을 떠

받치고 있었던 것으로 추정된다고 합니다."

나는 엘레나에게 혹시 로마제국의 지도를 본 적이 있느냐고 물어 보았다.

엘레나는 없다고 하였다. 그래서 나는 왼쪽에 있는 로마제국의 지도를 보여주었다.

"여기 스플리트에서 가까운 살로나가 지도에 표시되어 있습니다. 소아시아에는 디오클레티아누스 황제의 공식 처소였던 니코메디아Nicomedia도 있습니다. 황제가 스플리트에 온 것은 제위에서 물러난 다음이었기 때문에 니코메디아에 있던 것은 황제의 개인 저택이었습니다. 로마제국에서 황제가 스스로 제위에서 물러나는 것은 매우 드문 일이었죠. 디오클레티아누스 황제는 그렇게 퇴위한 로마 역사상 두 번째이자 마지막 황제였다고 합니다. 여기 오른쪽에는 디오클레티아누스 황제 시대부터 그 이후까지 중요한 인물들이 많이 보이는군요. 저 위에 284년에서 305년까지 재위했던 디오클레티아누스 황제, 그 옆에 있는 것은 프리스카 황후입니다. 황후와의 사이에 딸 하나만 있었는데 황후 옆에 있는 그림이 그 딸인 갈레리아 발레리아입니다. 디오클레티아누스 황제 시대에는 두 명의 주 황제Augustus와 두 명의 부 황제Caesar 등 네 명의 황제를 두었습니다. 프리스카 옆에 있는 것이 두 주 황제인 디오클레티아누스 황제와 그 친한 친구였던 막시미아누스 황제이고, 그 옆으로 부 황제이자 공주 갈레리아 발레리아의 남편이었던 갈레리우스, 그리고 또 다른 부 황제 콘스탄티우스가 있습니다. 부 황제들은 주 황제의 사위여야 했습니다. 일종의 빅 패밀리였지만 중심인물인 디오클레티아누스 황제가 죽자 남은 이들은 왕좌를 놓고 싸움을 벌였지요. 또 설명할 만한 중요한 인물이 저 아래 파우스타 오른쪽에 있는 콘스탄티누스 황제입니다. 디오클레티아누스 황제는 기독교도를 박해했는데 역사가들에 따르면 매우 잔혹한 박해였다고 합니다. 디오클레티아누스 황제가 퇴위하고 2년 후 황제가 된 콘스탄티누스 황제가 기독교를 로마제국의 공식 종교로 채택했습니다. 황제가 기독교인을 박해했기 때문에 기독교인들이 후에 그의 모든 동상, 욕실 등을 파괴해서 원본이 남아 있지 않습니다. 그래서 여기 있는 건 후에 새로 만든 것이지만 황제의 모습을 잘 재현했다고 본답니다. 로마, 베네치아에서 황제의 동상이 일부 발견됐고 황제의 얼굴이 새겨진 로마 동전도 많기 때문입니다. 디오클레티아누스는 황제였지만 원래 왕족이나 귀족이 아니었으며 심지어 로마인도 아니었습니다. 역사가들은 그가 로마, 슬라브족이 오기 전에 살았던 일리리아(발칸 반도 서부 아드리아 해 동쪽에 있었던 고대 국가)인이었다고 추정합니다. 황제의 아버지가 아마도 해방된 노예였을 것이라는 일부 역사학자들의 견해도 있습니다. 아무것도 가진 것이 없었던 상태에서 가장 좋은 커리어를 쌓기 위해 디오클레티아누스는 군인의 길을 택했고, 장군이 됐고, 그리고 결국 황제가 된 것입니다. 황제가 된 디오클레티아누스는 자신을 주피터Jupiter 신의 아들이라 불렀습니다. 사실 거의 모든 로마 황제들이 스스로를 주피터의 아들이라 칭했답니다. 아마도 모든 황제들은 신이 되고 싶었나 봅니다."

엘레나와 나는 지하 홀에서 벗어나 주 광장 방면으로 향하였다. 나는 엘레나에게 계속 이야기하였다.

"이곳 디오클레티아누스 궁전에서는 종종 여러 다른 전시회가 열린다고 합니다.

특히 5월 초에 오면 지하 홀에서 국제 꽃박람회를 볼 수 있죠. 다른 때에는 미술전시회, 콘서트 등도 열린다고 합니다. 그리고 바닥을 보면 돌 파이프를 이용해 오수를 바다로 내보냈던 로마 하수처리 시스템의 일부를 볼 수 있습니다. 현재의 시스템이 좀 더 세련됐을 뿐, 기본적으로 오늘날의 시스템과 동일합니다. 수로 시스템은 좀 더 멀리 가보면 수메르 문명부터 찾아볼 수 있습니다"

돌로 만들어진 아치형의 복도를 거닐면서 나는 엘레나에게 더 이야기하였다.

"동쪽 홀과 서쪽 홀에 관해 이야기해 드릴게요. 동쪽 홀에서 가장 흥미로운 볼거리는 어멘자라고 부르는 로마의 식탁입니다. 지금은 그림만 볼 수 있습니다. 식탁의 진품은 스플리트 시립 박물관에 있는데, 과거에는 수년 동안 이 방 구조물의 중앙에 식탁이 놓여 있었답니다. 지하 홀 서쪽에는 위층에 리셉션 홀, 개인용 방들이 있었다고 합니다. 동쪽은 위층에 큰 다이닝룸이 있었고 다이닝룸 가까이에는 더 동쪽 방면으로 궁내 모든 사람들을 위한 공중목욕탕이 있었습니다. 황제는 서쪽에 자신만을 위한 개인 욕실을 따로 두고 있었다는군요. 공중목욕탕에 가까운 동쪽 다이닝룸을 드리클리늄이라고 불렀는데 이는 이 다이닝룸에 음식을 누워서 먹을 수 있는 어멘자

테이블이 더 많았기 때문입니다. 드리클리늄은 프리 벤치, 소파 등을 의미합니다. 로마인들은 앉기보다 누워서 먹기를 즐겼고 하인들이 음식을 내오면 접시보다는 테이블에서 손을 이용해 먹었습니다. 식탁 진품이 여기 없어 안타깝지만 습기 때문에 박물관으로 옮겨야만 했기에 지금 여기서는 볼 수 없게 된 것입니다. 이쪽을 보면 옛것과 새것의 차이를 알 수 있습니다. 석회석들은 대개 로마시대 것이지만 새것은 매우 하얗기 때문에 구분할 수 있습니다. 진짜 로마시대 벽돌은 색상이 매우 어둡습니다. 저기 아치를 보면 알 수 있는데, 진한 것이 원래 로마시대 벽돌이고 연한 것이 재건하면서 넣은 벽돌입니다."

성 도미니우스 성당의 종탑과 궁전

디오클레이 티아누스 황제의 궁에 있는 4개의 문 중 하나

엘레나와 나는 이렇게 이야기하는 사이에 1층에 도착하였다. 1층은 궁전의 지하실과는 달랐다. 현재와 과거가 공존하는 모습이랄까, 그러한 느낌을 주었다. 지금은 시민들이 거주하는 집들이 있고 로마시대 방들, 디오클레티아누스황제의 개인 방들은 저 위 2층에 있었다. 엘레나와 나는 디오클레티아누스의 영묘가 있던 자리에 세워졌다는 성 도미니우스 성당으로 계단을 따라 올라갔으나 성당 문은 닫혀 있었다. 나는 엘레나에게 광장에 대해 잠깐 설명하였다.

"이곳은 디오클레티아누스 궁전에서 가장 아름다운 부분으로 잘 보존되어 있습니다. 페리스타일 또는 페리스틸이라고 부르는데 이것은 기둥으로 틀이 짜여진 광장 또는 앞마당이라는 뜻입니다. 광장 주변에 기둥들을 볼 수 있는데, 대부분 이집트에서 들여온 이집트 화강암 기둥입니다. 그밖에도 여기 있는 많은 것들이 이집트에서 가져온 것입니다. 디오클레티아누스 황제가 이집트를 매우 좋아해 이 궁전을 지을 때 장식품을 이집트에서 많이 가져왔답니다. 여기에서 200개 이상의 이집트 기둥과 열세 개의 이집트 스핑크스가 발견됐다는군요. 그중 가장 잘 보존된 스핑크스가 바로 저기 있는데 거의 4천 년 된 것으로 유일하게 머리가 남아 있습니다. 다른 스핑크스들은 모두 머리가 잘려 나갔습니다. 스플리트의 기독교인들이 스핑크스를 괴물상이라 불렀고 뭔가 이교도적인 것을 상징한다고 생각해 파괴한 것입니다. 궁전의 중요한 것들은 모두 여기 광장에서 가까운 곳에 있었습니다. 남쪽으로는 개인 방으로 가는 주 출입문, 동쪽으로는 디오클레티아누스 황제의 묘가 있었습니다. 황제 자신이 신이라

칭했기 때문에 황제 생전에는 무덤 자리에 중요한 신전이 있었습니다. 서쪽으로는 다른 세 개의 신전이 있었는데 지금은 그 자리에 룩소르라는 멋진 커피숍이 있습니다. 그 자리에 로마 시대에는 비너스 신전이 있었고 그 맞은편에는 다산의 여신인 마그나 마터^{Magna Mater} 신전이 있었습니다. 서쪽 방향으로 좀 더 가면 지금도 제우스 신전이 있습니다. 그리고 남쪽에 있는 개인 방으로 가는 출입문에 발코니가 있는데, 디오클레티아누스 황제가 사람들한테 항상 자기 얼굴을 보여주고 싶어 해 이 발코니에 와 앉아 있곤 했고 그러면 모든 로마인들이 이 광장에서 엎드려 있어야 했답니다. 신의 얼굴을 봐서는 안 되므로 고개도 들 수 없었다고 합니다."

디오클레티아누스 황제 궁전 터에서 발견된 스핑크스

나는 엘레나에게 성당에 들어가기 전에 뒤편에 있는 방으로 가자고 하였다.

"이 방은 로마시대부터 보존된 아름다운 원형의 방입니다. 전통노래를 아카펠라 방식으로 부르는 젊은 남성들의 그룹인 클라파Klapa가수들이 스플리트에 올 때에는 대개 이 방에서 공연합니다. 음향효과가 좋기 때문입니다. 로마시대에는 이 방이 개인 방들로 가는출입문이었습니다. 황제의 호위병들이 이 방에 머물러야 했습니다.남쪽 벽 방향으로 좀 더 걸어가면 중요한 볼거리가 있습니다."

"좌측으로 보이는 건물이 민속박물관입니다. 전통의상, 무기, 보석 등등 전시물이 다양해 누구나 즐길 수 있는 좋은 곳입니다. 저 모

그레고리우스닌 동상

퉁이에는 4성급 베스트 뷰best view 호텔이 있습니다.

왼쪽에 보면 문에 로마시대의 장식이 그대로 남아 있습니다. 우측 남쪽으로 보면 로마시대에 황제가 산책을 하던 일종의 산책로가 있었습니다. 궁전 앞 아치에서 바다 경치를 내다볼 수 있었답니다. 방으로 돌아갈 때는 산책로에서 주 출입문을 이용했다는군요."

엘레나와 나는 그곳에서 나와 라틴어가 아닌 크로아티아어로 설교를 시도하여 존경을 받았다는 그레고리우스닌 동상이 있는 곳으로 가기로 하고 성 도미니우스 성당에서 북쪽으로 향하였다. 좁은 골목길을 따라 걸었다. 이러한 좁은 골목길의 모습은 유럽의 다른 도시들과 별다를 것은 없는 듯하였다. 북문 바로 밖으로 나오자 왼손에 성경을 들고 서 있는 4.5미터 높이의 거대한 그레고리우스닌의 청동상이 있었다. 그의 왼쪽 엄지발가락을 만지면 행운이 온다고 한다. 이 청동상은 1929년 크로아티아의 조각가 이반 메스트로비치가 만들었다고 한다. 그레고리우스닌은 10세기의 크로아티아 출신 대주교이다.

엘레나에게 말하였다.

"종교 개혁이 일어나기 훨씬 전에 라틴어가 아닌 크로아티아어로 설교를 했다는 것은 가톨릭의 변화를 알리는 시작이 아니었을까 하는 생각이 듭니다.

종교개혁은 이로부터 수백 년 후 가톨릭의 비 성경적인 교리와 관습을 배척하면서 시작되었는데 존 위클리프, 요하네스 후스, 사보나롤라, 마르틴 루터, 츠빙글리, 장 칼뱅 등의 종교 개혁가들이 나옵니다. 이들 중 존 위클리프나 마르틴 루터는 자국어로 성경을 번역하기도 하였습니다. 하지만 그레고리우스닌을 종교개혁과 연관 짓는 건 지나친 억지겠지요?”

내가 엘레나에게 왼쪽 엄지발가락을 만져 보라고 하였더니 그녀가 엄지발가락을 만졌다. ‘엄지발가락을 만지면서 무슨 생각을 하였을까?’ 하는 생각이 들었다. 청동상 주위에는 많은 사람들이 행운을 빌며 그의 왼쪽 엄지발가락을 만지려고 하였다. 우리는 그곳에서 서쪽으로 걸어갔다. 유럽의 구 도시가 그렇듯이 좁은 골목길을 거쳐

왼쪽 엄지발가락을 만지면 행운이 온다는 그레고리우스닌의 발

갔다. 좁은 골목길의 상점을 구경하면서 천천히 엘레나와 나는 리바 거리라 불리는 해안도로로 걸어갔다.

리바 거리에 거의 다 왔을 때 엘레나가 나에게 아이스크림을 먹자고 하여 골목을 빠져나오기 전 아이스크림을 샀다.

"한국 같으면 이렇게 아이스크림을 들고 혀로 핥아먹으면서 거리를 거닐 수 있을까요?" 하고 내가 말했다.

"그러니까 이곳에서 해보는 거죠."

스플리트 리바 거리

엘레나와 나는 리바 거리에 있는 벤치로 와서 바다를 바라보며 앉아 아이스크림을 먹었다. '무슨 영화의 한 장면 같은 느낌이 드는 이유는 무엇일까?' 하는 생각이 들었다. 엘레나와 나는 얼마쯤 그곳에 앉아 있다가 이탈리아어로 간단한 식당을 의미하는 트라또리아^{Trattoria}라는 글이 쓰여 있는 곳에 가서 식사를 하고 호텔로 이동하였다.

내일은 플리트비체 국립공원으로 가기로 하였다. 내가 엘레나에게 "편한 신발, 편한 복장이요." 하고 말하자 그녀는 웃으면서 알았다고 말하였다.

Tip

크로아티아를 가면 KONOBA, TRATTORIA 라는 간판 글자를 많이 볼 것이다. KONOBA 는 원래 생선 혹은 술 창고로 쓰이던 곳인데 여기에 술이나 음식이 있어서 식당으로 발전한 것이다. 그리고 TRATTORIA는 이탈리아어로 간단한 식당을 의미한다.

플리트비체 국립공원
Plitvice Lakes National Park

플리트비체 국립공원은 자그레브와 자다르 두 도시의 중간 지점에 위치한 국립공원이다. 19.5헥타르의 면적에 열여섯 개의 크고 작은 폭포로 연결되어 있다. 1979년에 유네스코에 의해 세계문화유산으로 등재되었다.

여느 때처럼 오늘도 오전 8시에 출발하기로 하였다. 아침에 일어나 운동복을 입고 리바 거리를 뛰었다. 그리고 샤워를 한 다음 간단하게 식사를 하고 시간에 맞추어 나왔다. 그리고 내 손에는 샌드위치가 든 봉투가 있었다. 오늘 우리의 점심 식사였다. 도착 시간과 점심 시간이 겹쳐 식사할 곳도 애매할 것 같고 해서 준비하였다. 엘레나가 10분 정도 일찍 나와 7시50분경 출발하였다. 차를 몰고 또 다른 목적지로 출발하였다.

엘레나가 차에 탔을 때 앉아 있는 자세를 보면 항상 거의 흐트러지지 않은 자세였다. 어찌 보면 교육을 잘 받은 사람의 흐트러짐 없는 몸가짐처럼 보이기도 하였다. 차가 시내를 빠져나오고 어느 정도 시간이 흐르자 도로 표지판에는 E65, A1이라고 표시되어 있었다.

엘레나는 "오늘 사실 좀 기대 되요." 하고 말하였다.

"무엇을요?" 하고 나는 갑작스러운 말에 물어보았다.

"사실 거의가 다 문화 관광이었잖아요. 그런데 오늘은 자연으로 들어가는 것이라."

"등산 좋아하세요?" 하고 나는 엘레나에게 물어보았다.

"등산을 좋아하는 게 아니고 그냥 자연을 느낄 수 있는 날인 것 같아서요."

"아, 네." 하고 나는 짧게 대답하였다.

엘레나는 나에게 플리트비체 국립공원에 대해 이야기하였다.

"플리트비체 국립공원은 자그레브^{Zagreb}와 자다르^{Zadar} 두 도시의

플리트비체 호수 풍경

중간 지점에 위치한 국립공원인데 약 19.5헥타르에 달하는 면적의 숲과 열여섯 개의 푸른 호수가 크고 작은 폭포로 연결되어 있습니다. 1979년 유네스코에 의해 세계문화유산으로 지정되었습니다."

"좀 아쉽기는 하죠, 그 넓은 곳을 하루 만에 봐야 되니 말입니다. 구석구석 자세히 보려면 약 3일 정도 소요된다고 합니다. 나무로 만들어진 인도교가 개울 위를 가로지르는데 개울이 얕게 흐르기도 하고 매우 시원한 산책로를 형성하고 있습니다. 물이 맑아서인지 고기가 노니는 모습을 볼 수 있답니다." 하고 나는 말하였다.

"이곳은 계절마다 그 모습이 모두 다르다고 합니다. 봄에는 풍부한 수량의 웅장한 폭포를 볼 수 있고 여름에는 울창한 숲과 맑디맑은 호수 속에 빠져들게 되며 가을이 오면 고요한 분위기와 단풍의 아름다움에 젖어들고…, 그리고 겨울에는 하얀 겨울 산의 모습을 즐길 수 있는 매력이 있는 곳이라고 합니다."

엘레나와 나는 플리트비체 국립공원까지 한 번도 쉬지 말고 가보자고 하였다. 두 시간이 지나면서 속도를 내기가 어려워졌다. 좁고 꼬불꼬불한 도로를 달리다 보니 어느덧 울창한 숲의 모습이 보이기 시작했다. 이제 거의 다 왔으리라 생각하면서도 도로가 좁고 속도를 내지 못하다 보니 목적지까지 가는 데는 시간이 좀 걸렸다.

공원의 티켓오피스가 있는 1번 입구에 도착하니 점심시간 때였다. 거의 세 시간 반 정도 소요되었다. 우리는 티켓을 끊어가지고 공원 안으로 들어갔다.

엘레나는 공원 안으로 들어가자 기분이 아주 좋아 보였다. 미소가

플리트비체 국립공원의 조감도

P3의 모습. 이곳에서 배를 타고 P2, P1로 간다.

절로 흘러나오는 것을 느낄 수 있었다. 엘레나가 나에게 말하였다.

"이 국립공원의 호수는 상류 부분과 하류 부분으로 나누어져 있대요. 플리트비체 국립공원의 모든 물줄기는 사스타비치^{Sastavici} 폭포 근처에 있는 코라나^{Korana} 강으로 흘러나가는데 신기한 게 무엇인지 아세요?" 하고 엘레나는 나를 보며 이야기하였다.

"그것은 국립공원의 물에 포함된 광물, 무유기물의 종류와 양에 따라 그리고 날씨에 따라 색이 다르다는 겁니다. 하늘색, 밝은 초록

정기선은 p1, p2, p3 세 곳의 부두를 오간다.

시간으로의 여행 크로아티아, 발칸을 걷다

색, 청록색, 진한 파란색, 또는 회색을 띠기도 하고 비가 오면 호수 바닥의 흙이 일어나 탁한 빛을 드러내며 맑은 날에는 햇살에 의해 반짝거리는 투명한 물빛이 연출되기도 한다는군요."

엘레나와 나는 천천히 공원 안쪽으로 내려갔다. 아래로 많은 사람들이 오가는 것이 보였다. 내려가는 길은 좁았다.

"우리가 위의 공원까지 다 보려면 약 네 시간 반 정도에서 다섯 시간 정도 소요된다는 것은 아세요?" 하고 나는 엘레나에게 말하였다.

그러자 엘레나는 "사실 사흘 정도 봐야 되는데 그럴 수 없으니 그 정도는 머물러야 되는 거 아닌가요?" 하고 반문하였다.

천천히 걸어 내려갔다. 우리는 우선 P3으로 가는 길에 큰 폭포를 보고 가기로 하였다. 물 위에 놓인 나무로 만든 인도를 따라 이정표를 보고 걸었다. 막다른 길에서 왼편으로 가면 P3으로 가는 길이고 오른쪽으로 가면 큰 폭포였다. 큰 폭포 쪽에서 올라오는 사람들이 보였다. 150미터에서 200미터 정도 걸어간 다음 조금 아래로 내려가니 큰 폭포가 있었다. 많은 사람들이 사진을 찍고 있었다. 우리도 이곳에서 잠시 멈추어 구경을 하고 방향을 P3으로 향하였다. 좁은 호수 길에 사람들이 오가고 있었다. 초록빛 호수 물속에 물고기들이 오가는 것이 보였다. 이렇게 자연을 느끼며 우리는 천천히 걸었다.

엘레나가 걸어가면서 이야기하였다.

"이곳은 400년 전까지만 해도 알려지지 않은 곳이었는데 16세기와 17세기에 걸쳐 오스만 투르크와 오스트리아 제국의 국경 문제로 조사가 이루어지는 과정에서 발견되었다고 합니다. 또한 오랫동안 사람의 발길이 닿지 않았던 곳이라서 전해 내려오는 이야기가 많은 곳이랍니다. 그리고 처음 사람이 살기 시작한 것은 기원전 1000년 경 트리키아인들이 이곳에 거주한 것이라는군요." P3에 거의 다다를 때쯤 엘레나는 그곳에 있는 카페에서 커피 한잔 마시자고 하였다. 코즈악 호수Lake Kozjak 반대편에서 배가 들어오고 있었다.

"배가 들어오네요, 다음 배 타고 건너가죠." 하고 엘레나가 나에

P3의 풍경

시간으로의 여행 크로아티아, 발칸을 걷다

게 말하였다.

엘레나는 카페에 가서 커피를 사가지고 테이블로 왔다.

코즈악 호수 반대편에는 P2와 P1의 선착장이 있다. 상부 호수를 보기 위해 이 두 곳 중 하나의 코스를 이용하면 된다. 엘레나와 나는 고민하였다. P2로 가서 상부 호수 한 곳만 보고 2번 입구로 나갈지 아니면 P1로 가서 순환버스를 타고 상부 호수로 가서 열여섯 개의 호수 중 해발 636미터에 위치한 프로슈칸스코 호수Lake Proscansko를 시작으로 오크루글루악Okrugljak, 벨리코Veliko, 갈로박Galovac 그리고 그라딘스코Gradinsko를 따라 P2로 내려올까 고민하였다.

엘레나는 후자를 택하자고 하였다. 대략 부지런히 걸으면 6시 안에 나올 수 있을 것 같았다. 커피를 마시면서 배를 기다렸다. 많은 사람들이 배를 타기 위해 줄을 서기 시작하였다. 한 15분 정도 기다리는데 배가 들어오고 있었다. P1로 가려고 엘레나와 나는 배를 탔다. 뱃길. 이곳 호수 위의 뱃길은 다른 여느 곳과는 그 느낌이 달랐다. 물살을 가르며 호수 위를 떠가는 뱃길에서 오는 감흥은 오스트리아의 알프스산지 잘츠카머구트에서 배를 타는 느낌과는 사뭇 달랐다.

P1에 도착해 셔틀버스를 타고 상부 호수로 갔다. 15분 정도 걸렸다. 동양 사람은 엘레나와 나뿐이었고 나머지 사람들은 모두 서양인이었다. 엘레나와 나는 그곳에서 내려 P2로 내려가기 시작하였다. 상부 호수는 하부 호수보다 더 아름다웠다.

엘레나가 나에게 말하였다,

플리트비체 국립공원에 있는 폭포 풍경

시간으로의 여행 크로아티아, 발칸을 걷다

"내일 아침이면 다리에 알이 배길 것 같아요. 하지만 이러한 풍경을 볼 수 있는 기회는 그리 많지 않으니까 힘은 들어도 즐겁네요."

"그래요, 저도 즐거워요. 아름다운 자연이 있고 여행 중에 이야기를 나눌 사람이 있고 거기다가 예쁘기까지 하니 나는 지금 더 이상 바랄 게 없네요."

자연 속을 거닐고 있다고 생각하니 모든 것이 더 아름다웠다.

엘레나는 나에게 "혹시 1991년 '플리트비체 피의 부활절'이라 일컫는 크로아티아 독립전쟁의 첫 무장 충돌을 아세요?" 하고 물었다.

"피의 부활절이요? 잘 모르겠는데요." 하고 나는 대답하였다.

"이 전쟁은 세르비아의 지원을 받은 크로아티아의 세르비아계가 독립을 선포하고 반군을 구성하면서 일어난 전쟁입니다. 세르비아의 밀로세비치는 군대를 급파해 크로아티아군을 축출하고 호수 공원을 장악하지만 크로아티아는 플리트비체 지역을 다시 탈환했습니다. 4년간의 전쟁으로 많은 것이 파괴되었던 아픈 상처를 가지고 있는 곳이 바로 이곳이기도 하지요."

엘레나와 나는 자연을 감상하면서 P2로 내려왔다. 이곳에서 기다리다 배를 타고 P1로 와 2번 입구로 나왔다.

엘레나와 나는 호텔로 돌아왔다. 아름다운 자연을 만끽한 하루였지만 몸은 피곤한 하루였다. 내일은 9시에 출발하기로 하였다.

자그레브
Zagreb

자그레브는 크로아티아의 수도이자 최대의 도시이며 1557년 이래 행정, 문화의 중심지로서 기능을 하고 있다. 1차 세계대전 후 오스트리아-헝가리 제국으로부터 독립하였고 그 후 구 유고슬라비아 연방에 속해 있었다. 자그레브 구시가지에는 13세기부터 15세기까지의 건축물들이 남아 있다.

자그레브는 크로아티아의 수도답게 다른 도시에 비해 컸다. 운전을 하고 가면서 내가 엘레나에게 이야기하였다.

"현재 우리가 크로아티아의 내륙에 온 건 아시죠. 이곳은 해안의 크로아티아와는 음식이라든지 음악이라든지 이러한 것이 사뭇 다릅니다. 내륙 쪽은 헝가리와 오스트리아의 영향을 많이 받았기 때문입니다. 이곳에선 비너 슈니첼이 전형적인 음식입니다 반대로 아드리아 해 쪽은 생선요리, 와인, 이탈리아 파스타를 먹습니다. 내륙 쪽은 화이트 와인을 즐겨 마시고 해안 쪽은 딩가치Dingac 같은 레드 와인을 즐겨 마시죠. 딩가치Dingac, 뽀십Posip, 바빅Babic. 이곳은 15세기 말부터 16세기까지 오스만 투르크와의 전쟁터였습니다."

이렇게 이야기하는 사이 우리는 목적지에 도착하였다. 구시가지와 가장 가까운 곳에 엘레나와 나는 주차를 하고 자그레브 대성당을 향해 걸어갔다. 자그레브 대성당은 성 슈테판 성당이라고도 불린다.

성 슈테판 성당

자그레브는 자그레바치카 산의 경사면과 사바 강의 범람원에 걸쳐 있다. 자그레브는 유럽 도시들이 대부분 그렇듯이 탁 트인 광장과 공원이 많다고 한다. 이곳은 문화, 경제, 과학 등 크로아티아의 모든 것의 중심지이다.

구시가지는 구릉 위에 있으며 두 개의 중세 도시로 이루어져 있다. 어느덧 우리는 성 슈테판 성당이 있는 광장에 도착하였다.

엘레나가 나에게 이야기하였다.

"이 장소가 바로 모든 것의 시발점입니다. 자그레브는 세 부분으로 나누어져 있다고 할 수 있습니다. 사바 강의 오른쪽이 뉴 자그레브 지역인데 2차 세계대전 이후 형성됐고 10층~15층의 건물들을 볼 수 있습니다. 사바란 이름은 달콤한 물sweet waters이란 뜻의 '사부스'라는 로마시대 골 족의 말을 이은 고트어 이름에서 온 것입니다. 뉴 자그레브 지역에는 비즈니스와 관련된 건물들인 자그레브 국제 전시장이라든지 석유회사 빌딩 같은 것들이 있습니다. 그리고 다른 한 부분은 로워 타운Lower Town입니다. 1880년 자그레브는 심한 지진으로 파괴된 적이 있는데 로워 타운은 지진 후에 새롭게 계획 및 설계한 곳입니다. 자그레브 중앙역에서 시작해서 예닐곱 개의 공원을 거쳐 옐라치치 광장에 이르는 길은 자그레브 관광의 핵심 루트로서 U자 형의 모양 때문에 푸른 말발굽The green Horseshoe이라고 부르기도 한답니다. 30개의 공원이 이 도시 안에 있고 이것이 이 도시의 특색입니다.

그리고 다른 하나는 어퍼 타운Upper Town이라고 합니다. 바로 우리가 지금 있는 곳입니다. 이곳은 구릉지 위의 두 개의 중세 도시로 구성됩니다. 바로 그라데쯔와 카프톨입니다"

성당이 있는 광장은 넓었다. 이곳은 성 슈테판 성당이 있고 그라데쯔와 카프톨의 중심인 광장이다.

엘레나에게 말하였다.

"그라데쯔는 오스만 투르크인에 항거하고 오스트리아의 게르만화 정책에 대한 저항, 범 유고슬라비아 운동 등 크로아티아 독립운동의 중심이던 곳이지요. 16세기 오스만 투르크인을 막기 위해 성벽으로 마을을 둘러싸면서 요새화된 곳입니다. 그리고 카프톨은 가톨릭교회의 통치로 16세기에 성직자 마을로 요새화된 곳입니다."

이번에는 엘레나가 천천히 슈테판 성당으로 걸어가면서 나에게 이야기하였다.

"이곳 크로아티아의 역사는 헝가리와 관련된 것이 많습니다. 이 것도 거기에 관련된 것이죠. 13세기에 몽골인들이 헝가리를 침입했는데 그때 헝가리 왕 벨라 4세의 은신처였던 곳이 그라데쯔입니다. 이에 대한 감사로 왕은 그라데쯔를 왕권도시로 선포하여 칙허장을 수여 했답니다. 조금 더 이야기하자면 크로아티아는 거의 800년간 오스트리아-헝가리 이중 왕국에 속해 있었는데, 성 슈테판 성당은 1093년에 헝가리 왕인 라디슬라스Ladislas가 짓기 시작해서 1102년에 완공, 1217년에 성모 마리아에게 헌정한 것이랍니다. 13세기에는 몽골, 혹은 타타르인들에 의해 완전히 파괴되었으며 몽골이 물러난 후 주교가 고딕 양식으로 성당을 다시 짓기 시작합니다. 보시

다시피 거리 쪽을 보면 파사즈가 나 있는데 이것은 13세기 것입니다. 그 후 17세기에는 화재를 겪었고 19세기에는 지진의 피해를 입었습니다. 그러고 나서 1880년에 빈의 성 슈테판 대성당을 지은 사람이 이 성당을 재건했습니다. 그리고 두 개의 첨탑이 있는데 남쪽의 탑은 104미터, 그리고 북쪽의 첨탑은 105미터입니다. 내부는 5,000명이 동시에 들어가 미사를 볼 수 있는 곳입니다."

엘레나와 나는 성당에 이르렀다. 그러나 성당에 들어갈 수는 없었다. 문 앞에 계시는 수사님에게 물어보았더니 지금 로자리오 기도시간[30]이라서 성당에 들어갈 수 없다고 하였다.

엘레나와 나는 성당 정문 앞 성모 마리아 분수대를 지나 카피톨 지역으로 향하였다.

엘레나가 말했다.

"크로아티아 인구의 86퍼센트가 로마 가톨릭 신자인 거 아시죠? 합스부르크 즉 오스트리아-헝가리 제국의 영향을 받아서겠지요. 그리고 이곳은 주교좌의 도시이지요. 지금 우리가 향하고 있는 저곳은 13세기에 설계된 왕권도시입니다. 이탈리아의 도시와 똑같은 모습을 곧 보실 겁니다. 성벽과 탑에 둘러싸이고 의회 건물, 스톤게이트 이런 것들이 13세기 전형적인 왕권도시의 영토에 속했던 중요한 것들입니다."

나는 엘레나에게 이야기하였다.

"어디선가 이런 이야기를 보았어요. 1991년에 일어난 세르비아와의 전쟁을 크로아티아 사람들은 내전이 아니라 크로아티아를 공격한 유고슬라비아 군인들과의 전쟁이라 생각하고 있답니다. 여기 자그레브에서 남쪽 호수가 있는 쪽으로 가는 길에 전쟁이 끝난 지 20년이 지났지만 많은 전쟁의 흔적을 볼 수 있습니다. 16세기에 오스만 투르크가 현재 보스니아 헤르체고비나를 정복했는데 그때 투르크인들은 알바니아, 몬테네그로, 코소보 영토가 사바 강, 크로아티아와 훨씬 더 가까워지는 것으로부터 그들을 지킨 것이라고 생각했다는군요. 그래서 그들은 강줄기를 따라서 정착하기 시작했고 보스니아 북쪽 땅에 거주했습니다. 1991년에 그곳은 정교회 지역이었는데요. 크로아티아엔 30퍼센트의 세르비아계 소수민족이 살고 있었습니다. 16세기 중엽에 오스트리아-헝가리 이중제국이 크로아티아에 군사적인 경계선을 만들었고 그것은 군사기지로 이용되었습니다. 이 크로아티아 영토에 오스트리아-헝가리 이중제국이 오스만 투르크에 대한 방어시스템을 구축한 겁니다. 중요한 것은 크로아티아 군사 경계선이 350년 동안 크로아티아 의회의 결정과는 무관하게 유지되었다는 것이죠."

엘레나와 나는 크로아티아에 관한 이런저런 이야기를 하면서 우선 시장광장을 거쳐 카피톨 지역으로 가기로 하였다. 시장의 모습은 어디나 활기찬 느낌을 주는 것 같다.

"이곳은 카피톨 시장입니다. 시장은 매일 오전 7시에서 오후 3시까지 장이 섭니다. 이 시장은 1930년에 생겼답니다. 이곳은 두 개의 층으로 이루어져 있는데 두 개의 시장이 계단을 통해 이어져 있습니다. 지금 우리가 서 있는 곳은 청과물을 파는 시장입니다. 그리

저녁의 시장 풍경

시장에서 스톤게이트로 가는 골목길

고 계단 아래쪽에서는 다른 것들을 팝니다."

나는 엘레나에게 손짓을 하며 동상을 가리켰다.

"이 동상은 과거 농사짓던 할머니들을 상징하는 것입니다. 새벽 2시~3시면 일어나 전통의상을 입고 머리에 치즈, 우유, 달걀을 넣은 바구니를 이고 10킬로미터 넘게 걸어서 장이 서는 곳까지 6시에 정확히 도착했답니다. 그런 할머니들을 기억하는 동상입니다. 어찌 보면 우리의 힘들었던 시절 서민들의 어머니 모습이기도 하다는 생각이 듭니다. 그리고 그들이 입었던 전통의상은 붉은색이었는데 전

시장 할머니의 대표 동상

통적인 북쪽 마을 옷의 색이었습니다. 또한 붉은색은 자그레브시의 상징이기도합니다. 그리고 하트 모양의 생강 빵은 자그레브시의 기념품입니다.

그 밖의 기념품이라면 넥타이와 '크래쉬'라는 유명한 초콜릿 브랜드도 있습니다. 피퍼 쿠키도 16세기부터 만들어온 자그레브의 대표적인 기념품입니다. 모든 농부들은 이런 모양의 리본이 달린 빨간색 우산을 가지고 있습니다."

잘 정돈된 시장은 보기 좋았다. 우리는 꽃을 파는 광장으로 갔다.

꽃을 파는 광장답게 많은 꽃들이 파라솔 아래 진열되어 있었으며 광장에는 기념비가 있었다. 엘레나는 나에게 "이 기념비는 무엇을 상징할까요?" 하고 물었다.

"이 기념비는 구 유고슬라비아 시절 자유롭지 못했던 크로아티아인을 상징합니다. 교수형에 처해지기 전 이 남자는 기타를 치고 있습니다. 억압에 대한 저항이지요. 그리고 이 뒤에 있는 사슬은 그 당시 크로아티아인이 해방되어 있지 않았음을 상징합니다."

엘레나와 나는 양쪽으로 레스토랑이 줄지어 서 있는 시장 골목을 빠져나와 아래로 내려갔다.

내가 먼저 엘레나에게 말하였다.

"아주 오래전 이 거리를 따라 작은 강이 흐르고 있었답니다. 우리 입장에서 보면 하천이나 조그만 운하쯤 되겠지요. 그런데 이곳에서 싸움이 있었다는군요. 그걸 기념해서 피의 다리 거리_{bloody bridge street}라 부르고 있답니다. 불행하게도 중세에 다리는 없어졌고 대신 카페와

구 유고슬라비아 당시 자유롭지 못했던 크로아티아인을 상징하는 기념비

레스토랑만 볼 수 있습니다. 이곳에 있는 건물들은 18세기 때 건물들입니다. 이 지역엔 히스토리시즘historical style이란 게 있습니다. 설명하자면, 프랑스혁명 때까지는 로마네스크, 고딕, 르네상스, 바로크라는 스타일이 있었고, 혁명 후부터는 네오neo라는 것을 붙여 리바이벌되었습니다. 이걸 가리켜서 '히스토리시즘'이라 합니다."

엘레나와 나는 스톤 게이트 쪽으로 걸어갔다. 언덕으로 이루어져 있었다.

스톤 게이트

"이곳은 도시 안으로 들어가는 게이트 중 유일하게 남아 있는 것입니다. 왼쪽에 있는 저 건물은 크로아티아 최초의 저축은행 건물이죠. 저기 한 젊은 여인이 물레를 갖고 있는 게 보일 겁니다. 물레는 저축을 상징한다는군요. 천천히 조심스럽게 돈을 모으는 겁니다. 지금은 개신교 침례교회당으로 쓰고 있답니다." 스톤 게이트 입구에 거의 다 도착했을 때 동상 하나가 있었다.

"성 게오르기우스와 용입니다. 로마 가톨릭의 성 게오르기우스가

성 게오르기우스와 용

용을 죽이는 이야기에 근거해서 만들었다는군요. 전설에 의하면 매일 용이 처녀 한 명씩 잡아먹었답니다. 결국 다 희생되고 공주까지 잡아먹힐 상황이 되었는데 성 게오르기우스가 그 용을 죽였기 때문에 공주는 살 수 있었고 성 게오르기우스는 그 후 위험에 빠진 아가씨들의 수호성인이 되었다고 합니다."

내가 엘레나에게 "이것은 용이 아니라 메기같이 생기지 않았나요?" 하고 물으니 그녀는 웃으면서 동상을 한 번 더 보더니 그렇다고 하면서 다시 웃었다. 사실 동상의 모습보다는 스토리텔링이 있기에 조금은 봐줄 만하였다.

"이 스톤 게이트는 말했듯이 도시로 연결해 주는 문 중 유일하게 남아있는 문입니다. 원래 네 개가 있었으나 세 개는 파괴되었고 이 문 하나만 보존되었습니다. 이곳은 자그레브 시민에게 뿐만 아니라 많은 사람들이 개별적으로 와서 성모 마리아에게 도움을 청하는 곳이기 때문에 아주 중요한 곳이기도 합니다. 로마 가톨릭의 지성소, 즉 성모 마리아를 숭상하는 곳이죠. 여기 와서 성모 마리아에게 어떤 일이라도 빈 다음 만약 성모 마리아께서 들어주시면 블록을 사서 감사하다는 문구를 넣고 벽에 넣습니다. 이 이야기는 불에 관련된 것이기도 합니다. 왜냐면 1731년에 화재가 나서 도시 전체가 불탔는데 저 성화만 타지 않았기 때문입니다. 그 후 믿음이 신실한 한 여인이 화재 현장에서 이 성화를 발견하고 대중들의 헌신적인 믿음을 위해 그것을 공개했답니다."

철제문과 많은 꽃들로 둘러싸여 있어서 성모 마리아의 성화는 보기가 쉽지 않았다.

우리는 스톤 게이트를 통해 안으로 들어갔다.

나는 엘레나에게 "이제 우리는 이탈리아의 도시국가들과 같은 자유 왕권도시에 들어왔습니다. 지금까지는 주교의 도시를 본 것이고 이제부터는 13세기의 상인들, 교역자들의 도시를 보는 겁니다."라고 말했다.

나는 엘레나에게 이쪽으로 오라고 하였다. 내가 서 있는 곳은 약국이었다.

"이 약국은 크로아티아에서 두 번째로 오래된 약국입니다. 1355년에 문을 연 후 지금까지 영업을 한다고 합니다. 기록에 의하면 이곳의 첫 번째 주인이 이탈리아의 유명한 시인인 단테의 손자였는데 이름은 니콜로 알리기에리 Nicolo Alighieri 였다고 합니다. 또 검은 독수리가 약국에 걸려있는데 검은 독수리는 건강을 상징하고 건강을 찾아서 약을 받는 곳이 약국이라는 생각에서 검은 독수리를 내세운 것이라고 합니다 ."

엘레나와 나는 바로 위에 있는 성 마르코 광장으로 갔다. 전형적인 이탈리아 스타일의 광장이었다. 이탈리아처럼 이곳도 광장이 정치적, 종교적 기능을 수행하였다고 한다.

"이 광장의 정치, 종교적 기능 중 정치적 기능을 말씀드리면, 이곳은 자그레브 사람들뿐만 아니라 전체 크로아티아 사람들에게 가장 중요한 곳이었습니다. 중세 때 이 도시에는 게르만인, 헝가리인, 크로아티아인, 그리고 이탈리아인들이 있었습니다. 이 네 개의 다른

국적을 가진 사람들은 매년 여러 나라에서 온 자신들을 대표하는
시장을 뽑았습니다. 지금은 상상할 수도 없지만 그 당시는 완벽했답
니다. 그 당시 이곳 사람들은 국적과 관계없이 모두가 평등했다는군
요. 그러한 기능을 했던 곳이 바로 이 광장입니다."

나는 엘레나에게 성 마르코 성당을 마주보고 설명하였다.

"오른쪽이 국회입니다. 그리고 왼쪽이 대통령궁이죠. 엘레나, 성
당 지붕을 한번 보세요. 왼편에 세 지방의 깃발로 된 문장을 볼 수
있습니다. 붉은색과 흰색은 16세기 크로아티아 내륙을 상징합니다.
그리고 세 개의 사자머리는 이전 로마제국의 달마티아를 상징하죠.
그리고 아래를 보세요. 밑의 작은 동물은 쿠나라고 부르는데 현 화

성 마르코 성당

폐와 같은 이름입니다만 세르비아와 가까운 동부 크로아티아 지방 즉 슬라보니아를 상징합니다. 엘레나 씨, 아시겠지만 슬라보니아, 슬로베니아, 슬로바키아 헷갈리지 마세요. 각기 다른 것입니다. 쿠나는 현존하는 동물입니다. 그리고 오른쪽 방패 모양 문장은 자그레브 시의 문장입니다. 중세시대의 요새를 볼 수 있는데 자그레브의 대표 상징입니다. 문이 열려있는 것은 환대, 자유, 그리고 자유 왕권도시를 의미합니다. 요새 밑의 갈색 지그재그는 강을 상징합니다. 그 똑바로 아래엔 산봉우리가 있습니다. 산 이름은 메드베드니카Medvednica라고 합니다. 그리고 윗부분의 왼편에 초승달, 오른편에 샛별을 볼 수 있습니다. 샛별은 크로아티아가 현대적인 국가가 되었음을 상징합니다. 여섯 개의 뿔을 가진 샛별은 가장 밝음을 상징하고 크로아티아가 현대국가가 되어서 재생하였음을 상징합니다.

현재 크로아티아 국기에는 다섯 개의 문장이 들어가 있습니다. 과거 세 개의 역사적인 지역에다가 이스트리아 반도와 두브로브니크 시의 문장이 들어갑니다."

엘레나는 성 마르코 성당 대각선 방향에 있는 건물을 가리키며 저 건물은 무슨 건물이냐고 물었다.

"1991년 이 건물은 크로아티아 대통령궁이었습니다만, 지금은 여기 역사지구 밖에 있습니다. 1991년 이 대통령궁은 크루즈 미사일로 공격을 받았지만 마당만 파괴됐고 다친 사람은 없었습니다."

엘레나와 나는 광장에서 왼편 골목으로 갔다. 그곳은 과거 국립극장이 있었던 장소다.

"이 건물은 이 나라에서 문화사적으로 중요한 곳인데 크로아티아의 첫 오페라, 드라마, 연극, 연설 등이 이곳에서 이루어졌기 때문입니다. 1880년 지진 전까지는 국립극장이었지만 지진 후 로워 타운에 새로운 국립극장이 지어졌습니다. 지금 여기 1층은 결혼식장인데 재미있는 것은 결혼에서 이혼까지 2분밖에 걸리지 않는다는 것입니다. 왜냐면 여기 1층은 결혼식장이고 이 길 끝자락 왼편에 실연 박물관이 있기 때문입니다."

프리미티브 박물관 및 실연 박물관이 있다.

"실연박물관이요?" 하고 엘레나가 나에게 반문하였다.

"실연당한 많은 남녀들이 이곳에 와 이 박물관에 사진, 편지, 반지 등을 주고 간다고 합니다. 그러면 박물관에서는 얼마나 당신이 슬퍼하는지, 얼마나 많은 눈물을 흘렸는지 알려줄 것이라고 한다는군요. 재미난 박물관입니다."

나는 엘레나에게 이리 와보라고 하였다.

"이 편지에는 '난 더 이상 당신을 사랑하지 않아'라고 쓰여 있습

니콜라 테슬라

니다. 헤어져서 더 기뻐할 수도 있는 모양입니다. 아주 흥미로운 박물관인데 한 커플이 헤어진 후 친구로 남을 수 있다는 걸 증명하고 싶어서 만든 것이라고 합니다. 이곳은 무료는 아니지만 밤 11시까지 연다고 합니다."

엘레나에게 골목에 있는 가로등을 보라고 하였다.

"이 가로등은 가스등입니다. 니콜라 테슬라라는 사람이 자그레브 시측에 전기등을 제안하였지만 거절당했다고 합니다. 이 사람은 미국에서 토마스 에디슨과 함께 일했었고 나이아가라 폭포의 거대한 수력발전소를 만들기도 했었답니다. 어떻게 생각하면 그 당시에 그의 제안을 거절했기 때문에 아직도 여기 역사지구에 있는 가스등을 매일 세 시간에 걸쳐 모두 켜는 사람이 있는 게 아닌가 하는 생각이 듭니다. 이 가스등은 스탠바이 상태에서 꼭대기에 갈고리가 달린 꼬챙이를 이용해서 파이프를 누르면 갈고리 때문에 가스가 자동으로 나옵니다. 217개의 가스등이 있다고 합니다."

어느덧 엘레나와 나는 거의 골목의 끝에 다다르고 있었다. 그곳에는 또 다른 박물관이 있었는데 이 박물관은 일본인들에게 인기 있는 박물관이라고 한다. 나이브naive 혹은 프리미티브 아트primitive art. 이것은 번역하기 애매하지만 소박한 화풍의 화가들의 작품들이 전시되어 있고 정식으로 미술교육을 받지 않은 화가들이기 때문에 이런 이름이 붙게 된 것인 듯하였다.

엘레나와 나는 골목 끝에 왔다. 골목 끝에 경찰이 왔다 갔다 하고 있었다. 경찰이 이곳에 있는 이유는 뒤에 자그레브 시장이 여는 공식 리셉션장이 있기 때문이었다.

골목 끝에는 작은 광장이 있었다. 이 광장은 17세기에 종교인들을 위해 조성한 것이다.

"예수회 수도사들은 17세기에 이곳으로 와서 아름다운 예수회 성당인 성 카타리나 성당을 건설했습니다. 다른 곳처럼 그들은 성당, 학교, 그리고 수도원을 만들었습니다. 광장의 왼편에는 성당과 수도원이 있습니다. 그들은 사람들을 교육하기를 원했기 때문에 복합 건물 군을 만들었고 그것은 그들이 이곳에 온 이유이기도 했습니다."

골목 끝 오른쪽에는 우스피냐차와 푸니쿨라가 있고 자그레브 시내를 한눈에 조망할 수 있는 로트르슈차크 탑이 있다. 왜 로워 타운, 어퍼 타운인지 알 수 있을 것 같았다.

나는 엘레나에게 설명했다.

"두 타운은 높이가 40미터나 차이가 납니다. 이곳은 남문이 있던 자리인데, 그러니까 지금 우린 구시가지를 막 나온 겁니다. 이 탑은 대포가 있는 탑으로 매일 정오가 되면 대포를 쏩니다. 로트르슈차크 탑에 오르면 시내 전망을 감상할 수 있고 아름다운 사진도 찍을 수 있습니다. 올라가는 길에 대포도 구경할 수 있고 케이블카는 전 세계에서 가장 짧은 거로 유명합니다. 정거장은 하나이고 50초 만에 올라옵니다. 19세기에 이 도시는 이 성벽 타운에서 로워 타운 쪽으로 확장되었습니다. 150년 전에 저쪽으로는 아무것도 없었다는 이야기죠."

엘레나와 나는 천천히 왼편으로 내려갔다. 이 길은 이제 다시 로워 타운 쪽으로 내려가는 길이다. 내려가는 길에 밤나무가 있었다.

나는 엘레나에게 말하였다.

"크로아티아에서는 10월 짧은 기간 동안 크로아티아 밤을 맛볼 수가 있습니다. 주로 이탈리아와 터키에서 수입합니다." 아래로 내려가자 동상이 하나 있었다. 그는 안톤 구스타브 마토시로 유명한 작가요 시인이요 비평가였던 사람이다. 보헤미안적 삶을 예찬하였던 사람이다.

나는 엘레나에게 앉아 보라고 하였다. 동상 곁에 앉지 말고 그의 무릎 위에 앉으라고 말하였다. "그렇지 않으면 평생 싱글이 됩니

안톤 구스타브 마토시의 동상

다." 엘레나는 웃으면서 "그럼 좋은 남자 만나게 해달라고 무릎 위에 앉아보죠." 하였다. 천천히 계단을 따라 내려갔다. 아래로 내려가는 골목길은 아주 좁았다. 골목길을 빠져나와 오른쪽으로 내려갔더니 예라치치 광장이 나타났는데 그곳의 중앙에는 반 요셉 예라치치 장군[31]의 동상이 서 있었다.

　엘레나와 나는 주차장을 향하여 천천히 걸어갔다.

이탈리아에서 두브로브니크를 가기 위해서는 유로스타를 타고 바리까지 간다. 바리 항에서 두브로브니크로 가는 배를 타는데 성수기에는 예약이 필수이다. 도착해서 구시가지까지는 버스를 이용하면 되는데 버스티켓은 정류장 담배 가게에서 구입할 수 있다.

Bosnia And Herzegovina

12

평화와 공존을 향한, 보스니아 헤르체고비나

모스타르의 상징인 "스타리 모스트"는 오래된 다리라는 뜻이다. 30미터의 이슬람식 다리, 1,088개의 하얀색 돌, 이 다리가 상징하는 것은 가톨릭 문명과 이슬람 문명을 이어 주는 의미를 가지고 있다는 것이다. 모스타르와 함께 스타리 모스트는 2005년에 세계문화유산으로 지정되었다.

네레트바 강의 스타리 모스트

모스타르
Mostar

모스타르는 헤르체고비나의 옛 수도이며 네레트바 주의 주도이고 보스니아 헤르체고비나에서는 다섯 번째로 큰 도시이다. 그곳은 200년의 역사와 함께 네레트바 강이 흐르고 있다. 크로아티아로 넘어가는 곳에 위치해 역사 속에서 많은 아픔을 갖게 된 도시이다.

엘레나와 나는 모스타르로 가기 위해 고민을 하였다. 왜냐하면 스플리트에서 바로 가게 되면 모스타르가 가까웠다. 하지만 트로기르, 플리트비체를 보기 위해서는 북쪽으로 다시 올라가야 했다. 나는 엘레나에게 우선 문화적인 트로기르와 자연의 아름다움을 보여주는 플리트비체를 보고 모스타르로 이동하자고 하였다.

차는 출발하였다. 엘레나와 원래는 9시에 출발하기로 하였었으나 시간을 바꾸어 8시에 출발하였다. 국도를 따라 달리는 차들은 일렬로 나란히 달렸다. 어떤 추월도 하기가 힘들었다.

나는 엘레나에게 '보스니아 헤르체고비나'의 국명에 관하여 물어보았다.

엘레나가 설명하기 시작했다.

"보스니아 헤르체고비나는 현재 국가는 하나이지만 두 개의 체제로 되어 있습니다. 스르프스카 공화국과 보스니아 헤르체고비나 연방으로 구성되어 있는 것이죠. 스르프스카 공화국은 동방 정교회를 믿는 세르비아계로 이루어져 있고, 보스니아 헤르체고비나 연방은 이슬람교를 믿는 보스니아 무슬림과 가톨릭을 믿는 크로아티아계로 구성되어 있습니다.

스르프스카 공화국과 보스니아 헤르체고비나 연방은 각각 별도의 정부와 의회를 두고 있으며 대통령도 따로 선출한다고 합니다."

"국명이 재미있지 않나요? 보스니아 & 헤르체고비나!" 하고 나는 말하였다.

엘레나는 나에게 "그 국명이 어떻게 해서 생겨났는지 아세요?" 하고 물었다.

"보스니아는 보스나 강[32]에서 유래한 명칭이고 헤르체고비나는 헤르체크 대공 가문[33]에서 유래한 것입니다." 하고 나는 엘레나에게 대답하였다.

엘레나는 갑자기 차창을 열었다. 시원한 바람이 차 안으로 들어왔다. 그녀의 머리가 휘날렸다. 그리고는 시간이 좀 지나 다시 차창을 닫더니 커피를 한 모금 마셨다.

엘레나는 "보스니아 헤르체고비나" 하고 중얼거리더니 "이 나라에 관해 이야기해 주실 수 있어요?" 하고 나에게 말하였다.

"네, 우선 나라의 크기를 보면 남한 면적의 반 정도라고 보시면 됩니다. 수도는 사라예보고 국토는 아드리아 해 동쪽에 위치해 있는데 총 21.2킬로미터의 짧은 해안선을 보유하고 있죠. 우리가 지나왔던 네움 휴게소는 두 개의 국경선이 접하고 있는 지점에 있습니다만 바로 보스니아 헤르체고비나에 있습니다." 하고 나는 엘레나에게 대답하였다. 그리고 계속 말을 이어 나갔다.

"디나르 알프스 산맥이 위치해 있고 북부는 평원지대, 남부는 산악지대이며 짧은 해안지대가 바로 서부에 위치해 있습니다. 날씨는 지중해성 기후와 내륙성 기후가 나타나 여름에는 덥고 겨울에는 눈비가 많이 옵니다. 그리고 인구는 약 400만 명 정도 되는데 보스니아 내전 이후 세르비아인은 약 7퍼센트, 무슬림은 7.5퍼센트 정도 줄었다고 합니다. 통용되는 공식화폐는 마르크Mark인데 지역마다 음성적으로 여러 가지 화폐가 유통된답니다. 세르비아 디나르Dinar, 크로아티아 쿠나Kuna가 사용되기도 한다는군요. 1유로가 약 2마르크 정도 된다고 합니다. GDP는 1인당 5,000달러가 조금 안되고 공용어는 세르비아 어와 크로아티아 어를 사용합니다. 하지만 세르비아 어는 키릴 문자를 쓰고 보스니아 무슬림과 크로아티아인은 라틴 문자를 사용합니다. 이들 민족의 구성 비율을 보면 이슬람교를 믿는 무슬림 40퍼센트, 가톨릭을 믿는 크로아티아인이 22퍼센트, 정교를 믿는 세르비아인이 38퍼센트입니다. 그래서 그런지 이곳 문화는 아주 복합적인 성격을 가지고 있는 것 같습니다. 그리고 산악 지대가 많아 풍부한 산림자원과 경제적 가치가 높은 철광석, 크롬, 석탄, 망간, 은, 동이 매장되어 있습니다. 참 특이한 것은 정부 형태를 보면 공화정으로서 세르비아, 크로아티아, 보스니아 각각의 세 명의 대통령이 있습니다. 이들은 8개월 단위로 번갈아 가며 순번제로 의장직을 맡는다고 합니다."

엘레나는 고개를 끄덕이며 나에게 말하였다.

"그럼 보스니아 내전에 관해서도 이야기해 주실 수 있으세요?"

"그럼 우선 이러한 내전이 발생하게 되는 역사적, 지정학적인 배경을 먼저 이해하는 게 좋을 듯합니다. 몇 가지로 구분해 이야기하면 이해가 더 쉬울 것 같군요."

나는 식은 커피를 한 모금 마셨다. 풍경은 아름다웠다.

"첫 번째로 이곳은 아주 오래전 고대에는 동.서 로마의 분기점에 위치해 있었습니다. 로마는 기원전 3세기에 철, 구리, 농산물 등을 얻기 위해 이곳에 처음 진출합니다. 그리고 나중에는 아드리아 해의 해상권 장악을 위해 들어오게 되죠. 이들은 기원전에 일리리아, 마케도니아, 그리스를 장악하고 500년간 이곳 발칸 반도를 다스리게 됩니다.

두 번째로는 로마가 멸망하고 나서 이곳은 치열한 종교 간 각축장으로 전락합니다. 왜냐하면 보스니아의 서쪽은 서로마 중심의 가톨릭이, 보스니아 동쪽은 동로마 중심의 정교가 번성하였습니다. 따라서 이곳은 두 종교의 접점이 되는 곳이 되었습니다. 동.서 로마의 분리는 지금까지 보스니아의 역사와 사회, 문화에 많은 영향을 미치고 현재에 와서도 민족 갈등 문제의 연원이 된 것입니다.

그리고 세 번째로 이곳에는 6세기에 슬라브 민족이 이주해 와 정착합니다. 그래서 이곳에 로마 문화와 비잔틴 문화가 혼재하고 문자도 라틴 문자와 키릴 문자가 혼재하는 것입니다. 이런 것들은 슬라브 민족의 정체성에 영향을 주게 됩니다. 동로마 제국의 황제였던 6세기의 유스티니아누스 황제는 정치와 종교의 일치를 추구해 나갔습니다. 그리고 이러한 것은 정교를 받아들인 슬라브족에게 큰 영향을 주게 되고 13세기에는 보스니아 중세 왕국을 건설합니다. 네 번째는 1453년 동로마 제국이 멸망한 것입니다. 그래서 15세기 이후 오스만 투르크가 보스니아 지역을 장악합니다. 오스만 투르크는 서유럽 원정의 전략적 요충지인 보스니아를 점령하는데 이곳 보스니아는 합스부르크 제국과 오스만 제국의 경계선 역할을 하게 되는 것입니다. 사바 강은 218킬로미터 길이의 강인데, 이 강은 동.서 로마의 경계로서 가톨릭과 동방정교를 나누는 경계선이기도 했습니다. 그리고 이곳은 오스만 투르크의 지배와 함께 이슬람교 전파와 개방적 종교정책으로 이슬람으로 개종한 보스니아인, 가톨릭의 크로아티아인, 정교의 세르비아인이 어우러져 살게 됩니다.

다섯 번째, 민족주의 시대라고 불리는 19세기에 들어서자 종교에 의한 구분을 강요받게 됩니다. 이전에는 단순한 종교 집단이었던 보스니아 무슬림은 남 슬라브족처럼 하나의 민족 집단으로 발전하게 됩니다. 국가 명칭 대신에 보스니아인이라는 인종적 명칭이 사용되기 시작합니다. 예를 들면 크로아티아인, 세르비아인으로 말입니다. 그러면서 그들의 민족 정체성이 형성, 확대되어 가게 되는 것입니다.

여섯 번째는 유고슬라비아 시절 즉 1945년부터 1991년까지는 티토의 정책에 의해 종교나 민족이 아닌 국민 사이의 문화와 종교의 조화를 강조하고 추진해 나갔으나 유고슬라비아 연방이 해체되면서 민족주의도 되살아납니다.

일곱 번째는 1, 2차 발칸 전쟁의 승리로 발칸 지역의 모든 세르비아인을 하나로 묶는 강력한 세르비아 국가를 건설하자는 의지가 강해지는 시기입니다. 이때 세르비아 민족주의가 젊은 지식인들 사이에 빠르게 퍼져 나갔습니다. 특히 보스니아의 세르비아인들은 오스트리아의 지배로부터 벗어나 세르비아 왕국으로 편입되기를 강력히 원하고 있었습니다.

19세기의 보스니아 민족주의의 목표는 오스만 투르크의 지배로부터 벗어나 독립된 나라를 세우는 것이었습니다. 하지만 이후 오스트리아-헝가리 이중제국의 보스니아 통치가 확정되자 보스니아 내 세르비아인들의 반 오스만 독립운동은 곧바로 오스트리아의 지배로부터 벗어나기 위한 독립운동으로 변모하게 되는 겁니다.

이러한 것들을 배경으로 1890년대 이후로 보스니아 내에는 1차, 2차 세계 대전까지 민족 간 경쟁과 갈등이 본격화하기 시작합니다."

나는 커피를 한 모금 마시려고 잔을 들었으나 언제 다 마셨는지 커피가 없었다. 엘레나에게 커피 한 잔 더 마시자고 하였다. 그리고 휴게소에 잠깐 들렀다.

커피를 한 잔 사가지고 나무로 된 의자에 걸터앉았다.

엘레나에게 물어보았다.

"혹시 인종 청소라는 말이 언제부터 사용되었는지 아세요?"

"글쎄요, 보스니아 내전 때부터 사용한 게 아닌가요?"

"아뇨, 2차 세계 대전 중 크로아티아 극우 민족주의 정권이 크로아티아 본토와 더불어 보스니아 지역을 장악합니다. 그때 가톨릭으로 개종하라는 명분하에 세르비아인과 유대인 수십만 명을 학살하거나 강제 이주시키면서 '인종청소'라는 말이 나오게 됩니다."

나는 커피를 한 잔 마시고 그녀의 얼굴을 쳐다보면서 이야기하였다.

"보스니아 내전은 참 복잡한 양상을 띠고 있습니다. 내전은 1992년 4월부터 1995년 12월까지 일어났습니다. 이 내전에 참가한 나라는 보스니아 & 헤르체고비나 공화국, 보스니야 세르비아, 보스니야 크로아티아, 스르프스카 공화국, 헤르체크 보스니아이며 외부 국가로는 세르비아 몬테네그로, 세르비아 공화국, 크로아티아입니다."

"이것은 내전이 아니네요. 어찌 보면 여러 나라가 참가한 전쟁이라고 봐야 되지 않을까요?" 하고 엘레나는 말하였다.

"어찌 보면 그럴 수도 있겠네요."

"그럼 그러한 내전이 일어난 원인이 무엇이죠?" 하고 엘레나는 나를 보며 물어보았다.

"티토가 사망한 후 보스니아 헤르체고비나가 유고슬라비아 연방에서의 독립을 요구합니다. 하지만 세르비아인들은 이것을 인정하지 않고 유고슬라비아 연방의 이름 아래 전쟁을 일으킵니다. 이렇게 내전이 시작된 것입니다."

"이곳에는 아주 다양한 인종들이 거주하였습니다. 가장 큰 비율을 가진 보스니아 무슬림 그리고 세르비아인, 크로아티아인들이 있었습니다. 하지만 이 내전의 결과는 한마디로 유고슬라비아 연방의 해체라고 말할 수 있습니다. 1991년에는 슬로베니아와 크로아티아가 유고슬라비아 연방에서 독립하였고 보스니아 헤르체고비나는 1992년 2월 29일부터 3월 1일까지 독립을 위한 국민 투표를 실시합니다. 하지만 유고슬라비아 연방에 잔류하기를 원하였던 보스니아의 세르비아인들은 투표를 원하시 않았고 이를 방해하였습니다. 그러나 보스니아인과 크로아티아인들이 투표에 참가해 투표율 64퍼센트에 98퍼센트의 찬성으로 독립이 결정됩니다. 그러자 보스니아의 세르비아계는 스르프스카 공화국의 독립을 선언합니다. 하지만 내란의 문제는 1989년 세르비아의 권좌에 오른 슬로보단 밀로셰비치 대통령이 '대 세르비아주의'의 기치를 내걸면서 더욱 격화합니다. 그래서 이들의 후원을 받은 보스니아 내 세르비아인의 무장 세력과 유고슬라비아의 군은 세르비아의 영역을 확대하기 위해 보스니아 헤르체고비나를 공격하게 되는 것입니다. 그리고 이것은 보스니아 전역으로 확산되었습니다. 특히 동부 보스니아 전역에서 인종 청소가 자행되었던 것입니다. 내전으로 인해 27만 명이라는 엄청난 사망자와 2백만 명 이상의 난민이 발생했던 것입니다. 참으로 슬픈 일입니다."

발칸 반도의 역사가 함축된 도시 모스타르

출발한지 얼마나 지났을까? 엘레나와 나는 잠시 아무 말이 없었다. 그냥 그렇게 시간이 얼마나 흘렀을까? 엘레나가 말을 걸었다.

"오늘 여행길은 마음이 짠하네요. 지금 우리가 가는 곳은 모스타르인데 모스타르의 뜻이 무엇인지 아세요?"

"모스타르, 네레트바 강[34]의 다리를 지켰던 다리 파수꾼이라는 의미입니다."

"왜 그런 이름을 지었는지 모르지만 단어 자체가 슬픈 느낌이 드네요." 하고 엘레나는 차창 밖을 보며 말하였다.

모스타르는 헤르체고비나의 옛 수도이며 네레트바 주의 주도이고 보스니아에서 다섯 번째로 큰 도시이다. 그곳은 2000년 역사와 함께 네레트바 강이 흐르고 있다. 크로아티아로 넘어가는 길목에 위치한 이유로 역사의 굴절 속에서 많은 아픔을 간직해야 했던 도시이다.

나는 엘레나에게 이곳에 크로아티아 이주민들이 정착하게 되는 과정에 관하여 이야기해 주었다.

"이곳도 내전의 피해를 입었겠죠. 하지만 이전에 이곳 주민들은 서로 화합하며 평화롭게 살았다고 합니다. 크로아티아인들은 15세기 오스만 투르크가 발칸 반도를 침략했을 때 종교 탄압을 피해 이곳으로 숨어들게 됩니다. 그리고 고국과 가까운 이곳에 정착을 합니다.

그들은 종교와 상관없이 평화롭게 수백 년 동안 살아왔습니다. 네레트바 강을 사이에 두고 말입니다. 그곳에 있는 '스타리 모스트'[35] 다리를 통해 서로 교류하고 화합하면서 살아왔던 것입니다. 그런데 보스니아 내전이 일어나면서 이들의 평화가 깨졌던 것입니다."

"사라예보에서의 내전은 이슬람과 정교의 충돌이었던 반면에 모스타르의 내전은 정교와 이슬람 그리고 가톨릭이 뒤엉킨 싸움입니다. 그래서 이곳은 최대의 격전지가 되었고 많은 사람들이 죽거나 실종됩니다."

"다시 모스타르의 내전에 관해 이야기하면 처음부터 이들 가톨릭과 이슬람교가 싸운 것은 아닙니다. 당초 모스타르의 이슬람과 가톨릭은 세르비아의 정교 세력을 막기 위해 같은 편이 되어 싸웠습니다. 사라예보를 거쳐 모스타르까지 진격해온 세르비아 군과 보스니아 세르비아계의 반군을 막기 위해 보스니아 무슬림과 크로아티아의 가톨릭계는 힘을 합쳐 싸우게 됩니다. 많은 사상자를 내고 세르비아계 군이 물러나자 대 크로아티아를 내세운 크로아티아가 모스타르에 정착해 살고 있는 무슬림들을 공격합니다. 무슬림 원주민들은 9개월 동안 포위당해 크로아티아군에게 3천 명이 학살되는 '인종 청소'를 당하게 됩니다. 가톨릭 지역에 살고 있는 무슬림들은 다리 건너 이슬람 지역으로 추방됩니다. 그들은 이러한 과정을 거치면서 네레트바 강을 마주보고 대치하게 된 것입니다."

우리가 탄 차는 꼬불꼬불한 길을 따라 달렸다. 모스타르에 거의 나 온 것 같았다. 마을을 지날 때마다 벽에 남아 있는 전쟁의 흔적을 볼 수 있었다. 무수한 총탄 자국, 이것은 유럽의 어느 여행지를 가도 보기 힘든 모습이었다.

아주 오래전 우리가 알 수 없는 아픔을 우리의 부모님들도 겪었을 것이다. 묘한 느낌이 들었다. 아마도 다른 어떤 곳에서도 느낄 수 없는 것일 것이다. 발칸 국가들을 여행하면서 보스니아 헤르체고비나에서만 느낄 수 있는 감정이었다. 차는 빨리 달리고 싶어도 달릴 수 없었다. 좁은 국도를 따라 가고 있었기 때문이다.

차는 꼬불꼬불한 도로를 내려와 모스타르에 들어왔다. 스타리 모스트가 가까이 있는 곳까지 왔다. 가톨릭 성당이 보이는 곳 앞의 주차장에 차를 주차하였다. 한참을 달려온 터라 갈증이 났다. 나는 엘레나에게 이곳이 터키는 아니지만 식사는 모스타르에서 케밥으로 하자고 하였다. 엘레나도 그 말에 동의하였다. 차에서 내려 가톨릭 성당을 지나 신호등 앞에 섰다. 신호등을 건너 조금 더 안으로 들어가면 네레트바 강이 흐르고 스타리 모스트 다리가 있다.

신호등 앞에서 엘레나에게 물었다.

"스타리 모스트의 의미를 아세요?"

그녀는 "글쎄요." 하고 대답하였다.

"스타리 모스트는 오래된 다리라는 뜻입니다."

신호등이 바뀌고 엘레나와 나는 횡단보도를 건넜다. 모스타르 안으로 들어가는 입구, 네레트바 강이 흐르는 곳 스타리 모스트 다리가 있는 곳에 가까이 온 것 같았다. 사람들의 복장도 무슬림 복장이었다. 유럽이 아닌 이슬람 국가에 온 듯한 느낌이 들었다.

"30미터의 이슬람식 다리, 1,088개의 하얀색 돌, 스타리 모스트가 상징하는 것이 무엇인지 아세요? 이 다리가 가지는 의미는 가톨릭 문명과 이슬람 문명을 이어주는 곳입니다. 이것은 평화와 공존의 의미가 아닐까요? 옛날에 이 다리는 가톨릭 마을과 이슬람 마을을 연결해 주던 나무다리였습니다. 오스만 투르크 제국이 이곳을 지배하면서 16세기에 석조 다리를 놓는데 이곳을 이슬람 전파의 거점으로 삼기 위해서였다고 합니다. 그리고 스타리 모스트와 함께 이곳 모스타르는 2005년에 세계문화유산으로 지정된 곳입니다. 하지만 다리는 1993년 11월 9일 10시 15분 보스니아 헤르체고비나 내전 동안 크로아티아 군에 의해 파괴되었습니다. 유네스코는 내전이 끝난 후 당면 과제로 이 다리의 재건축을 지원하였습니다. 세계은행이 재정과 기술을 지원하고 유럽 각국이 성금을 보내와 붕괴된지 4년 후인

Don't forget 1993
서로 다른 종교와 민족의 공존을 위해 1993년을 잊지 말라는 의미

1997년 나토 평화유지군이 강에서 부서진 다리 조각을 찾아내면서 다리의 재건축이 시작되었습니다. 강에 수장된 다리의 파편들을 건져 올려 건축가들에 의해 1,088개의 돌을 고증에 의해 다시 재배치 하였습니다. 고고학적 연구와 원작품을 토대로 하여 수집된 파편들로 8년 만에 다리를 완벽히 복원해내게 됩니다. 지금 스타리 모스트는 종교와 문화, 인종의 연결고리이자 평화의 상징입니다."

다리의 중간쯤에 사람들이 모여 있었다. 이곳의 전통인 다이빙을 하는 것 같아 보였다. 나는 엘레나에게 말하였다.

"이 다리에서 젊은이들이 여름이면 하루에 여러 차례 네레트바 강에 다이빙 하는 게 이곳의 전통입니다. 이곳에서의 이러한 역사를 거슬러 올라가면 17세기 후반부터인데 공식적으로 경기가 시작된 것은 1968년부터라고 합니다."

무슨 이유로 이 강에서 다이빙을 시작했는지는 알 수 없었다.

엘레나와 나는 스타리 모스트 다리를 천천히 걸었다. 다리에서 바라보는 풍경은 아름다웠다.

걸어 들어온 방향의 가톨릭 지역에 서 있는 고딕 양식 성당의 첨탑과 십자가가 보였다. 그러나 지금 엘레나와 함께 서 있는 다리 앞에는 또 다른 모습인 이슬람의 풍경이 펼쳐져 있었다. 모스크가 보이고 다리 앞에는 이슬람 문양으로 만들어진 여러 기념품을 파는 가게가 보였다. 다리 하나를 사이에 두고 보이는 두 가지 아주 다른 풍경이 묘한 느낌을 주었다. 들려오는 아잔 소리는 이곳이 터키가 아닌가 하는 생각이 들게 했다. 천천히 다리를 거닐며 건너갔다. 다리 양쪽에는 망루 겸 초소가 있었다. 그리고 다리를 건너서 간 그곳에는 모스타르 박물관이 있었다. 나는 엘레나에게 들어가 보자고 하였다. 박물관은 5층으로 되어 있었다. 이 박물관은 2006년에 문을 열었다고 하였다. 입장료는 약 2유로가 조금 넘는 가격이었다.

박물관에 들어서서 천천히 돌아보았다. 1층은 석조 다리가 만들어지기 전 나무 다리의 역사에 관한 것이 전시되어 있었으며 2층은 석조 다리가 만들어지는 과정을 설명해 놓았고 3층은 다리 공사 시에 작업에 쓰였던 도구를 전시해 놓았다. 4층에는 군인들이 사용했던 무기를 전시해 놓았다. 5층은 전망대였다. 엘레나와 나는 박물관을 나와 '오네시 쿠코바'라 불리는 거리를 걸었다. 거리에는 기념품 가게들이 많았다. 하지만 대부분 모스타르에 관계된 기념품들이었다.

내가 엘레나에게 말하였다.

"이곳의 가톨릭 성당은 네 개이지만 모스크가 약 52개 있다고 합니다. 전쟁 전에는 32개였던 것이 전쟁 후 늘어난 것입니다."

엘레나와 나는 오네시 쿠코바 거리를 걸었다. 거리의 끝에 있는 식당에서 무엇인가를 먹자고 하였다. 우리가 먹은 것은 케밥이었다. 식당 종업원은 우리를 아래층으로 안내하여 자리를 잡아 주었다. 그곳의 풍경은 아름다웠으며 네레트바 강이 옆으로 흐르고 있었다. 그곳에서 바라다보는 스타리 모스트의 풍경도 역시 아름다웠다. 우리는 식사를 하고 커피를 마신 다음 다시 반대편으로 걸어 나왔다. 다시 스타리 모스트 다리를 건너 주차장이 있는 곳으로 돌아왔다.

엘레나와 나는 차를 몰아 사라예보로 향하였다.

남동부 유럽의 중심도시 사라예보

Sarajevo

사라예보는 보스니아 헤르체고비나의 수도이며 해발 537미터의 분지에 위치해 있다. "궁전이 있는 평야"라는 의미를 가지고 있다. 사라예보는 15세기 중엽 오스만 투르크에게 정복당하였고 16세기에는 아드리아 해와 발칸 반도를 연결하는 상업 도시로 발전하였다.

모스타르에서 사라예보Sarajevo로 가는 데는 약 두 시간 정도 걸린다. 140킬로미터 정도 되지만 길이 좁아 고속도로를 달리는 것과 같은 속도를 낼 수 없기 때문이다. 사라예보라는 말은 터키어에서 유래하였다고 한다. 슬라브 지명 끝에 붙는 evo가 붙어 만들어졌다. 사라예보는 궁전이나 대저택을 의미한다고 한다. 사라예보는 유럽의 예루살렘, 올림픽의 도시라 불린다. 그리고 보스니아 헤르체고비나의 수도이다. 이 나라의 정치, 경제, 사회, 문화, 교육의 중심지이다. 또한 남동부 유럽의 중심이 되는 도시이기도 하다. 사라예보의 인구는 약 42만 명 정도 된다. 주변까지 합치면 약 60만 명 정도이다. 그중 가장 큰 비율을 차지하는 보스니아인은 49퍼센트 정도이고 세르비아인 30퍼센트, 유고슬라비아인 11퍼센트, 크로아티아인 6.6퍼센트이다. 사라예보는 가톨릭, 이슬람, 정교, 유대교가 잘 어우러진 도시이다.

"사라예보 도시 역사에 관해 아세요?" 하고 나는 엘레나에게 물어보았다.

"로마시대로 거슬러 올라가면 이곳은 그들의 유황 온천지였습니다. 그리고 시간이 흘러 7세기경에는 슬라브족과 게르만의 일파인 고트족이 정착하게 되었죠. 15세기 초에는 브르보스나vrhbosna라는 이름으로 언급되었습니다. 15세기 후반 도시가 만들어졌고 16세기에는 이슬람 문화의 중심지이자 교역의 중심지로서 발달한 도시입니다. 이곳은 오스만 투르크의 이스탄불 다음으로 크고 중요한 도시였습니다. 그리고 이곳에는 상업의 종류에 따라 붙여진 서른일곱 개의 거리가 있었는데 그중 예전에 구리 세공사의 상업 지역이었던 곳은 이전의 모습대로 보존되어 있습니다. 17세기 후반인 1697년에는 합스부르크 사보이의 에우제니오 공이 이 도시를 불태우기도 하였고 비슷한 시기에 화재와 역병으로 많은 사람이 죽기도 했습니다. 19세기 후반에는 오스만 투르크 제국의 행정 중심지이기도 하였습니다. 이렇게 오스만의 행정도시 역할을 하다가 19세기 후반인 1878년 오스트리아-헝가리 제국이 오스만 투르크를 몰아내게 됩니다. 그리고 보스니아와 헤르체고비나를 공식적으로 합병하는데 그것은 큰 역사적인 사건이 일어나는 계기가 됩니다. 보스니아의 세르비아인으로 19세였던 가브릴로 프린치프가 황위 계승자인 프란츠 페르디난트 대공과 부인 소피를 암살하는 사건이 일어나고 그로 인해 1차 세계대전이 터집니다. 그 후 1918년에는 유고슬라비아와의 통합을 선포하지만 2차 세계대전 때에는 독일군이 사라예보를 점령합니다. 그때 그들에 맞서 여러 전투를 치르게 됩니다. 전

후에는 전쟁 복구 과정에서 다시 중심 역할을 하게 됩니다. 그리고 1984년 동계 올림픽을 개최하였습니다."

"이 에리사라고 아시죠?" 하고 나는 엘레나에게 물어보았다.

"알죠. 1973년 4월 10일 세계탁구선수권대회 단체전에서 여자 대표팀은 중국, 일본을 꺾고 우승합니다. 이 우승은 정말 값진 우승이었습니다. 대한민국 정부 수립 이후 구기 종목에서 처음으로 거둔 세계대회 우승이었기 대문입니다. 이것 또한 사라예보에서 이루었던 한국인의 쾌거입니다. 1992-1996에는 보스니아 내전이 일어났지만 2010년도에는 방문하고 싶은 도시 10위 안에 오르기도 하였습니다."

차는 양쪽 산 사이로 달렸다. 사라예보라는 자동차 이정표가 눈에 자주 나타나기 시작하였다. 목적지가 가까워지는 것이 느껴졌다.

나는 엘레나에게 "'스마일로비치'와 '라트코 플라디치'를 아세요?" 하고 물어보았다.

엘레나는 나를 보고 빙그레 웃더니 내 말을 받아서 이야기하기 시작했다.

"'스마일로비치'와 '라트코 플라디치'는 아주 대조되는 인물이죠. 스마일로비치는 사라예보의 첼리스트라 불리고 라트코 플라디치는 발칸의 도살자라고 불리죠. 이 두 사람의 이야기를 해보면 모순된 발칸의 두 얼굴을 볼 수 있습니다."

"스마일로비치는 한 장면을 목격하게 됩니다. 1992년 5월 26일 10시경 사라예보의 한 빵집 앞에서 빵을 사기 위해 줄서 있던 사람들 위로 갑자기 포탄이 떨어집니다. 그리고 그곳에 있던 스물두 명이 그 자리에서 사망합니다. 이러한 장면을 목격한 35세의 젊은 첼리스트는 그 날 이후 22일 동안 매일 오후 4시 정각에 콘서트 복장을 하고 포탄으로 폐허가 된 빌딩에서 "G단조 알비노니의 아다지오 Albinoni's Adagio in G Minor"를 연주하였습니다. 연주하는 동안에도 주변에서는 포탄 파편이 튀었습니다. 하지만 전쟁으로 목숨을 잃은 사람과 인간의 존엄성과 평화를 위해 그는 연주를 하였던 것입니다. 이러한 그의 감동적인 연주는 세계의 모든 사람들에게 전쟁의 참상을 알렸습니다. 그리고 그들에게 감동을 주었습니다.

이러한 그의 행동은 2008년 캐나다 작가가 실화를 바탕으로 한 소설을 쓰게 하였고, 또한 영국의 작곡가인 데이빗 와일드도 이 소식을 듣고는 〈사라예보의 첼리스트〉라는 무반주 첼로 곡을 작곡하였습니다. 전쟁과 파괴, 죽음과 비극에서의 희망을 표현한 것입니다. 그 후 스티븐 갤러웨이에 의해 동명의 소설로 다시 한 번 태어나 여러 사람들에게 알려지게 됩니다.

반면에 '발칸의 도살자'라 불렸던 라트코 믈라디치는 세르비아계 보스니아 군사령관으로 내전 당시 인종 청소를 주도하였던 인물입니다. 그는 전후 전범으로 기소되었습니다. 그 후 16년 동안 도피생활을 해오다가 결국 2012년 5월 붙잡히게 됩니다. 그는 헤이그 유고슬라비아 전범 재판소에서 재판을 받습니다. 그에 의해 사라예보에서만 민간인 1만 명이 숨졌습니다. 그리고 1995년 7월에는 스레브레니차 마을의 이슬람 주민 8천 명을 학살한 혐의로 또 기소됩니다. 하지만 그는 죄를 부인하고 단지 내 민족을 보호하기 위해서 했을 뿐이라고 변명을 합니다. 가해자와 피해자의 이러한 상반되는 행동은 우리에게 많은 교훈을 주는 것 같습니다."

이렇게 이야기하는 사이 엘레나와 나는 사라예보로 들어왔다. 사라예보에는 다른 발칸 도시와 다르게 높은 고층 빌딩들이 들어서고 있었다. 넓은 대로 양옆 구릉지 위로는 집들이 있는데 한국의 달동네 같은 느낌이 들었지만 컬러풀한 집들의 모습은 이색적인 풍경을 자아냈다. 엘레나와 나는 우선 구시가지의 중심인 바슈카르지아Bascarsija 광장으로 향하였다. 가면서 보니 이 도시가 예전의 사라예보에서 새로운 사라예보로 급격히 변화하고 있다는 것을 절감할 수 있었다.

"왼편 한번 보실래요? 노란 홀리데이 인 호텔Holiday Inn Hotel, 저 호텔이 어떤 호텔인지 아세요?" 하고 나는 엘레나에게 말하였다.

엘레나는 차창 밖을 보더니 나에게 말하였다

"저 호텔은 내전 때 외신기자 회관으로 사용하였던 호텔입니다. 그때 취재하던 기자들의 요청으로 파괴되지 않고 보전된 유일한 건물입니다. 내전 때에도 저곳만은 폭격하지 않았다고 합니다."

엘레나와 나는 바슈카르지아Bascarsija 광장 근처에 차를 주차하였다. 이곳에서 라틴 다리까지는 가까웠다. 하지만 동선을 우선 페르하디야Ferhadija 거리로 잡았다. 돌로 포장한 터키 식 거리인 바슈카르지아를 지나 대리석으로 바닥을 포장한 페르하디야 거리에 들어섰다.

페르하디야 거리의 번화가로 들어왔다. 번화가에 있는 예수 성심

성당은 로마 가톨릭 성당이다. 앞서 언급했지만 이곳 사라예보는 오스만 투르크의 지배를 오랫동안 받으면서 보스니아인들의 40퍼센트 정도가 이슬람교를 믿게 되었다. 그리고 다른 종교를 믿는 사람들을 오스만 투르크는 적극적으로 탄압하지 않았다. 그것이 보스니아 헤르체고비나에 여러 종교가 함께 공존하고 있는 배경이기도 하다. 그러한 이유 때문에 사라예보 시내 곳곳에서 이슬람교 사원과 정교회와 가톨릭 성당을 볼 수 있다. 엘레나와 나는 거리에서 약간 안쪽에 위치한 예수 성심성당 앞에 서 있었다. 성당은 두 개의 탑을 가지고 있었는데 네오고딕 양식과 로마네스크 양식을 가미해 1879년에 건축하였다고 한다.

엘레나는 성당 입구에 있는 예수님 상을 보면서 나에게 말하였다. "예수님 동상이 손가락 세 개를 펴서 위로 향하고 있는데 저게 무엇을 뜻하는지 아세요?"

"저것은 성부, 성자, 성령 삼위일체를 뜻합니다. 그리고 성당은 적암과 사암으로 지어졌습니다." 성당 광장에서 거리로 나왔다. 사라예보의 최대 쇼핑가이다. 이곳에는 노천카페가 줄지어 있었다. 서유럽의 그 어느 곳과 별반 다를 것이 없는 것 같았다. 많은 젊은이들이 다니는 것이 활기차 보였다. 길 건너에 있는 정교회로 가보기로 하였다.

신바로크 양식의 정교회는 1868년에 건축된 보스니아 정교회의 주교좌인 사라예보 동방 정교회 Sarajevo Orthodox Church 이다. 이 정교회는 내전 당시 파괴되었으나 가톨릭, 이슬람 등의 종교 단체의 기부에 의해 복원되었다고 한다.

엘레나와 나는 거리를 따라 걸었다. 바슈카르지아 광장을 향하여 걸었다. 바슈카르지아는 자갈로 덮인 옛 터키 구시가지의 중심이다. 신시가지를 건너 구시가지로 들어가자 꼭 터키에 와 있는 느낌이 들었다. 바슈카르지아 거리를 따라 이것저것 구경하면서 걸었다.

오른쪽으로 녹색 지붕의 '가지 후스레프 베그 모스크'가 보였다.

나는 엘레나에게 물었다.

동방 정교회

"저기 보이는 녹색 지붕이 '가지 후스레프 베그 모스크'입니다. 사라예보에서 가장 중요한 이슬람 건축물로서 1521년~1541년 보스니아를 통치하던 가지 후스레프 베그의 지시로 1530년에 페르시아의 건축가가 지은 것입니다. 26미터의 초록색 돔이 인상적입니다. 하지만 샘, 학교, 기도처 등 많은 것이 내전 중 파괴되었습니다. 그 후 이슬람 국가들의 도움으로 1996년 복구되었습니다."

금방이라도 애잔 소리가 나올 것만 같았다. 엘레나와 나는 안으로

가지 후스레프 베그 모스크

들어갔다. 안에는 기도하기 전에 씻는 수도가 있었다. 그리고 정원이 있는데 그곳에는 성직자들의 무덤이 있었다. 모스크 안은 일반인에게는 공개하지 않기 때문에 들어가지 못하였다. 그리고 이곳에는 다섯 개의 문이 있는데 남성, 여성, 성직자 등이 다니는 문이 따로 정해져 있었다.

엘레나와 나는 모스크에서 나왔다. 구시가지의 상점은 신시가지보다 동적인 느낌은 들지 않았다. 바슈카르지아 거리의 끝으로 갔다. 가는 동안 이슬람권의 어느 나라에 온 듯한 느낌이 들었다. 케밥집, 금속공예 상점들, 모스크 등 이러한 것들이 분위기를 더해 주었다. 광장 주위에는 트램이 다니고 있었는데 아주 오래전 과거로 돌

사라예보 구시가지에 남아있는 전통적인 금속 공예품 가게

아간 듯한 느낌을 주었다. 열차에 올라타면 아주 먼 과거로 데려다 줄 것 같았다.

거리의 끝에서 나와 1차 세계 대전의 도화선이 되었던 라틴 다리로 가기로 하였다. 라틴 다리 앞에는 박물관이 하나 있다. 이곳은 오스트리아 황태자 프란츠 페르디난트 대공과 그의 아내 소피가 1914년 6월 28일 세르비아 민족주의자인 가브릴로 프린치프에 의해 암살됐을 때 카페가 있었던 곳이다. 그는 현장에서 체포되어 재판에 회부되었다. 하지만 미성년자라는 이유로 사형 대신 종신형을 선고받았고 결국 4년 뒤 감옥에서 폐결핵으로 사망했다.

이곳은 가브릴로 프린치프가 거사 직전 앉아서 커피를 마시던 카페였으나 후에 이렇게 박물관으로 바뀌었다.

나는 엘레나에게 "이 박물관이 생기기 전에 이곳에 있었던 카페 이름이 무엇인지 아세요?"

하고 물었다. 그녀는 고개를 저었다.

"정부는 사건이 있은 후 이 자리에 있던 카페를 다른 곳으로 이전시키려 했는데 카페 이름이 '용기 있는 자의 집'이었다고 합니다. 왜냐하면 정부가 카페를 수용하면서 높은 보상가격을 제시했는데 거절했다고 해서 시민들이 붙여준 이름이라고 합니다."

엘레나는 한동안 아무 말이 없었다. '무슨 생각을 하고 있을까?' 하는 생각이 들었다. 나는 엘레나에게 이야기하였다.

"열아홉 살의 어린 나이에 얼마나 많은 생각을 하였을까요? 저 자리에 앉아 거사를 치르기 전까지요."

"그 시간 수많은 상념과 심적 고통이 동반되지 않았을까 생각되네요. 남아 있는 자기 삶의 모든 것을 포기한다는 것을 의미했을 텐데, 저곳에 앉아 어린 젊은이가 커피를 마시며, 아니면 이미 식어 버린 커피를 앞에 놓고 뚫어져라 창밖을 보며 조금 있으면 일어날 일을 상상하며 무슨 감정을 느꼈을까요?"

엘레나의 말을 듣고 알 수 없는 묘한 기분이 들었다. 지금 저 다리 위로 많은 사람들이 오가고 있다. 다리 위의 많은 사람들의 모습 속

프란츠 페르디난트 대공과 그의 아내 소피가 암살당한 라틴 다리

에서 무엇을 찾을 수 있을까? 역사의 한 장면 아니면 그 이상의 무엇, 그것이 우리에게 주는 것은 또 무엇일까? 하는 생각이 들었다.

나는 엘레나에게 "드리나 강의 다리"라는 소설을 아느냐고 물어보았다. 그러자 엘레나는 "이보 안드리치Ivo Andric4"36 하고 짧게 대답하였다.

"1961년도에 노벨상을 받은 작품이라 그리 많이 알려지지 않았는데 어떻게…"

나는 엘레나에게 "그럼 책과 작가에 관해서 이야기해 주실 수 있어요?" 하고 물었다.

"사실 그가 쓴 〈드리나 강의 다리〉라는 책을 읽어 보면 이 나라를 조금 더 쉽게 이해할 수 있을 것 같아요. 이 책의 내용과 배경은 오스만 투르크 제국 시대부터 시작 제1차 세계대전 전까지 약 400여 년 동안 보스니아의 소도시 비셰그라드Višegrad37에 놓인 다리를 중심으로 벌어지는 다양한 문화의 충돌과 공존 그리고 역사를 그리고 있는 것입니다. 다양한 종교와 문화를 지닌 사람들의 갈등과 공존 그리고 발칸을 지배했던 제국의 역사를 이야기하고 있지요."

"여러 발칸 나라들이 있지만 보스니아만큼 다양한 문화와 종교를 가지고 있는 곳도 드물죠." 하고 나는 엘레나에게 말하였다.

"그렇죠." 하고 엘레나도 말하였다. 그러고 나서 다시 이야기를 이어 나갔다.

"작품의 배경이 되는 보스니아는 여러 문화가 동시에 공존하는 독특한 색깔을 지닌 지역입니다. 지도를 펴서 주위를 둘러보면 아시

다시피 보스니아는 아드리아 해를 끼고 있습니다. 그리고 독일과 오스트리아의 가톨릭 문화의 영향을 받은 크로아티아, 그리고 정교회의 세르비아와 접해있으며 거기에 오스만 투르크 제국의 이슬람 문화의 특성을 가지고 있는 복합적인 곳입니다. 보스니아는 여러 가지 색깔의 문화가 합쳐진 모자이크 같다고나 할까요? 이러한 문화적 충돌과 공존이 이보 안드리치 작품에 나타납니다. 그의 작품은 철저히 그의 조국 보스니아의 이야기입니다.

이보 안드리치는 가톨릭계의 크로아티아인 부모 사이에서 태어났습니다. 금 세공사인 아버지와 양탄자 공장에서 일하시던 어머니 사이에서 태어납니다. 아버지가 돌아가시고 고모가 살았던 비셰그라드에서 어린 시절을 보냅니다. 그의 어린 시절 불행했던 삶과 고독이 후에 그의 생에 큰 영향을 미치게 됩니다. 고등학교는 사라예보의 명문 학교인 벨리카 김나지움을 졸업하고 오스트리아-헝가리 제국이 지배하던 시절 자그레브와 빈에서 철학을 공부하다가 1차 세계대전이 일어나 학업을 중단하게 됩니다. 그는 진보적 민족 단체 '청년 보스니아'에 가담하여 적극적으로 활동하였으며 오스트리아 페르디난트 황태자 암살 사건으로 체포되어 3년의 징역을 살게 되고, 이때 옥중에서 읽은 도스토예프스키[38]와 키르케고르[39]는 그의 작품에 많은 영향을 미치게 됩니다. 그 후 유고슬라비아연방 외교관이 되어 서유럽의 여러 나라에서 지내기도 합니다. 그의 많은 소설의 무대는 보스니아였습니다. 그는 아주 철저하게 보스니아인으로 살다간 사람이고 보스니아의 대표적인 작가이기도 합니다. 그의 대표작은 '드리나강의 다리' '트리브니크의 연대기' '아가씨' 등을 꼽을 수 있습니다. 그는 인간의 고뇌, 고독, 허무주의에 관심이 많았다고 합니다. 그는 1975년 심장마비로 숨졌습니다."

보스니아 헤르체고비나, 사라예보, 모스타르. 이것들은 왠지 애틋한 느낌이 드는 이름들이다. 무엇인가 생각나면 그것을 보기 위해 시간을 거꾸로 돌려 가보고 싶은 곳들이다. 엘레나와 나는 다리를 건너 차가 있는 곳으로 천천히 걸어갔다.

유럽에서 자동차로 고속도로를 가다보면 그 나라의 일반 고속도로는 A나 M등으로 나타낸 것을 볼 수 있다. 하지만 EU 고속도로는 E로 표시한다. 예를 들면 한 고속도로에 E18과 A1이 같이 있다면 이것은 EU 고속도로 18번이면서 동시에 자국 1번 고속도로임을 나타내는 것이다.

Slovenia

13

발칸의 알프스
슬로베니아

발칸 반도의 서북쪽 끝에 위치한 슬로베니아. 이곳은 지리적인 위치로 인해 게르만 문화, 라틴 문화 그리고 슬라브 문화의 복합적인 문화를 갖게 되었다. 이 나라에서 유일하게 내륙에 있는 섬 블레드는 티토의 개인 별장이 있고 합스부르크 왕가의 별장이 있는 곳으로 와인으로도 유명한 곳이다. 블레드 호에서 바라보이는 130미터 높이의 블레드 성은 호수와 더불어 그림처럼 느껴지는 곳이다.

블레드

포스토이나   류블랴나

블레드 호수에서 바라본
블레드 성과 율리안 알프스

엘레나와 나는 블레드로 향하였다. 슬로베니아의 풍경은 아름다웠다. 목적지로 향하는 도로는 좀 한적한 느낌이 들었다.

엘레나가 나에게 말했다.

"슬로베니아는 특히 근대에 들어 짧은 기간 내에 많은 아픔과 변화를 겪은 나라인 것 같습니다. 이 나라는 1918년 12월 이래 다민족 국가인 베오그라드 왕국[40]의 하나였는데 그 후 제2차 세계대전이 끝나고 유고슬라비아 사회주의 연방공화국의 한 공화국으로 지내오다가 1991년 유고슬라비아 연방의 해체와 함께 내전을 거쳐 독립하였습니다. 정식명칭은 슬로베니아 공화국이고 발칸 반도 북서부에 위치해 있으며 면적은 20,273km^2 입니다. 정치형태는 공화제입니다. 알프스 산을 기준으로 보자면 슬로베니아는 그 동쪽에 자리 잡고 있는 산이 많은 고산 국가입니다. 이탈리아 및 오스트리아와 국경을 접하는 알프스 산맥의 동쪽 끝에 해당하므로 국토의 대부분이 알프스 산지이고 그것은 스위스, 오스트리아와 비슷합니다. 오스트리아 잘츠부르크에서 슬로베니아 블레드로 가는 도로는 풍경이 아름답기로 유명하답니다. 그리고 슬로베니아는 동, 서, 남, 북 사방으로 다른 나라와 접해있는데 북동쪽으로 헝가리와 크로아티아, 서쪽으로 이탈리아, 북쪽으로는 오스트리아, 남쪽으로는 크로아티아와 국경을 접하고 있습니다. 국토의 일부가 남서쪽으로 아드리아 해와 면해 있는데 이는 또한 크로아티아와 국경을 접하고 있어 연안 출구를 두고 갈등을 겪고 있습니다. 그리고 트리글라브 봉[2,864m][41]에서 발원하는 사바 강과 오스트리아에서 발원한 드라바 강이 슬로베니아의 북동부를 지나가는데 이 두 강은 모두 도나우 강의 상류에 해당됩니다. 한편 2004년 나토^{NATO}와 EU에 가입하였습니다. 행정구역은 182개 주와 11개 시로 되어있습니다. 대체로 슬로베니아의 기후는 서안 해양성 기후입니다. 자원을 보면 석탄, 갈탄, 납, 아연, 석유, 천연가스 등이 매장되어 있다고 합니다. 슬로베니아 국민은 6세기부터 이주해온 남 슬라브족이며 슬로베니아인이 83퍼센트 정도, 세르비아인과 크로아티아인이 약 4퍼센트 정도며 기타 민족이 13퍼센트를 차지합니다. 그리고 재미있는 것은 크로아티아와 세르비아, 슬로베니아 모두 남 슬라브족인데 언어는 슬로베니아인은 남 슬라브어군에 속하는 슬로베니아어를 사용하고 있으나 크로아티아인과 세르비아인들은 세르보 크로아티아어를 사용하고 있다는 것입니다. 그리고 종교를 보면 가톨릭교도가 58퍼센트, 이슬람교와 정교회가 합쳐서 5퍼센트 정도, 그리고 기타종교가 37퍼센트 정도 된다고 합니다."

엘레나는 이야기를 하다가 갈증이 난 듯하였다. 나는 엘레나에게 휴게소에서 커피나 아니면 다른 마실 것이라도 한잔하고 가자고 하였다. 엘레나도 갈증이 났는지 쉬어 가자고 하였다. 고속도로를 달리다 눈에 띄는 휴게소에 섰다. 엘레나는 물을 사서 마셨다. 나는 진한 에스프레소 더블을 마셨다. 테이블에 앉아 있다가 갑자기 고개를 들었는데 서로 눈이 마주치자 둘은 겸연쩍은 듯 웃었다. 한 15분 정도 흐른 후 나는 엘레나에게 그만 출발하자고 하였다. 차는 다시 고속도로에 들어서서 달렸다.

나는 차창 밖을 바라보고 있는 엘레나에게 말하였다.

"우리가 지금 가고 있는 지역이 카르스트 지형으로 잘 알려진 곳인 거 아시죠? 특히 우리가 볼 포스토이나 동굴은 24킬로미터에 달하는 석회 동굴이라는 것도요."

그녀는 고개를 끄덕였다. 그리고 사실 그 동굴이 기대된다고 하였다. 그러면서 엘레나는 나에게 이렇게 말하였다.

"어느 장소를 가든지 역사나 문화를 이해해야만 그곳을 바로 볼 수 있다고 생각합니다. 경우에 따라 그런 것과는 상관없는 여행도 있지만요. 슬로베니아는 발칸에 있는 아주 조그만 나라입니다. 이곳의 역사를 이야기하자면 6세기에 게르만 민족의 이동과 함께 이동 남하한 남 슬라브족 중 일부가 사바 강 유역을 중심으로 627년 슬로베니아 왕국을 건설하였습니다. 바로 우리가 슬로베니아인이라고 부르는 민족이 바로 이들의 후손입니다. 이들은 8세기에는 바이에른과 프랑켄에 복속하고 그 후에는 카롤링거 왕조의 프랑크 왕국에서 가톨릭으로 개종합니다. 그리고 서유럽 문화권에 편입됩니다. 그리고 10세기에는 신성로마제국, 14세기에는 오스트리아 합스부르크가의 지배를 받았습니다. 그 후 슬로베니아는 제1차 세계대전 당시 오스트리아-헝가리 제국의 지배하에 있었는데 그들이 전쟁에서 패하자 그 지배에서 벗어날 수 있는 기회임을 알아차리고 남 슬라브족임을 내세워 오스트리아에 대항하는 민족해방운동에 가담하게 됩니다. 그리하여 같은 남 슬라브족인 세르비아, 크로아티아와 함께 종교적 다민족국가인 세르비아-크로아티아-슬로베니아 왕국을 세

왔습니다. 그리고는 1918년 12월 베오그라드에서 정식으로 건국을 선포합니다. 이른바 베오그라드 왕국의 영토에는 과거 오스트리아로부터 독립해 있던 세르비아, 몬테네그로를 비롯하여 보스니아-헤르체고비나, 크로아티아, 보이보디나, 달마티아, 마케도니아와 함께 슬로베니아도 편입되었습니다."

나는 엘레나의 말을 이어서 이야기하였다.

언제부터인지는 모르겠지만 엘레나와 나는 서로의 말을 이어받아 이야기를 하곤 했다.

"베오그라드 왕국은 1929년에는 유고슬라비아로 불렸습니다. 그리고 제2차 세계대전 중에는 독일에 점령됩니다. 하지만 대전 후 유고슬라비아 사회주의 연방공화국이 성립되고 그 일원이 됩니다. 그러다가 1990년 7월에는 주권선언을 하며 12월에는 국민투표를 하였는데 90퍼센트가 독립을 지지하는 결과가 나옵니다. 그래서 1991년 6월 독립을 선언했지만 연방을 유지하려는 세르비아와의 대립이 격화되어 구 유고슬라비아 연방군이 슬로베니아를 침공하고 격렬한 전투가 벌어집니다. 그러나 곧 휴전으로 10월에 연방군이 철수합니다. 그러한 전투가 있고 난 후 독일이 1991년 12월 슬로베니아와 크로아티아의 독립을 승인하였고 1992년 1월에 EU도 독립을 승인하였습니다. 같은 해 5월에는 크로아티아, 보스니아-헤르체고비나와 함께 UN에 가입하고, 8월 신 유고슬라비아연방이 슬로베니아의 독립을 승인하여 12월에는 독립 후 최초의 대통령 및 국회의원 선거를 실시하였습니다. 이러한 과정을 거쳐 슬로베니아는 현재에 이르게 되는 것입니다."

엘레나는 나에게 슬로베니아의 지리적 위치는 슬로베니아 문화에 아주 많은 영향을 미쳤다고 말하였다. 그래서 중요하다고 하였다. 나는 왜 그런지를 그녀에게 물어보았다.

"발칸 반도의 서북쪽 끝이라는 지리적 위치로 인해 슬로베니아는 복합적인 문화를 가지게 됩니다. 게르만 문화, 라틴 문화, 슬라브 문화 요소가 서로 혼재됩니다. 그래서 이들은 민족의식과 더불어 학문과 문화의 수준도 높아지게 됩니다." 하고 엘레나는 나에게 말하였다.

나는 엘레나에게 그러한 것이 구체적으로 무엇이 있는지 물어보았다.

"그러한 예를 들자면, 먼저 16세기에 종교개혁운동이 일어납니다. 이것은 슬로베니아인들의 문자 해독 능력과 문화에 대한 인식을 향상시킵니다. 그리고 16세기에는 슬로베니아어에 아주 큰 변화가 일어나는데 우선 첫 번째는 1518년에 주리즈 달마틴 Jurij Dalmatin이 성경을 슬로베니아어로 최초로 번역한 것이고 또 다른 사건은 아담 보히릭 Adam Bohiric이 슬로베니아어 문법서를 저술하여 문화적 기초를 세운 것입니다. 그리고 이때 슬로베니아에서는 과학이 크게 발전합니다. 예를 들면 상크토리오 상크토리 Sanctorio Sanctori는 체온을 재는 정밀한 측정 수단을 발명하였으며, 19세기 초반 슬로베니아는 최초로 증기 에너지를 소개하였는데 1819년에는 최초의 산업용 증기 엔진이 만들어졌습니다. 1897년 물리학 교수인 알빈 벨라 Albin Belar는 세계 최초로 현대 유럽 지진관찰 시스템을 만들었습니다. 엔지니어

인 프랭크 웰스Franc Wels는 세계 최초로 비행 날개를 개발하여 1906
년 오스트리아 헝가리 간 무동력 비행에 성공하였습니다. 1923년
물리학자 프리츠 프레글Fritz Pregl은 유기화학 분야의 미세분석 기술로
슬로베니아 과학자로는 최초로 노벨상을 수상하기도 하였습니다."
하고 엘레나는 작지만 아름다운 나라인 슬로베니아에 대해서 이야
기하였다. 이렇게 이야기하다 보니 우리는 블레드에 거의 다 도착
하였다. 고속도로를 빠져 나오니 블레드 호수까지는 그리 멀지 않았
다. 이곳이 티토와 합스부르크 가문의 여름 별장이 있었던 곳이다.

화이트 와인이 유명한 곳 블레드. 율리안 알프스의 작은 호수, 슬
로베니아의 유일한 섬 그리고 호수에서 올려다 보이는, 슬로베니아
에서 가장 오래된 성에서 내려다볼 수 있는 호수와 섬에 나는 엘레
나와 함께 도착하였다. 엘레나와 나는 우선 예약한 호텔에 가서 체
크인을 하고 걸어 나왔다. 호텔은 호수와 5분 정도의 거리에 있었다.

걸어 나오면서 나는 엘레나에게 슬로베니아의 상징이 무엇인지
아느냐고 물어보았다.

엘레나는 모른다고 하였다.

"슬로베니아의 상징은 율리안 알프스 산맥의 최고봉인 트리글라
브Triglav 산입니다. 높이가 2,864미터인데 슬라브인들은 이 산을 하
늘, 땅 그리고 지하 세계를 다스리는 머리가 셋 달린 신의 집이라고
믿었다고 합니다. 그 신의 이름이 트라글라브이고 거기서 산의 이름
이 유래하였다고 합니다."

블레드
Bled

130미터 높이의 절벽에 있는 블레드 성, 잔잔한 호수와 아흔아홉 개의 계단, 16세기에 지어진 50미터 높이의 하얀 종루가 있는 성당, 그 성당의 "소원의 종" 그리고 그곳에 가기 위해서는 타야만 하는 사공이 노 젖는 전통 배 "플레트나". 이것이 블레드의 이미지이다.

호텔서 나와 천천히 블레드 호숫가를 거닐었다. 호수에서부터 약 130미터 높이의 바위 절벽 위에 세워진 블레드 성은 호수와 더불어

블레드 호수에서 바라다 보이는 성

그림같이 느껴졌다. 엘레나와 나는 호수가 보이는 의자에 앉아 블레드 호수와 산을 바라보며 말 그대로 평화로움을 느꼈다.

나는 엘레나에게 이 호수에 관하여 이야기해 주었다.

"호수의 최대 길이는 2,120미터, 최대 너비는 1,380미터 그리고 깊이는 30.6미터라고 합니다. 그리고 이 호수는 보히니 빙하가 후퇴하면서 생겼다는군요. 또한 1966년, 1979년, 1989년 그리고 2011년에 세계 조정선수권대회가 열렸던 곳이랍니다."

이렇게 이야기하는 동안 엘레나는 정면에 있는 섬을 바라보고 있었다.

호수 정면에 있는 블레드 섬에는 전설 속의 소원의 종이 있다고 한다. 나는 엘레나에게 섬에 가보자고 하였다. 나는 아래쪽의 정박해 있는 배가 있는 곳으로 내려가 사공과 가격을 흥정하고 배를 탔다. 사공이 노 젓는 '플레트나'라는 배였다. 이 배는 이곳의 전통 배로 나룻배 정도라고 생각하면 된다. 이 배를 타는 것이 수영을 해서 가지 않는 이상 섬에 가는 유일한 방법이라고 한다. 왜냐하면 이 호수에서는 동력을 사용한 배를 이용하는 것이 법으로 금지되어 있기 때문이다. 그리고 18세기부터 이어진 뱃사공일은 오직 남자만이 할 수 있다고 한다.

사공은 배를 열심히 저었다.

나는 엘레나에게 '소원의 종'에 얽힌 이야기를 아느냐고 물어보았다. 엘레나는 모른다고 대답했다.

"블레드 섬에 있는 성당은 전설 속 소원의 종이 있어 많은 이들이

블레드 호수의 풍경

꼭 찾는 곳이라고 합니다. 이야기는 이렇습니다. 서기 약 1500년쯤 이 곳의 성주는 크레이그라는 사람이었습니다. 그는 아주 사악한 사람이 었다고 합니다. 폭정을 일삼았던 그는 어느 날 무슨 이유에서인지는 모르지만 사라졌다고 합니다. 그 후 영주의 젊은 과부인 플록세나라 는 여자가 새 성주가 되었으나 그녀도 마찬가지였습니다. 그녀는 사재 를 털어 그녀의 남편을 애도하기 위해 커다란 종을 만들었답니다. 그 리고 그 종을 성당에 매달려고 했다는군요. 하지만 풍랑이 전혀 있을 것 같지 않은 이 호수에서 나룻배를 타고 가던 중 풍랑을 만나게 됩니 다. 그래서 그녀가 만든 종과 사공이 호수에 빠졌고 사공은 죽었습니 다. 그 후 그녀는 모든 것을 포기, 정리 한 후 로마에 가서 수녀가 되었 다는 이야기입니다. 그런데 이 이야기를 전해 들은 교황이 블레드 섬 에 종을 달았고 그때부터 그 종은 소원의 종이 되었다고 합니다. 소원 이 있든 없든 블레드에 오면 누구든지 종을 쳐볼 생각으로 찾아가는 곳이 되었다는군요. 그리고 이러한 전설은 매일 저녁부터 다음날 해가 뜰 때까지 재현이 된다고 합니다. 날이 저물면 블레드 성 아래 암반에 비춰진 조명은 플록세나의 얼굴을 만드는데 이것은 젊은 여인의 얼굴 부터 할머니의 얼굴까지 여러 모습을 보여준다고 합니다."

내가 이렇게 이야기하는 동안 엘레나는 손으로 섬을 가리켰다. 섬 에서는 결혼식이 있는 것 같았다. 블레드 섬의 성당은 주말에 신혼 부부들이 결혼식을 올리는 장소로 이용하기도 한다. 배를 타고 가는 동안에도 블레드 성과 알프스가 어우러지는 경관이 무척이나 아름 답게 느껴졌다.

배가 거의 도착할 무렵 내가 엘레나에게 말하였다.

"배가 도착하면 아흔아홉 개의 계단을 올라갑니다. 16세기에 지어진 50미터 높이의 하얀 종루가 보이죠. 종루가 있는 성당에 바로 소원의 종이 있습니다. 원래 이 성당이 있는 자리는 슬라브인들이 지바 여신[42]을 모셨던 곳이랍니다. 8세기에 들어서 기독교를 받아들이고 개종하면서 성당이 들어선 것이죠."

우리는 성당으로 가 입장료를 내고 안으로 들어가 소원의 종을 울렸다. 생각보다 종을 치는 게 쉽지는 않았다. 밖으로 나와 천천히 섬을 걸었다. 잔잔한 호수, 벤치 그리고 멀리 보이는 성과 어울리는 모든 것이 아름다웠다. 섬에서 차를 한잔하자고 하였다. 엘레나는 이곳에서 차를 마시는 것보다 블레드 성에 올라가 아래를 내려다보

블레드 섬의 성당과 종루

블레드 섬의 99개의 계단

며 와인을 한잔하자고 하였다. 엘레나와 나는 섬을 한 바퀴 돌고 나서 다시 배를 타고 그곳을 나왔다.

배에서 내린 엘레나와 나는 걸어서 성에 가기로 하였다. 생각보다는 멀었다. 차가 다니는 길을 따라 걸어서 성 입구에 올라가기까지는 시간이 좀 걸렸다. 언덕을 올라가는 게 좀 힘들었던 것 같다. 언덕에 올라 주차장을 지나 조금 더 걸어 올라가 입구를 지나 입장권을 구매한 후 고딕 아치로 된 성 안으로 들어가면서 이 성이 경사진 언덕에 있는 이유를 알 수도 있을 것 같았다. 올라가는 길에는 와이너리가 있었다. 카프치노 수사복을 입고 있는 수사가 한 분 있었다.

나는 엘레나에게 이 성의 유래에 관하여 이야기해 주었다.

블레드 섬

"이 성은 11세기경 독일 황제 하인리히 2세가 블레드 지역을 브릭센Brixen의 엘부인 대주교에게 선물로 주면서 만들어졌다고 합니다. 당시에는 로마네스크 탑 하나만 있었는데 시간이 지나면서 중세 말에는 많은 탑이 만들어졌고 성벽은 더 견고해졌습니다. 입구의 아치는 고딕 양식으로 만들었지만 전체적으로 다른 부분은 바로크 양식으로 만들어졌습니다. 그리고 성은 성벽이 방어할 수 있는 아주 적합한 곳에 위치해 있습니다."

블레드 성의 아래 마당

엘레나와 나는 성 안으로 들어갔다. 성 안은 몇 개의 계단을 통해 두 개의 마당으로 구성되어 있었다.

아래쪽에 있는 마당은 바깥쪽 건물을 포함하고 있었으며 기념품 가게와 레스토랑이 있었다. 위쪽에 있는 안쪽 마당에는 이곳 블레드 지역에서 발굴한 유물과 역사적인 기록, 그리고 이 성만이 가지고 있는 독특한 가구들을 전시해 놓고 있는 박물관과 그리고 성당이 있었다. 엘레나와 나는 박물관과 성당을 둘러보았다.

엘레나는 나에게 조그마한 이 성당에 관하여 물어보았다. 얼핏 보면 성당인지도 몰랐을 것이다.

"성당은 16세기에 만들어진 것이고 18세기경 바로크 양식으로 개조되었습니다. 성당 안의 벽면에는 퇴색된 벽화가 그려져 있습니다. 제단 뒷면에 그려진 그림은 블레드 지역 땅을 기부한 독일 황제 하인리히 2세와 그의 아내 쿠니군다입니다."

엘레나와 나는 박물관을 보고 성당에서 나온 다음 성벽으로 가서 호수를 내려다보았다. 호수는 정말 한 폭의 그림처럼 느껴졌다. 엘레나와 나는 마당에 있는 테이블에 앉았다. 엘레나에게 와인을 마시자고 하였다.

"이곳에선 로마인들보다도 더 오래전에 와인을 만들었다고 합니다. 그리고 로마에 와인을 공급하는 포도원이 있었던 곳이 슬로베니아이기도 합니다."

엘레나와 나는 화이트 와인을 한 잔 시켰다. 그리고 나는 호수 아래를 내려다보았다. 해 질 무렵의 풍경이 아름다웠다.

포스토이나 동굴
Postojna

포스토이나 동굴은 세계에서 두 번째로 긴 동굴이다. 이 동굴은 20킬로미터의 카르스트 지형의 동굴로 관광객에게는 5.2킬로미터가 개방되어 있으며, 수도인 류블랴나보다 전기가 먼저 들어온 곳이기도 하다.

엘레나와 나는 아침에 블레드를 출발하였다. 여느 때처럼 커피를 한 잔씩 가지고 차에 탔다. 약 110킬로미터, 한 시간 거리였다. 고속도로를 따라 달렸다.

엘레나는 차창 밖을 바라다보고 있었다. 그러더니 나에게 이야기하였다.

"포스토이나 동굴은 슬로베니아의 포스토이나[43] 근처에 자리한 긴 카르스트 동굴[44]입니다. 길이는 20,570미터죠. 즉 20킬로미터가 넘는 동굴입니다. 슬로베니아에서 가장 긴 그리고 세계에서 두 번째로 긴 동굴입니다."

그러고 나서 엘레나는 나에게 물었다.

"슬로베니아에 몇 개의 석회 동굴이 있는지 아세요?"

"5,000개의 석회 동굴이 있다고 알고 있습니다. 포스토이나 동굴이 대표적인 것이죠. 1213년에 처음 동굴이 세상에 알려졌습니다. 이 동굴을 유럽에 알린 것은 19세기 오스트리아 합스부르크입니다.

그리고 통로의 새로운 부분을 만들고 불을 설치한 것은 1818년입니다."

"동굴 안에 있는 연주 홀에서 1824년에 처음으로 공연이 열렸다고 합니다. 그리고 1872년에는 철도가 개설되었고 1884년에는 동굴에 전기가 들어왔습니다. 그 후 많은 관광객들이 오기 시작했다고 합니다. 현재는 50만 명에 가까운 관광객들이 매년 방문한다고 합니다. 그리고 동굴 안의 온도는 섭씨 10도를 유지한다고 합니다."

포스토이나 동굴 입구

엘레나와 나는 이런저런 이야기를 하는 동안 목적지의 주차장에 도착하였다. 그리고 위로 올라갔다. 커다란 카페테리아 그리고 그 옆에 티켓 판매소가 있었다. 많은 사람들이 티켓을 사기 위해 줄을 서 있었다.

티켓을 사는데 가이드 투어를 할 건지 오디오 투어를 할 건지 물어본다. 엘레나와 나는 오디오 투어를 하기로 하였다.

엘레나와 나는 동굴 입구로 걸어갔다. 기념품 가게들이 늘어서 있었다. 동굴 입구에 도착해 안으로 들어갔더니 열차가 있었다. 코끼리 열차는 아니지만 한 자리에 두 명씩 탈 수 있는 길게 연결된 열

포스토이나 동굴의 종유석과 석순

차였다. 엘레나와 나는 나란히 앉았다. 열차가 출발하였다. 열차가 출발하고 조금 지나자 석순과 종유석들이 많이 보였다. 왠지 또 다른 신천지에 온 것 같은 느낌이 들었다. 동굴 벽에 있는 종유석들은 하나의 작품처럼 느껴졌다. 기차가 달리는 동안 낮은 통로를 지났는데 아슬아슬 마치 머리가 벽에 부딪칠 것 같은 스릴감이 있었다. 열차에서 내리자 열차에 탔던 사람들이 모였다. 이곳은 '거대한 산'이라 불리는 곳이었다. 45미터 높이의 언덕이다. 이곳에서 가이드 투어와 오디오 투어로 나누어졌다. 가이드 투어는 해당 언어 가이드가 안내를 하였고 오디오 투어는 안내자가 랜턴을 들고 길을 안내하다 번호에 빛을 비추면 관람객이 그 번호를 눌러서 나오는 각자 선택한 언어로 된 설명을 듣는 방식이었다.

가이드 투어건 오디오 투어건 동선이 같아서인지 혼잡스러운 느낌이 들었다. 가이드를 따라 올라갔다. '러시안 다리'라 불리는 곳이었다. 1차 대전 때 러시아 포로들이 골짜기를 넘나들 수 있는 다리를 만들었다고 한다. 다리 아래로는 깊은 골짜기가 내려다 보였다. 가이드를 따라가고 있었다. 똑똑 떨어지는 물방울 소리가 들렸다. 이렇게 아주 오랫동안 약 20만 년 동안 떨어지고 있는 것이다. 이렇게 가이드를 따라가는데 가이드가 갑자기 불을 끄고 소리만 듣게 하였다. 종유석과 석순을 만드는 물방울 소리가 들렸다. 다음으로 간 곳은 속이 빈 종유석인 '뻐꾸기'라는 곳이었다. 속이 빈 종유석을 톡톡 치면 나는 소리가 뻐꾸기 울음 같다고 해서 붙여진 이름이다. 조금 더 걸어가니 아주 하얀색의 순백색 석순이 있었다. 이름하여

'다이아몬드', 다른 것들과는 좀 달라 보이는 것이었다. 빛이 속으로 투과한 다음 다시 아름답게 비추어서 이러한 이름이 붙여진 것이라고 하였다. 다음으로 간 곳은 '휴먼 피쉬'라 불리는 동굴에 사는 생명체가 있는 곳이었다. 동굴 안의 어둠 속에 적응한 생명체가 있는 곳이었다. 많은 사람들이 몰려 있었다. 휴먼 피쉬는 길이가 약 30센티미터라고 한다. 눈은 어둠 속에서 퇴화하여 없으며 보호색이 없어 사람의 피부색과 비슷하다. 그리고 수명은 약 80년~100년 정도로

포스토이나 동굴의 내부 모습

인간과 비슷하다고 한다. 휴먼 피쉬는 빛에 노출되면 서서히 죽어간다고 한다.

엘레나와 나는 휴먼 피쉬가 있는 곳을 떠나 '연주 홀'이라 불리는 곳으로 갔다. 이곳이 투어의 마지막 장소였다. 이 연주 홀은 10,000명을 수용할 수 있다고 하며 세계적인 거장들이 이곳을 방문하기도 하였는데 그 중에는 피에트로 마스카니, 엔리코 카루소가 있었고 베를린 필하모닉 오케스트라와 슬로베니아 오케스트라의 협연 등이 열렸다고 한다. 이곳은 기념품 가게가 있고 화장실이 있다. 많은 사람들이 기념품 가게, 화장실 등에서 일을 보고 열차를 타러 밖으로 나왔다. 우리가 열차를 타고 밖으로 나가기 위해 도착한 곳은 바로 동굴 지하로 흐르는 피비카^{Pivika} 강이 흐르는 곳이었다. 이곳에서 길을 따라 밖으로 빠져나왔다.

엘레나와 나는 아래 주차장 근처에 있는 카페테리아로 갔다. 이곳에서 식사를 하고 출발하기로 하였다.

카페테리아는 많은 관광객들로 가득 차 있었다. 엘레나와 나는 자리를 잡고 식탁 앞에 앉았다. 창밖으로는 따뜻한 햇살이 비추고 있었다. 식사를 주문하고 우리 둘 다 아무 말이 없었다.

식사를 하면서도 서로 별 말이 없었고 그냥 침묵만이 흘렀다. 무언가 아쉬움이랄까 서운함이랄까 그런 분위기였다. 그렇게 식사를 마치고 커피를 각자 한 잔씩 사 가지고 차에 올랐다.

차가 그 지역을 빠져나갈 때까지도 우리 둘은 아무 말이 없었다. 잠시 후 차는 고속도로를 타고 달리기 시작했고 멀리 율리안 알프스의 모습이 보였다.

우리는 지금 빈을 향하여 가는 중이다. 나는 빈에 도착해 하루 더 묵고 다음날 돌아갈 예정이고 엘레나는 밤 비행기로 돌아간다고 하였다.

"이번 여행은 좀 어떠셨어요?" 하고 내가 물었다.

"덕분에 아주 즐겁고 편안한 여행이 되었어요. 그리고 평생 갈 좋은 추억을 만든 것 같아요."라며 엘레나가 명랑한 표정으로 대답하고는 나에게 물었다.

"그런데 요번 여행에서 어디가 기억에 가장 많이 남으세요?"

"마케도니아 오흐리드요."

그러자 그녀는 "저도 그래요. 그곳이 가장 인상 깊었어요. 처음에는 몰랐는데 여행이 끝나가니까 그런 생각이 드네요." 하고 말하였다.

"제일 기억에 남는 것은 숙소에서 호수를 바라보며 와인 마시던 것과 저를 위해 방을 내어 주시고 다락방에서 주무시던 것이에요. 그땐 정말 고마웠어요. 또다시 경험하기 쉽지 않은 추억이죠." 하고 엘레나는 나의 눈을 바라보며 수줍은 듯 이야기하였다.

나도 역시 그날의 기억이 떠올랐다. 차는 미끄러지듯 고속도로를 달렸다.

약 여섯 시간 남은 우리의 마지막 여정은 이렇게 끝을 향하여 가고 있었다. 차는 자그레브 방향으로 달리고 있었고 오스트리아로 넘어가는 이정표도 눈에 띄었다. 엘레나를 만나 함께한 이번 여행이 없었다면 나는 또 다른 곳에서 또 다른 모습으로 여행을 하고 있었을 것이라는 생각이 들었다.

우리는 무엇인지 모르지만 서운하고 아쉬우면서도 즐거웠고 뿌듯한 느낌이었다.

차는 오스트리아로 향하고 있었다.

"그라츠가 오스만 투르크의 방어기지로 세워진 도시라는 것을 아실 거예요. 그럼 그 시대에 발칸과 관련이 있는 사보이 공 오이겐 장군에 대해 아세요?" 하고 나는 엘레나에게 물었다.

"프랑스 공작의 아들로 태어났지만, 태어나면서부터 아버지가 누구냐 하는 구설수에 오른 사람입니다. 그는 프랑스에서 군대에 입대하려 했으나 거절당하고 오스트리아로 갑니다. 그곳에서 전공을 세워 29세에 장군이 되는 인물이죠. 프랑스와의 전쟁 등 여러 전쟁을 거쳤지만 그가 치른 전쟁 중에서도 아주 유명한 전쟁은 발칸 반도와 관련된 것입니다. 그것의 배경은 세르비아의 베오그라드였는데, 그 당시 오스만 투르크 군이 오스트리아 군의 병력 수보다 네 배나 많았다고 합니다. 게다가 설상가상으로 오스트리아 군에는 전염병이 퍼져있었다고 합니다. 오이겐 장군은 병력 수가 열세고 상황이 좋지 않자 자연 현상을 이용합니다. 바로 안개가 아주 심하게 끼었을 때 전투를 시작했던 것이죠. 안개가 걷히자 오이겐 장군은 승리를 하고 베오그라드를 차지하게 됩니다."

"혹시 왜 오이겐 장군이 집안도 좋은 사람인데 프랑스 군대로부터 거절당했는지 아세요?" 하고 나는 엘레나에게 물었다.

"오이겐 장군은 외모가 별로였다는군요. 마르고 작고 못생겼다고 합니다. 그런 이유로 거절당했고요. 하지만 나폴레옹은 그를 세계의 몇 안 되는 전략가로 평가해 연구할 만한 가치가 있다고 지목했다고 합니다. 이 일화를 보면 삼국지의 이야기가 연상되는데 제갈공명이 유비에게 방통이라는 사람을 추천했고 방통이나 제갈공명 둘 중의 한 사람만 얻으면 천하를 얻는다는 말이 있었지만 유비는 방통의 외모가 너무나도 못생겨 그를 중용하지 않고 말단 관직으로 보냅니다. 이것과 비슷하다는 생각이 듭니다."

차는 어느덧 오스트리아 국경을 지나 빈으로 향하고 있었다. 아쉬움 속에서 우리는 함께 여행하는 동안 있었던 여러 가지 일들을 회상하며 대화를 나누었다.

공항으로 가는 이정표가 눈에 들어오기 시작하였다. 이제 헤어져야 할 시간이 다가오고 있었다.

공항에 도착하여 짐을 부치고 수속을 먼저 밟았다. 비행기 출발 시간이 다 되어 갔다.

"엘레나 씨, 우리가 다시 만날 수 있을까요? 서로 아주 먼 거리에 있는데."

"물론이죠. 거리가 중요한 건 아니죠."

출국장 입구에서 엘레나를 바라보니 처음 만났을 때와 같은 차림을 하고 있었다.

"다음에 보게 되도 지금 같은 감정이 그대로 남아 있으면 좋겠어요. 아마도 그렇지 않을까 생각돼요." 하고 엘레나가 말하였다.

그녀는 나에게 다가오더니 "우리 서양식으로 인사해 봐요." 하고 말하였다. 그리고는 나를 포옹하였다. 그러고 잠시 동안 아무 말도 없었다. 이윽고 그녀는 출국장 안으로 들어갔다. 그리고 한 번 뒤돌아보았다. 그녀는 이제 스페인으로 돌아갔다. 엘레나는 지적이고 똑똑한 여자였다.

나에게 이번 여행은 이전에 했던 것과는 다른 특별한 의미가 있었다. 지금도 가끔씩 오는 그녀의 메일을 보며 나는 미소 짓곤 한다.

포스토이나 동굴 투어는 두 종류로 나누어 할 수 있다. 언어별로 나누어 가이드를 따라 다니며 설명을 듣는 투어와 수신기를 이용한 투어가 있는데, 가이드 투어는 영어를 비롯한 유럽어가 대부분이나 수신기는 한국어를 선택하여 설명지마다 들을 수 있다. 티켓 판매소에서 빌릴 수 있다.

01 전략적 요충지, 발칸 반도

1 길이 940km로 슬로베니아 북부에서 남동으로 크로아티아, 보스니아 헤르체고비나, 세르비아를 흐르는 강

2 지중해와 흑해를 잇는 다르다넬스 해협의 반도

3 트라키아는 라틴어, 고대 그리스어로는 트라케라고 부른다. 오늘날 불가리아 남부, 그리스 북동부, 유럽쪽의 터키를 일컫는다.

02 달마티아의 공작 베네치아와 지중해

4 현재의 터키 소아시아

05 세르비아의 하얀 성, 베오그라드

5 독일 남부 알프스 산지 슈바르츠발트에서 발원. 길이 2,850km. 독일어 도나우, 영어 다뉴브, 체코어 두나이, 헝가리어 두나, 세르비아, 불가리아어 두나브.

6 기원전 5~6천년 도나우 강을 따라 걸쳐있던 문화로 유럽의 유명한 다섯 개 신석기 시대 문화의 하나

7 세르비아 몬테네그로

8 9세기에 그리스의 전도사 키릴로스가 고안했다고 전해지는 문자

06 열강들의 분쟁, 크림전쟁과 발칸전쟁

9 1878년 3월 3일 투르크의 콘스탄티노플 서쪽 교외의 작은 마을 산스테파노에서 체결된 러시아-투르크 전쟁(1877~1878)의 강화조약

10 영국, 오스트리아, 독일, 러시아, 프랑스, 투르크, 이탈리아

07 세르비아 니시 그리고 마케도니아 스코페

11 그리스 시대에는 나이소스, 로마 시대에는 나이수스로 알려져 있다.

12 길이 388km로 마케도니아와 그리스를 흐르는 강. 악시오스 강(Axios)이라고도 한다.

13 1469년에 정복자인 술탄 마흐메드 2세가 건설한 터키 식 돌다리

08 발칸 반도의 진주, 마케도니아 오흐리드

14 이슬람 신전에 부설된 뾰족탑. 아랍어로 등대라는 의미. 이슬람 신자들의 예배시간을 알려 주었다.

09 벙커의 나라, 알바니아 티라나

15 옛 이름 스캄파 엘바사니

16 세르비아어로는 스카다르(Skadar), 이탈리아어로는 스쿠타리(Scutari)라고 한다.

10 검은산 몬테네그로 부드바, 코토르

17 비잔틴, 오리엔트 풍의 건축 양식과 북방 후기 고딕예술의 영향을 받아 독자적이고 섬세한 장식성이 풍부하다.

18 1796년부터 1842년까지 부드바에서 일어난 여러 사건을 상세히 기록한 책

19 빙하로 인해 만들어진 U자 모양의 협곡에 바닷물이 들어와서 생긴 지형

20 일종의 단단한 설탕과 견과류를 넣은 돌체 종류인데 그 당시 워낙 비싸 같은 무게의 금과 가격이 같았다.

11 문명과 자연이 만나는 곳, 크로아티아

21 중앙유럽과 남동유럽에 걸쳐 분포하고 있는 평원

22 유고슬라비아의 정치가, 군인

23 적의 침입을 막기 위해 성곽이나 고분의 둘레를 감싼 도랑

24 니케아 신경(Symbolum Nicaenum)은 325년 제1차 니케아 공의회에서 아리우스파를 비롯한 이단을 단죄하고 정통 기독교 신앙을 수호하기 위해 채택한 신앙 고백문

25 성모 마리아가 돌아가신 예수님을 안고 있는 모습을 표현한 그림이나 조각상을 말한다. 이탈리아어로 '자비를 베푸소서'라는 의미를 가지고 있다.

26 이탈리아 태생. 과학적 연구에 의한 제작기법이 특색이며 회화적인 톤을 강조

27 스플리트의 동북쪽에 위치한 로마 유적지

28 284년부터 305년까지 로마 황제였다. 이른바 제3세기의 위기에 빠진 로마 제국의 혼란을 수습하고 제국의 방위를 위해 사두정치체제를 창안. 여러 가지 개혁으로 제국의 쇠퇴를 막아보려 했고 그 일환으로 기독교를 탄압했다.

29 크로아티아 남서부 아드리아 해 연안에 있는 지방

30 가톨릭에서 예수 그리스도와 성모 마리아의 행적을 묵상하는 기도인 '묵주의 기도'

31 1848년 오스트리아-헝가리 제국의 침입을 물리친 장군

12 보스니아 헤르체고비나

32 사바 강의 지류 중 하나. 사바 강의 지류는 드리나 강·보스나 강·쿠파 강 등이 있다.

33 15세기 오스만 투르크의 정복 때까지 모스타르를 중심으로 헤르체고비나를 지배하였던 가문. 과거 이 지역을 훔(Hum)이라 불렀다.

34 보스니아 헤르체고비나와 크로아티아 사이의 강이다. 디나르 알프스에서 발원해 아드리아 해로 흐른다. 전체 길이는 225km로, 이중 203km는 헤르체고비나를, 마지막 22km는 크로아티아의 두브로브니크, 네레트바 주를 지난다.

35 다리 양쪽 끝의 탑과 다리의 통행을 지키던 오스만 투르크 군대의 이름 모스트에서 유래

36 1892년 10월 9일 보스니아-헤르체고비나에서 출생하여 1975년 3월 13일 사망. 유고슬라비아 외교관을 지냈다. 1961년 노벨 문학상을 수상하였다.

37 스르프스카 공화국에 속하며 드리나 강과 접하고 있고 동쪽으로는 세르비아와 국경을 접한다.

38 러시아 대문호 도스토예프스키. 1821~1881년

39 덴마크의 종교 사상가. 실존주의 사상의 선구자 중 한 사람. 1813~1855

13 발칸의 알프스, 슬로베니아

40 세르비아, 크로아티아, 슬로베니아를 일컬음

41 슬로베니아의 최고봉

42 슬라브 신화의 풍요와 사랑의 여신

43 슬로베니아 남서부에 위치한 도시

44 석회석이 많아 지하가 함몰되는 지형

Foreign Copyright:
Joonwon Lee
Address: 3F, 127, Yanghwa-ro, Mapo-gu, Seoul, Republic of Korea
          3rd Floor
Telephone: 82-2-3142-4151
E-mail: jwlee@cyber.co.kr

시간으로의 여행

크로아티아, 발칸을 걷다

2014. 7. 17. 초 판 1쇄 발행
2015. 6. 25. 초 판 2쇄 발행
2018. 7. 23. 개정 1판 1쇄 발행
2020. 4. 22. 개정 1판 2쇄 발행

저자와의
협의하에
검인생략

지은이 │ 정병호
펴낸이 │ 이종춘
펴낸곳 │ BM (주)도서출판 **성안당**

주소 │ 04032 서울시 마포구 양화로 127 첨단빌딩 3층(출판기획 R&D 센터)
      10881 경기도 파주시 문발로 112 출판문화정보산업단지(제작 및 물류)

전화 │ 02) 3142-0036
       031) 950-6300

팩스 │ 031) 955-0510
등록 │ 1973. 2. 1. 제406-2005-000046호
출판사 홈페이지 │ **www.cyber.co.kr**
ISBN │ 978-89-315-8274-1 (13920)
정가 │ 17,800원

이 책을 만든 사람들
책임 │ 최옥현
진행 │ 최창동, 정지현
교정·교열 │ 김기영
본문 디자인 │ 윤대한
표지 디자인 │ 윤대한, 임진영
홍보 │ 김계향, 유미나
국제부 │ 이선민, 조혜란, 김혜숙
마케팅 │ 구본철, 차정욱, 나진호, 이동후, 강호묵
제작 │ 김유석

www.**cyber**.co.kr
성안당 Web 사이트

이 책의 어느 부분도 저작권자나 BM 주식회사 성안당 발행인의 승인 문서 없이 일부 또는 전부를 사진 복사나
디스크 복사 및 기타 정보 재생 시스템을 비롯하여 현재 알려지거나 향후 발명될 어떤 전기적, 기계적 또는
다른 수단을 통해 복사하거나 재생하거나 이용할 수 없음.

■ 도서 A/S 안내

성안당에서 발행하는 모든 도서는 저자와 출판사, 그리고 독자가 함께 만들어 나갑니다.
좋은 책을 펴내기 위해 많은 노력을 기울이고 있습니다. 혹시라도 내용상의 오류나 오탈자 등이
발견되면 "**좋은 책은 나라의 보배**"로서 우리 모두가 함께 만들어 간다는 마음으로 연락주시기
바랍니다. 수정 보완하여 더 나은 책이 되도록 최선을 다하겠습니다.
성안당은 늘 독자 여러분들의 소중한 의견을 기다리고 있습니다. 좋은 의견을 보내주시는 분께는
성안당 쇼핑몰의 포인트(3,000포인트)를 적립해 드립니다.
잘못 만들어진 책이나 부록 등이 파손된 경우에는 교환해 드립니다.